دوست دارد یار این آشفتگی   کوشش بیهوده به از خفتگی

پیشگفتار

پروردگار یکتا را بی‌پایان سپاس می‌گوییم که توفیق یافتیم موسسه راه مولانا را به همراه جمعی از عاشقان طریقت عشق الهی در شهر ونکوور، کانادا پایه‌گذاری کنیم.

در راستای جهش به سوی تحولی بنیادین و تغییر نگرش‌ها در عرصه آموزش و بازنگری برنامه‌های پرورشی، موفق شدیم با تکیه بر مبانی عرفان نظری (مولویه) و با توجه به چهارچوب برنامه درسی موسسه، فعالیت خود را آغاز کنیم. این برنامه‌ها، فارغ از هرگونه مسائل سیاسی، اجتماعی، ملی، منطقه‌ای و بین‌المللی، تنها بر محتوای کتاب‌ها و منابع موجود به زبان‌های مختلف متمرکز است و ترجمه آن‌ها به زبان فارسی و بازتولید محتوای دروس آموزشی موسسه را هدف قرار داده است. در این مسیر، تلاش کردیم تا سازماندهی و طرح درسی بسته آموزشی موسسه را به فرجام برسانیم.

سری کتاب‌های درسی موسسه راه مولانا از کلاس اول دبستان آغاز و تا دوازدهم ادامه می‌یابد و پس از آن با سایر انتشارات و کتاب‌های رده بالاتر تکمیل می‌شود.

این مجموعه کتاب‌ها مختص به زمان و مکان خاصی نیست و برای هر فردی که علاقه‌مند به یادگیری زبان فارسی و قرارگیری در مسیر طریقت عشق الهی می باشد، طراحی شده است. هدف ما این است که به همراه آموزش این زبان شیرین، مفاهیم عرفان نظری (مولویه) را نیز به فراگیران ارائه دهیم. از این طریق، آنان می‌توانند با مطالعه کتب مهمی همچون مثنوی معنوی (مولانا)، دیوان شمس و سایر کتب مرتبط به زبان فارسی، با طریقت عشق الهی آشنا شده و در این مسیر گام بردارند. لذا به جای درج تاریخ انتشار بر روی جلد کتاب، شماره نگارش و کد آموزشی مدرک مربوطه درج می‌شود.

این بدان معناست که محتوای این مجموعه کتاب‌ها با گذشت زمان تغییر نخواهد کرد و فردی که ده‌ها و یا صدها سال بعد در هر نقطه‌ای از جهان، وارد عرصه وجود شود، قادر خواهد بود از این سری آموزشی دوازده‌گانه و دوره‌های عالی پس از آن برای یادگیری زبان فارسی، آشنایی با مفاهیم عرفان نظری (مولویه)، مطالعه مثنوی معنوی و دیگر کتاب‌های منتشره موسسه راه مولانا بهره‌برداری نماید.

برای پویاتر کردن آموزش و عمق‌بخشی به آموخته‌ها، توصیه می‌شود از روش‌های فعال، مشارکتی و همیاری استفاده شود تا دانش‌آموزان، دانشجویان و پژوهشگران در فرآیند یاددهی-یادگیری نقش مؤثرتری ایفا کنند و استعدادهای خود را شکوفا سازند.

لازم به ذکر است که برای تهیه این سری آموزشی از منابع مختلف در ادوار مختلف تاریخ استفاده شده و محتوای آن‌ها مطابق با مسیر ذکر شده در بالا بازنگری و تنظیم گردیده است.

امیدواریم آموزش از طریق این برنامه‌ها، سبب شکوفایی فردیت و دستیابی به شادمانی جاودانه گردد.

موسسه راه مولانا
ونکوور - کانادا

www.rumispath.com

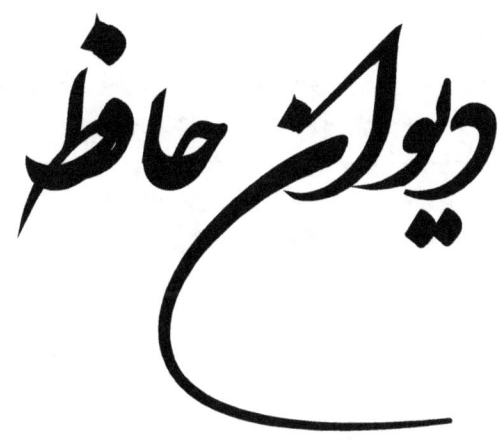

دیوان حافظ

خواجه شمس الدین محمّد
حافظ شیرازی

غزل ۱

الا یا ایها الساقی ادر کاسا و ناولها
که عشق آسان نمود اول ولی افتاد مشکل‌ها

به بوی نافه‌ای کاخر صبا زان طره بگشاید
ز تاب جعد مشکینش چه خون افتاد در دل‌ها

مرا در منزل جانان چه امن عیش چون هر دم
جرس فریاد می‌دارد که بربندید محمل‌ها

به می سجاده رنگین کن گرت پیر مغان گوید
که سالک بی‌خبر نبود ز راه و رسم منزل‌ها

شب تاریک و بیم موج و گردابی چنین هایل
کجا دانند حال ما سبکباران ساحل‌ها

همه کارم ز خود کامی به بدنامی کشید آخر
نهان کی ماند آن رازی کز او سازند محفل‌ها

حضوری گر همی خواهی از او غایب مشو حافظ
متی ما تلق من تهوی دع الدنیا و اهملها

غزل ۲

صلاح کار کجا و من خراب کجا
ببین تفاوت ره کز کجاست تا به کجا

دلم ز صومعه بگرفت و خرقه سالوس
کجاست دیر مغان و شراب ناب کجا

چه نسبت است به رندی صلاح و تقوا را
سماع وعظ کجا نغمه رباب کجا

ز روی دوست دل دشمنان چه دریابد
چراغ مرده کجا شمع آفتاب کجا

چو کحل بینش ما خاک آستان شماست
کجا رویم بفرما از این جناب کجا

مبین به سیب زنخدان که چاه در راه است
کجا همی روی ای دل بدین شتاب کجا

بشد که یاد خوشش باد روزگار وصال
خود آن کرشمه کجا رفت و آن عتاب کجا

قرار و خواب ز حافظ طمع مدار ای دوست
قرار چیست صبوری کدام و خواب کجا

غزل ۳

اگر آن ترک شیرازی به دست آرد دل ما را
به خال هندویش بخشم سمرقند و بخارا را

بده ساقی می باقی که در جنت نخواهی یافت
کنار آب رکن آباد و گلگشت مصلا را

فغان کاین لولیان شوخ شیرین کار شهرآشوب
چنان بردند صبر از دل که ترکان خوان یغما را

ز عشق ناتمام ما جمال یار مستغنی است
به آب و رنگ و خال و خط چه حاجت روی زیبا را

من از آن حسن روزافزون که یوسف داشت دانستم

که عشق از پرده عصمت برون آرد زلیخا را

اگر دشنام فرمایی و گر نفرین دعا گویم

جواب تلخ می‌زیبد لب لعل شکرخا را

نصیحت گوش کن جانا که از جان دوست‌تر دارند

جوانان سعادتمند پند پیر دانا را

حدیث از مطرب و می گو و راز دهر کمتر جو

که کس نگشود و نگشاید به حکمت این معما را

غزل گفتی و در سفتی بیا و خوش بخوان حافظ

که بر نظم تو افشاند فلک عقد ثریا را

غزل ۴

صبا به لطف بگو آن غزال رعنا را

که سر به کوه و بیابان تو داده‌ای ما را

شکرفروش که عمرش دراز باد چرا

تفقدی نکند طوطی شکرخا را

غرور حسنت اجازت مگر نداد ای گل

که پرسشی نکنی عندلیب شیدا را

به خلق و لطف توان کرد صید اهل نظر

به بند و دام نگیرند مرغ دانا را

ندانم از چه سبب رنگ آشنایی نیست

سهی قدان سیه چشم ماه سیما را

چو با حبیب نشینی و باده پیمایی
به یاد دار محبان بادپیما را

جز این قدر نتوان گفت در جمال تو عیب
که وضع مهر و وفا نیست روی زیبا را

در آسمان نه عجب گر به گفته حافظ
سرود زهره به رقص آورد مسیحا را

غزل ۵

دل می رود ز دستم صاحب دلان خدا را
دردا که راز پنهان خواهد شد آشکارا

کشتی شکستگانیم ای باد شرطه برخیز
باشد که باز بینیم دیدار آشنا را

ده روزه مهر گردون افسانه است و افسون
نیکی به جای یاران فرصت شمار یارا

در حلقه گل و مل خوش خواند دوش بلبل
هات الصبوح هبوا یا ایها السکارا

ای صاحب کرامت شکرانه سلامت
روزی تفقدی کن درویش بی نوا را

آسایش دو گیتی تفسیر این دو حرف است
با دوستان مروت با دشمنان مدارا

در کوی نیک نامی ما را گذر ندادند
گر تو نمی‌پسندی تغییر کن قضا را

آن تلخ وش که صوفی ام الخبائث خواند
اشهی لنا و احلی من قبله العذارا

هنگام تنگدستی در عیش کوش و مستی
کاین کیمیای هستی قارون کند گدا را

سرکش مشو که چون شمع از غیرتت بسوزد
دلبر که در کف او موم است سنگ خارا

آیینه سکندر جام می است بنگر
تا بر تو عرضه دارد احوال ملک دارا

خوبان پارسی گو بخشندگان عمرند
ساقی بده بشارت رندان پارسا را

حافظ به خود نپوشید این خرقه می آلود
ای شیخ پاکدامن معذور دار ما را

غزل ۶

به ملازمان سلطان که رساند این دعا را
که به شکر پادشاهی ز نظر مران گدا را

ز رقیب دیوسیرت به خدای خود پناهم
مگر آن شهاب ثاقب مددی دهد خدا را

مژه سیاهت ار کرد به خون ما اشارت
ز فریب او بیندیش و غلط مکن نگارا

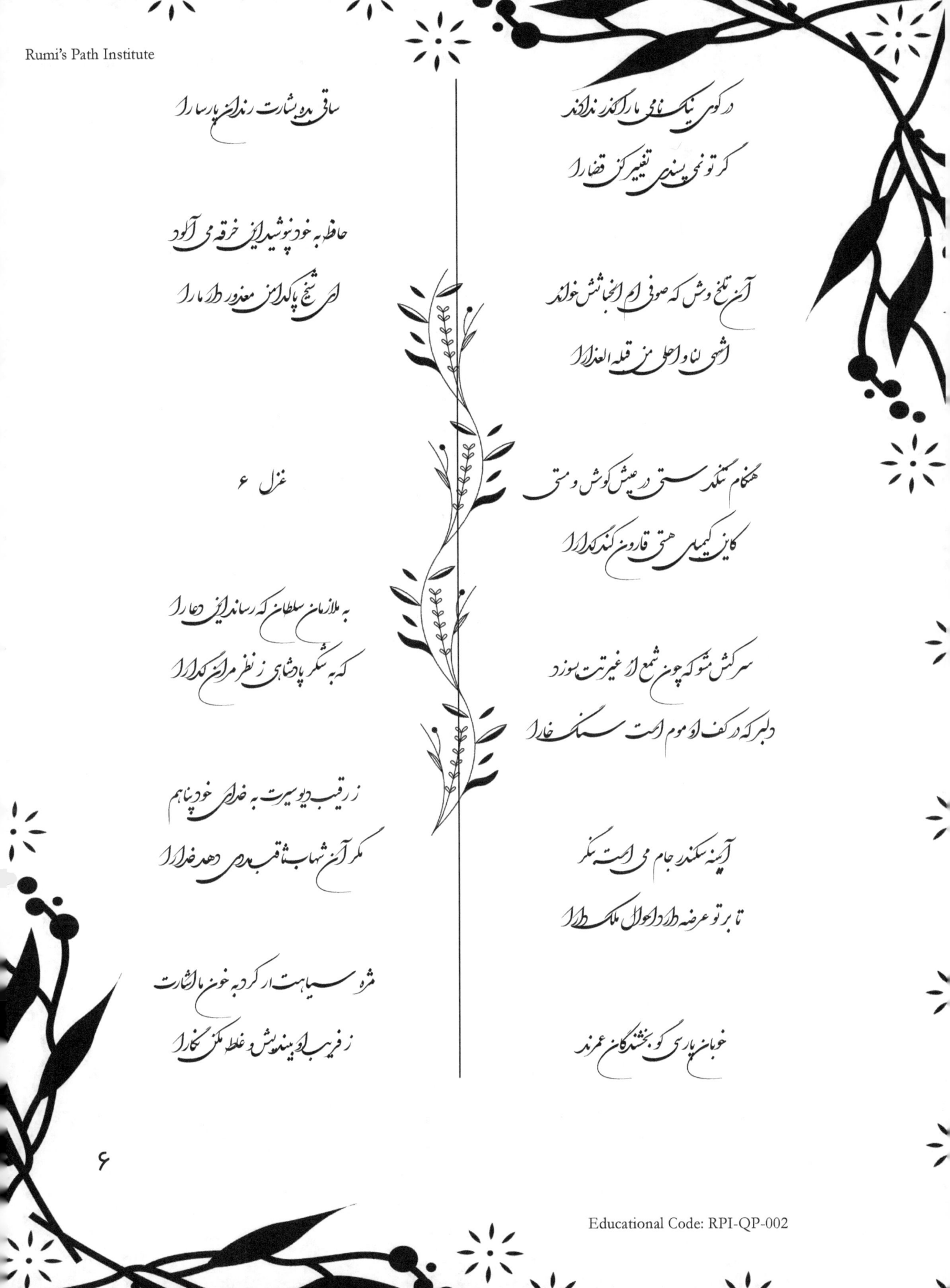

دل عالمی بسوزی چو عذار برفروزی
تو از این چه سود داری که نمی‌کنی مدارا

همه شب در این امیدم که نسیم صبحگاهی
به پیام آشنایان بنوازد آشنا را

چه قیامت است جانا که به عاشقان نمودی
دل و جان فدای رویت بنما عذار ما را

به خدا که جرعه‌ای ده تو به حافظ سحرخیز
که دعای صبحگاهی اثری کند شما را

غزل ۷

صوفی بیا که آینه صافیست جام را
تا بنگری صفای می لعل فام را

راز درون پرده ز رندان مست پرس
کاین حال نیست زاهد عالی مقام را

عنقا شکار کس نشود دام باز چین
کان جا همیشه باد به دست است دام را

در بزم دور یک دو قدح درکش و برو
یعنی طمع مدار وصال دوام را

ای دل شباب رفت و نچیدی گلی ز عیش
پیرانه سر مکن هنری ننگ و نام را

در عیش نقد کوش که چون آبخور نماند

آدم بهشت روضه دارالسلام را

مارا برآستان تو بس حق خدمت است

ای خواجه بازبین به ترحم غلام را

حافظ مرید جام می است ای صبا برو

وز بنده بندگی برسان شیخ جام را

غزل ۸

ساقیا برخیز و درده جام را

خاک بر سر کن غم ایام را

ساغر می بر کفم نه تا ز بر

برکشم این دلق ازرق فام را

گر چه بدنامیست نزد عاقلان

ما نمی‌خواهیم ننگ و نام را

باده درده چند از این باد غرور

خاک بر سر نفس نافرجام را

دود آه سینه نالان من

سوخت این افسردگان خام را

محرم راز دل شیدای خود

کس نمی‌بینم ز خاص و عام را

با دلارامی مرا خاطر خوش است

کز دلم یک باره برد آرام را

نگرد دیگر به سرو اندر چمن

هر که دید آن سرو سیم اندام را

صبر کن حافظ به سختی روز و شب

عاقبت روزی بیابی کام را

غزل ۹

رونق عهد شباب است دگر بستان را

می رسد مژده گل بلبل خوش الحان را

ای صبا گر به جوانان چمن بازرسی

خدمت ما برسان سرو و گل و ریحان را

گر چنین جلوه کند مغبچه باده فروش

خاکروب در میخانه کنم مژگان را

ای که بر مه کشی از عنبر سارا چوگان

مضطرب حال مگردان من سرگردان را

ترسم این قوم که بر دردکشان می خندند

در سر کار خرابات کنند ایمان را

یار مردان خدا باش که در کشتی نوح

هست خاکی که به آبی نخرد طوفان را

برو از خانه گردون به در و نان مطلب

کان سیه کاسه در آخر بکشد مهمان را

هر که را خوابگه آخر مشتی خاک است

گو چه حاجت که به افلاک کشی ایوان را

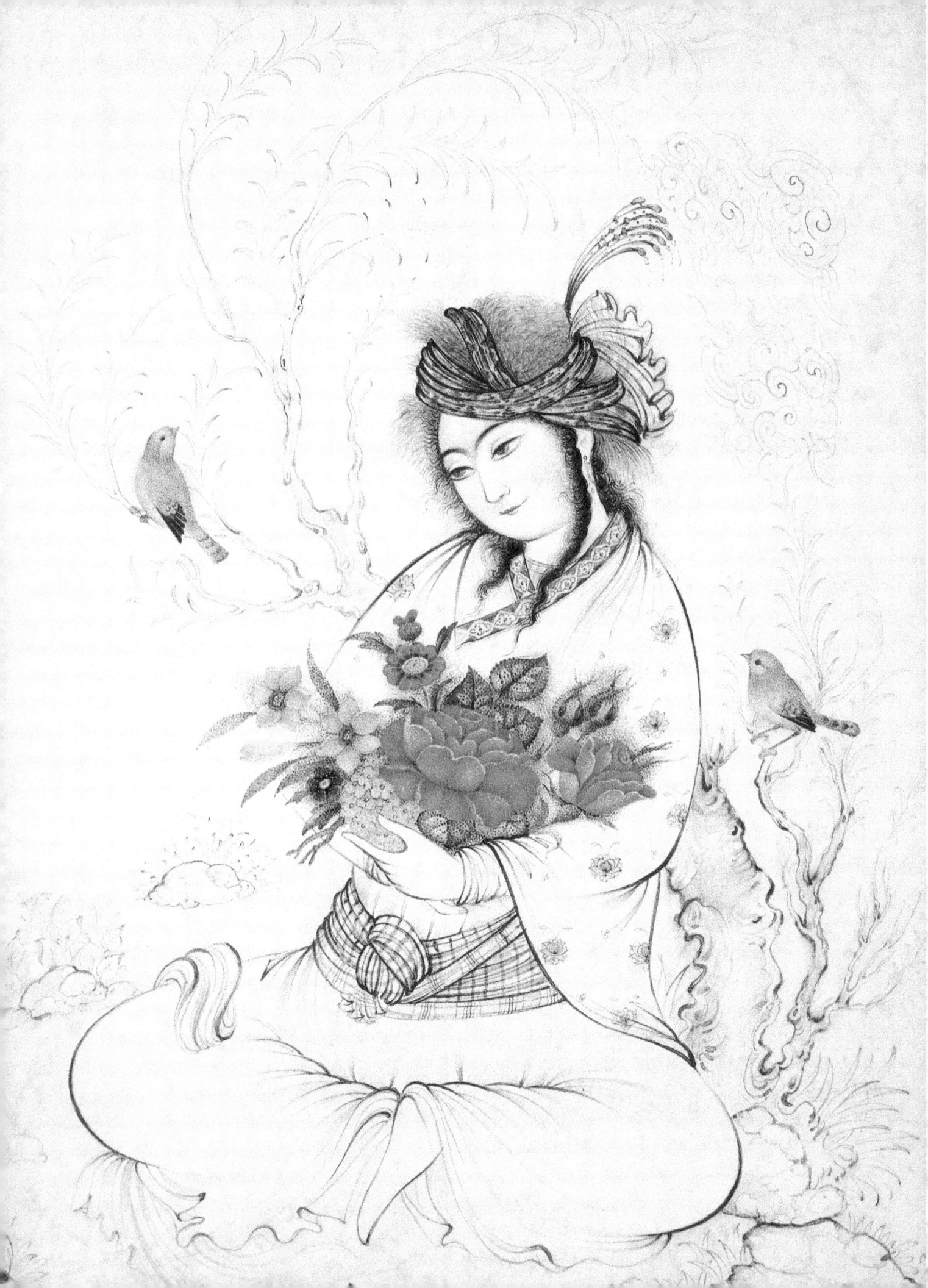

ماه کنعانی من مسند مصر آن تو شد
وقت آن است که بدرود کنی زندان را

حافظا می خور و رندی کن و خوش باش ولی
دام تزویر مکن چون دگران قرآن را

غزل ۱۰

دوش از مسجد سوی میخانه آمد پیر ما
چیست یاران طریقت بعد از این تدبیر ما

ما مریدان روی سوی قبله چون آریم چون
روی سوی خانه خمار دارد پیر ما

در خرابات طریقت ما به هم منزل شویم
کاین چنین رفته‌ست در عهد ازل تقدیر ما

عقل اگر داند که دل در بند زلفش چون خوش است
عاقلان دیوانه گردند از پی زنجیر ما

روی خوبت آیتی از لطف بر ما کشف کرد
زان زمان جز لطف و خوبی نیست در تفسیر ما

با دل سنگینت آیا هیچ درگیرد شبی
آه آتشناک و سوز سینه شبگیر ما

تیر آه ما ز گردون بگذرد حافظ خموش
رحم کن بر جان خود پرهیز کن از تیر ما

غزل ۱۰

ساقی به نور باده برافروز جام ما
مطرب بگو که کار جهان شد به کام ما

ما در پیاله عکس رخ یار دیده ایم
ای بی خبر ز لذت شرب مدام ما

هرگز نمیرد آن که دلش زنده شد به عشق
ثبت است بر جریده عالم دوام ما

چندان بود کرشمه و ناز سهی قدان
کاید به جلوه سرو صنوبر خرام ما

ای باد اگر به گلشن احباب بگذری
زنهار عرضه ده بر جانان پیام ما

گو نام ما ز یاد به عمدا چه می بری
خود آید آن که یاد نیاری ز نام ما

مستی به چشم شاهد دلبند ما خوش است
زان رو سپرده اند به مستی زمام ما

ترسم که صرفه ای نبرد روز باز خواست
نان حلال شیخ ز آب حرام ما

حافظ ز دیده دانه اشکی همی فشان
باشد که مرغ وصل کند قصد دام ما

دریای اخضر فلک و کشتی هلال
هستند غرق نعمت حاجی قوام ما

غزل ۱۲

ای فروغ ماه حسن از روی رخشان شما
آب روی خوبی از چاه زنخدان شما

عزم دیدار تو دارد جان بر لب آمده
باز گردد یا برآید چیست فرمان شما

کس به دور نرگست طرفی نبست از عافیت
به که نفروشند مستوری به مستان شما

بخت خواب آلود ما بیدار خواهد شد مگر
زان که زد بر دیده آبی روی رخشان شما

با صبا همراه بفرست از رخت گلدسته‌ای
بو که بویی بشنویم از خاک بستان شما

عمرتان باد و مراد ای ساقیان بزم جم
گر چه جام ما نشد پر می به دوران شما

دل خرابی می‌کند دلدار را آگه کنید
زینهار ای دوستان جان من و جان شما

کی دهد دست این غرض یا رب که همدستان شوند
خاطر مجموع ما زلف پریشان شما

دور دار از خاک و خون دامن چو بر ما بگذری
کاندر این ره کشته بسیارند قربان شما

ای صبا با ساکنان شهر یزد از ما بگو
کای سر حق ناشناسان گوی چوگان شما

گر چه دوریم از بساط قرب همت دور نیست
بنده شاه شماییم و ثناخوان شما

ای شهنشاه بلنداختر خدا را همتی
تا ببوسم همچو اختر خاک ایوان شما

می‌کند حافظ دعایی بشنو آمینی بگو
روزی ما باد لعل شکرافشان شما

غزل ۱۳

می‌دمد صبح و کله بست سحاب
الصبوح الصبوح یا اصحاب

می‌چکد ژاله بر رخ لاله
المدام المدام یا احباب

می‌وزد از چمن نسیم بهشت
هان بنوشید دم به دم می ناب

تخت زمرد زده است گل به چمن
راح چون لعل آتشین دریاب

در میخانه بسته‌اند دگر
افتتح یا مفتح الابواب

لب و دندانت را حقوق نمک
هست بر جان و سینه‌ها کباب

این چنین موسمی عجب باشد

که ببندند میکده به شتاب

بر رخ ساقی پری پیکر

همچو حافظ بنوش باده ناب

غزل ۱۴

گفتم ای سلطان خوبان رحم کن بر این غریب

گفت در دنبال دل ره گم کند مسکین غریب

گفتمش مگذر زمانی گفت معذورم بدار

خانه پروردی چه تاب آرد غم چندین غریب

خفته بر سنجاب شاهی نازنینی را چه غم

گر ز خار و خاره سازد بستر و بالین غریب

ای که در زنجیر زلفت جای چندین آشناست

خوش فتاد آن خال مشکین بر رخ رنگین غریب

می نماید عکس می در رنگ روی مه وشت

همچو برگ ارغوان بر صفحه نسرین غریب

بس غریب افتاده است آن مور خط گرد رخت

گر چه نبود در نگارستان خط مشکین غریب

گفتم ای شام غریبان طره شبرنگ تو

در سحرگاهان حذر کن چون بنالد این غریب

گفت حافظ آشنایان در مقام حیرتند

دور نبود گر نشیند خسته و مسکین غریب

غزل ۱۵

ای شاهد قدسی که کشد بند نقابت
و ای مرغ بهشتی که دهد دانه و آبت

خوابم بشد از دیده در این فکر جگرسوز
کاغوش که شد منزل آسایش و خوابت

درویش نمی‌پرسی و ترسم که نباشد
اندیشه آمرزش و پروای ثوابت

راه دل عشاق زد آن چشم خماری
پیداست از این شیوه که مست است شرابت

تیری که زدی بر دلم از غمزه خطا رفت
تا باز چه اندیشه کند رای صوابت

هر ناله و فریاد که کردم نشنیدی
پیداست نگارا که بلند است جنابت

دور است سر آب از این بادیه هش دار
تا غول بیابان نفریبد به سرابت

تا در ره پیری به چه آیین روی ای دل
باری به غلط صرف شد ایام شبابت

ای قصر دل افروز که منزلگه انسی
یا رب مکناد آفت ایام خرابت

حافظ نه غلامیست که از خواجه گریزد
صلحی کن و بازآ که خرابم ز عتابت

غزل ۱۶

خمی که ابروی شوخ تو در کمان انداخت
به قصد جان من زار ناتوان انداخت

نبود نقش دو عالم که رنگ الفت بود
زمانه طرح محبت نه این زمان انداخت

به یک کرشمه که نرگس به خودفروشی کرد
فریب چشم تو صد فتنه در جهان انداخت

شراب خورده و خوی کرده می روی به چمن
که آب روی تو آتش در ارغوان انداخت

به بزمگاه چمن دوش مست بگذشتم
چو از دهان توام غنچه در گمان انداخت

بنفشه طره مفتول خود گره می زد
صبا حکایت زلف تو در میان انداخت

ز شرم آن که به روی تو نسبتش کردم
سمن به دست صبا خاک در دهان انداخت

من از ورع می و مطرب ندیدمی زین پیش
هوای مغبچگانم در این و آن انداخت

کنون به آب می لعل خرقه می شویم
نصیبه ازل از خود نمی توان انداخت

مگر گشایش حافظ در این خرابی بود

که بخشش ازلش در می مغان انداخت

جهان به کام من اکنون شود که دور زمان
مرا به بندگی خواجه جهان انداخت

غزل ۱۷

سینه از آتش دل در غم جانانه بسوخت
آتشی بود در این خانه که کاشانه بسوخت

تنم از واسطه دوری دلبر بگداخت
جانم از آتش مهر رخ جانانه بسوخت

سوز دل بین که ز بس آتش اشکم دل شمع
دوش بر من ز سر مهر چو پروانه بسوخت

آشنایی نه غریب است که دلسوز من است
چون من از خویش برفتم دل بیگانه بسوخت

خرقه زهد مرا آب خرابات ببرد
خانه عقل مرا آتش میخانه بسوخت

چون پیاله دلم از توبه که کردم بشکست
همچو لاله جگرم بی می و خمخانه بسوخت

ماجرا کم کن و بازآ که مرا مردم چشم
خرقه از سر به درآورد و به شکرانه بسوخت

ترک افسانه بگو حافظ و می نوش دمی
که نخفتیم شب و شمع به افسانه بسوخت

غزل ۱۸

ساقیا آمدن عید مبارک بادت
وان مواعید که کردی مرواد از یادت

در شگفتم که در این مدت ایام فراق
برگرفتی ز حریفان دل و دل می‌دادت

برسان بندگی دختر رز گو به درآی
که دم و همت ما کرد ز بند آزادت

شادی مجلسیان در قدم و مقدم توست
جای غم باد مر آن دل که نخواهد شادت

شکر ایزد که ز تاراج خزان رخنه نیافت
بوستان سمن و سرو و گل و شمشادت

چشم بد دور کز آن تفرقه‌ات بازآورد
طالع نامور و دولت مادرزادت

حافظ از دست مده دولت این کشتی نوح
ور نه طوفان حوادث ببرد بنیادت

غزل ۱۹

ای نسیم سحر آرامگه یار کجاست
منزل آن مه عاشق‌کش عیار کجاست

شب تار است و ره وادی ایمن در پیش
آتش طور کجا موعد دیدار کجاست

هر که آمد به جهان نقش خرابی دارد
در خرابات بگویید که هشیار کجاست

آن کس است اهل بشارت که اشارت داند
نکته‌ها هست بسی محرم اسرار کجاست

هر سر موی مرا با تو هزاران کار است
ما کجاییم و ملامت گر بی‌کار کجاست

باز پرسید ز گیسوی شکن در شکنش
کاین دل غمزده سرگشته گرفتار کجاست

عقل دیوانه شد آن سلسله مشکین کو
دل ز ما گوشه گرفت ابروی دلدار کجاست

ساقی و مطرب و می جمله مهیاست ولی
عیش بی یار مهیا نشود یار کجاست

حافظ از باد خزان در چمن دهر مرنج
فکر معقول بفرما گل بی خار کجاست

غزل ۲۰

روزه یک سو شد و عید آمد و دل‌ها برخاست
می ز خمخانه به جوش آمد و می باید خواست

نوبه زهدفروشان گران جان بگذشت
وقت رندی و طرب کردن رندان پیداست

چه ملامت بود آن را که چنین باده خورد

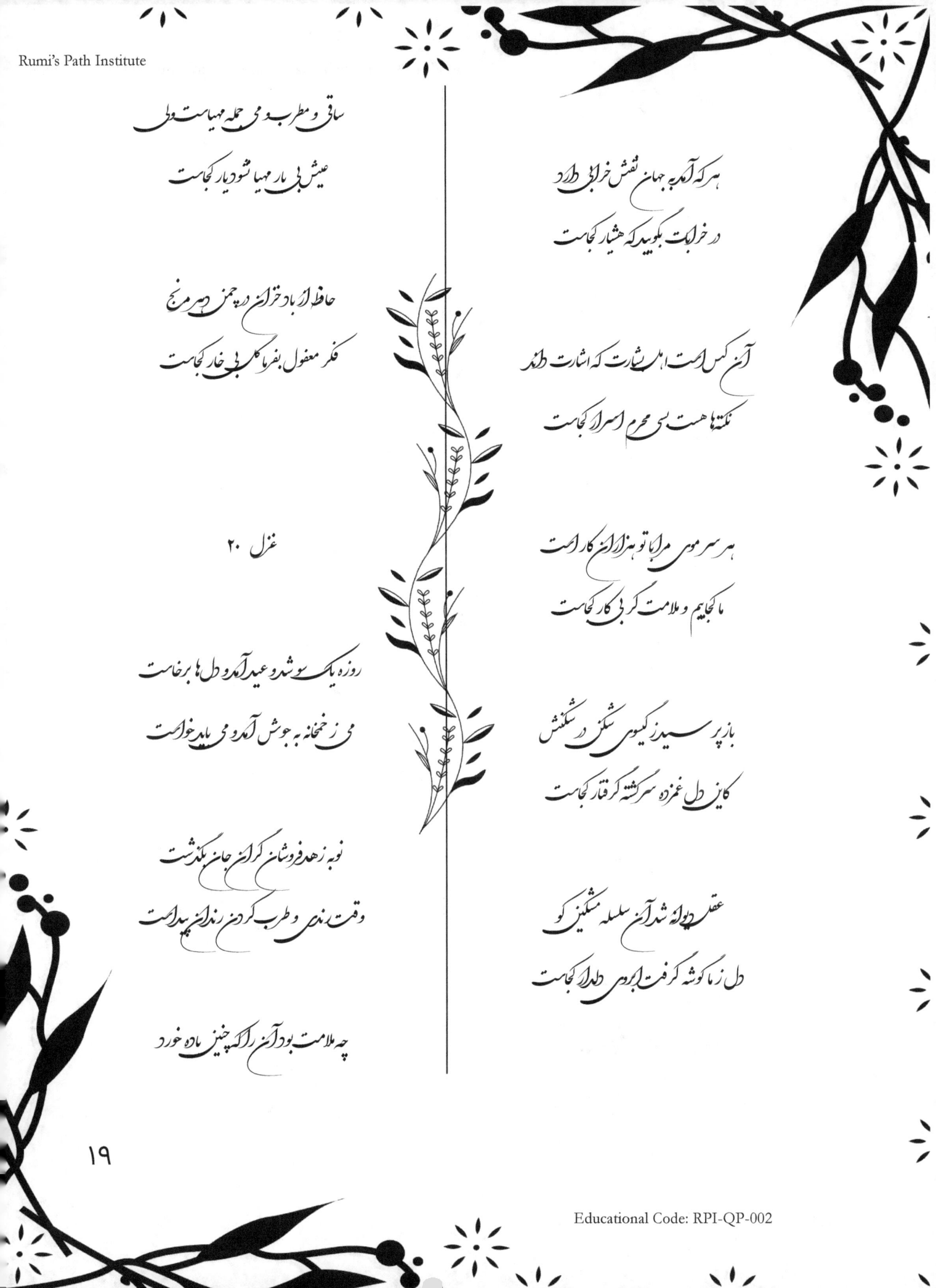

این چه عیب است بدین بی خردی وین چه خطاست

باده نوشی که در او روی و ریایی نبود
بهتر از زهدفروشی که در او روی و ریاست

ما نه رندان ریاییم و حریفان نفاق
آن که او عالم سر است بدین حال گواست

فرض ایزد بگذاریم و به کس بد نکنیم
وان چه گویند روا نیست نگوییم رواست

چه شود گر من و تو چند قدح باده خوریم
باده از خون رزان است نه از خون شماست

این چه عیب است کز آن عیب خلل خواهد بود
ور بود نیز چه شد مردم بی عیب کجاست

غزل ۲۱

دل و دینم شد و دلبر به ملامت برخاست
گفت با ما منشین کز تو سلامت برخاست

که شنیدی که در این بزم دمی خوش بنشست
که نه در آخر صحبت به ندامت برخاست

شمع اگر زان لب خندان به زبان لافی زد
پیش عشاق تو شب‌ها به غرامت برخاست

در چمن باد بهاری ز کنار گل و سرو
به هواداری آن عارض و قامت برخاست

مست بگذشتی و از خلوتیان ملکوت
به تماشای تو آشوب قیامت برخاست

پیش رفتار تو پا برنگرفت از خجلت
سرو سرکش که به ناز از قد و قامت برخاست

حافظ این خرقه بینداز مگر جان ببری
کآتش از خرقه سالوس و کرامت برخاست

غزل ۲۲

چو بشنوی سخن اهل دل مگو که خطاست
سخن شناس نه‌ای جان من خطا این جاست

سرم به دنیی و عقبی فرو نمی‌آید
تبارک الله از این فتنه‌ها که در سر ماست

در اندرون من خسته دل ندانم کیست
که من خموشم و او در فغان و در غوغاست

دلم ز پرده برون شد کجایی ای مطرب
بنال هان که از این پرده کار ما به نواست

مرا به کار جهان هرگز التفات نبود
رخ تو در نظر من چنین خوشش آراست

نخفته‌ام ز خیالی که می‌پزد دل من
خمار صدشبه دارم شرابخانه کجاست

چنین که صومعه آلوده شد ز خون دلم
گرم به باده بشویید حق به دست شماست

از آن به دیر مغانم عزیز می دارند
که آتشی که نمیرد همیشه در دل ماست

چه ساز بود که در پرده می زد آن مطرب
که رفت عمر و هنوزم دماغ پر ز هواست

ندای عشق تو دیشب در اندرون دادند
فضای سینه حافظ هنوز پر ز صداست

غزل ۲۳

خیال روی تو در هر طریق همره ماست
نسیم موی تو پیوند جان آگه ماست

به رغم مدعیانی که منع عشق کنند
جمال چهره تو حجت موجه ماست

ببین که سیب زنخدان تو چه می گوید
هزار یوسف مصری فتاده در چه ماست

اگر به زلف دراز تو دست ما نرسد
گناه بخت پریشان و دست کوته ماست

به حاجب در خلوت سرای خاص بگو
فلان ز گوشه نشینان خاک درگه ماست

به صورت از نظر ما اگر چه محجوب است
همیشه در نظر خاطر مرفه ماست

اگر به سالی حافظ دری زند بگشای

که سال‌هاست که مشتاق روی چون مه ماست

غزل ۲۴

مطلب طاعت و پیمان و صلاح از من مست
که به پیمانه کشی شهره شدم روز الست

من همان دم که وضو ساختم از چشمه عشق
چار تکبیر زدم یک سره بر هر چه که هست

می بده تا دهمت آگهی از سر قضا
که به روی که شدم عاشق و از بوی که مست

کمر کوه کم است از کمر مور این جا
ناامید از در رحمت مشو ای باده پرست

بجز آن نرگس مستانه که چشمش مرساد
زیر این طارم فیروزه کسی خوش ننشست

جان فدای دهنش باد که در باغ نظر
چمن آرای جهان خوشتر از این غنچه نبست

حافظ از دولت عشق تو سلیمانی شد
یعنی از وصل تواش نیست بجز باد به دست

غزل ۲۵

شکفته شد گل حمرا و گشت بلبل مست
صلای سرخوشی ای صوفیان باده پرست

اساس توبه که در محکمی چو سنگ نمود
ببین که جام زجاجی چه طرفه‌اش بشکست

بیار باده که در بارگاه استغنا
چه پاسبان و چه سلطان چه هوشیار و چه مست

از این رباط دودر چون ضرورت است رحیل
رواق و طاق معیشت چه سربلند و چه پست

مقام عیش میسر نمی‌شود بی رنج
بلی به حکم بلا بسته‌اند عهد الست

به هست و نیست مرنجان ضمیر و خوش می‌باش
که نیستیست سرانجام هر کمال که هست

شکوه آصفی و اسب باد و منطق طیر
به باد رفت و از او خواجه هیچ طرف نبست

به بال و پر مرو از ره که تیر پرتابی
هوا گرفت زمانی ولی به خاک نشست

زبان کلک تو حافظ چه شکر آن گوید
که گفته سخنت می‌برند دست به دست

غزل ۲۶

زلف آشفته و خوی کرده و خندان لب و مست
پیرهن چاک و غزل خوان و صراحی در دست

نرگسش عربده جوی و لبش افسوس کنان
نیم شب دوش به بالین من آمد بنشست

سر فرا گوش من آورد به آواز حزین
گفت ای عاشق دیرینه من خوابت هست

عاشقی را که چنین باده شبگیر دهند
کافر عشق بود گر نشود باده پرست

برو ای زاهد و بر دردکشان خرده مگیر
که ندادند جز این تحفه به ما روز الست

آن چه او ریخت به پیمانه ما نوشیدیم
اگر از خمر بهشت است وگر باده مست

خنده جام می و زلف گره گیر نگار
ای بسا توبه که چون توبه حافظ بشکست

غزل ۲۷

در دیر مغان آمد یارم قدحی در دست
مست از می و میخواران از نرگس مستش مست

در نعل سمند او شکل مه نو پیدا
وز قد بلند او بالای صنوبر پست

آخر به چه گویم هست از خود خبرم چون نیست
وز بهر چه گویم نیست با وی نظرم چون هست

شمع دل دمسازم بنشست چو او برخاست
و افغان ز نظربازان برخاست چو او بنشست

گر غالیه خوش بو شد در گیسوی او پیچید

ور وسمه کمانکش گشت در ابروی او پیوست

باز آی که باز آید عمر شده حافظ
هر چند که ناید باز تیری که بشد از شست

غزل ۲۸

به جان خواجه و حق قدیم و عهد درست
که مونس دم صبحم دعای دولت توست

سرشک من که ز طوفان نوح دست برد
ز لوح سینه نیارست نقش مهر تو شست

بکن معامله‌ای وین دل شکسته بخر
که با شکستگی ارزد به صد هزار درست

زبان مور به آصف دراز گشت و رواست
که خواجه خاتم جم یاوه کرد و باز نجست

دلا طمع مبر از لطف بی نهایت دوست
چو لاف عشق زدی سر بباز چابک و چست

به صدق کوش که خورشید زاید از نفست
که از دروغ سیه روی گشت صبح نخست

شدم ز دست تو شیدای کوه و دشت و هنوز
نمی‌کنی به ترحم نطاق سلسله سست

مرنج حافظ و از دلبران حفاظ مجوی
گناه باغ چه باشد چو این گیاه نرست

غزل ۲۹

ما را ز خیال تو چه پروای شراب است
خم گو سر خود گیر که خمخانه خراب است

گر خمر بهشت است بریزید که بی دوست
هر شربت عذبم که دهی عین عذاب است

افسوس که شد دلبر و در دیده گریان
تحریر خیال خط او نقش بر آب است

بیدار شو ای دیده که ایمن نتوان بود
زین سیل دمادم که در این منزل خواب است

معشوق عیان می‌گذرد بر تو ولیکن
اغیار همی‌بیند از آن بسته نقاب است

گل بر رخ رنگین تو تا لطف عرق دید
در آتش شوق از غم دل غرق گلاب است

سبز است در و دشت بیا تا نگذاریم
دست از سر آبی که جهان جمله سراب است

در کنج دماغم مطلب جای نصیحت
کاین گوشه پر از زمزمه چنگ و رباب است

حافظ چه شد ار عاشق و رند است و نظرباز
بس طور عجب لازم ایام شباب است

غزل ۳۰

زلفت هزار دل به یکی تار مو ببست
راه هزار چاره گر از چار سو ببست

تا عاشقان به بوی نسیمش دهند جان
بگشود نافه‌ای و در آرزو ببست

شیدا از آن شدم که نگارم چو ماه نو
ابرو نمود و جلوه گری کرد و رو ببست

ساقی به چند رنگ می اندر پیاله ریخت
این نقش‌ها نگر که چه خوش در کدو ببست

یا رب چه غمزه کرد صراحی که خون خم
با نعره‌های قلقلش اندر گلو ببست

مطرب چه پرده ساخت که در پرده سماع
بر اهل وجد و حال در های و هو ببست

حافظ هر آن که عشق نورزید و وصل خواست
احرام طوف کعبه دل بی وضو ببست

غزل ۳۱

آن شب قدری که گویند اهل خلوت امشب است
یا رب این تاثیر دولت در کدامین کوکب است

تا به گیسوی تو دست ناسزایان کم رسد
هر دلی از حلقه‌ای در ذکر یارب یارب است

کشته چاه زنخدان توام کز هر طرف

صد هزارش گردن جان زیر طوق غبغب است

شهسوار من که مه آیینه‌دار روی اوست
تاج خورشید بلندش خاک نعل مرکب است

عکس خوی بر عارضش بین کآفتاب گرم رو
در هوای آن عرق تا هست هر روزش تب است

من نخواهم کرد ترک لعل یار و جام می
زاهدان معذور داریدم که اینم مذهب است

اندر آن ساعت که بر پشت صبا بندند زین
با سلیمان چون برانم من که مورم مرکب است

آن که ناوک بر دل من زیر چشمی می‌زند
قوت جان حافظش در خنده زیر لب است

آب حیوانش ز منقار بلاغت می‌چکد
زاغ کلک من به نام ایزد چه عالی مشرب است

غزل ۳۲

خدا چو صورت ابروی دلگشای تو بست
گشاد کار من اندر کرشمه‌های تو بست

مرا و سرو چمن را به خاک راه نشاند
زمانه تا قصب نرگس قبای تو بست

ز کار ما و دل غنچه صد گره بگشود
نسیم گل چو دل اندر پی هوای تو بست

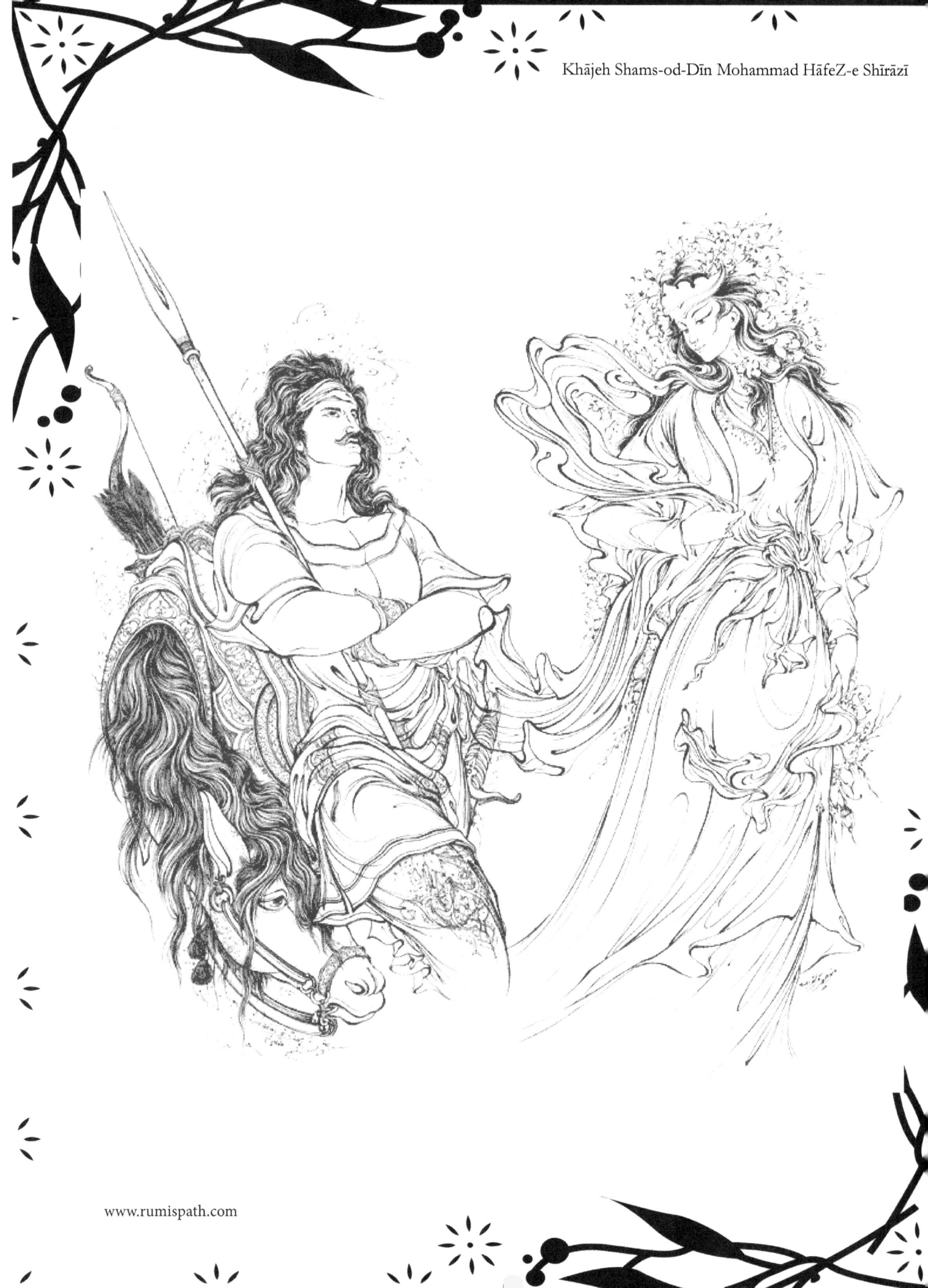

مرا به بند تو دوران چرخ راضی کرد
ولی چه سود که سررشته در رضای تو بست

چو نافه بر دل مسکین من گره مفکن
که عهد با سر زلف گره گشای تو بست

تو خود وصال دگر بودی ای نسیم وصال
خطا نگر که دل امید در وفای تو بست

ز دست جور تو گفتم ز شهر خواهم رفت
به خنده گفت که حافظ برو که پای تو بست

غزل ۳۳

خلوت گزیده را به تماشا چه حاجت است
چون کوی دوست هست به صحرا چه حاجت است

جانا به حاجتی که تو را هست با خدا
کآخر دمی بپرس که ما را چه حاجت است

ای پادشاه حسن خدا را بسوختیم
آخر سال کن که گدا را چه حاجت است

ارباب حاجتیم و زبان سال نیست
در حضرت کریم تمنا چه حاجت است

محتاج قصه نیست گرت قصد خون ماست
چون رخت از آن توست به یغما چه حاجت است

جام جهان نماست ضمیر منیر دوست
اظهار احتیاج خود آن جا چه حاجت است

آن شد که بار منت ملاح بردمی
گوهر چو دست داد به دریا چه حاجت است

ای مدعی برو که مرا با تو کار نیست
احباب حاضرند به اعدا چه حاجت است

ای عاشق گدا چو لب روح بخش یار
می داندت وظیفه تقاضا چه حاجت است

حافظ تو ختم کن که هنر خود عیان شود
با مدعی نزاع و محاکا چه حاجت است

غزل ٣٤

رواق منظر چشم من آشیانه توست
کرم نما و فرود آ که خانه خانه توست

به لطف خال و خط از عارفان ربودی دل
لطیفه های عجب زیر دام و دانه توست

دلت به وصل گل ای بلبل صبا خوش باد
که در چمن همه گلبانگ عاشقانه توست

علاج ضعف دل ما به لب حوالت کن
که این مفرح یاقوت در خزانه توست

به تن مقصرم از دولت ملازمت
ولی خلاصه جان خاک آستانه توست

من آن نیم که دهم نقد دل به هر شوخی

در خزانه به مهر تو و نشانه توست

تو خود چه لعبتی ای شهسوار شیرین کار
که توسنی چو فلک رام تازیانه توست

چه جای من که بلغزد سپهر شعبده باز
از این حیل که در انبانه بهانه توست

سرود مجلست اکنون فلک به رقص آرد
که شعر حافظ شیرین سخن ترانه توست

غزل ۳۵

برو به کار خود ای واعظ این چه فریادست
مرا فتاد دل از ره تو را چه افتادست

میان او که خدا آفریده است از هیچ
دقیقه‌ایست که هیچ آفریده نگشادست

به کام تا نرساند مرا لبش چون نای
نصیحت همه عالم به گوش من بادست

گدای کوی تو از هشت خلد مستغنیست
اسیر عشق تو از هر دو عالم آزادست

اگر چه مستی عشقم خراب کرد ولی
اساس هستی من زان خراب آبادست

دلا منال ز بیداد و جور یار که یار
تو را نصیب همین کرد و این از آن دادست

Khājeh Shams-od-Dīn Mohammad HāfeZ-e Shīrāzī

برو فسانه مخوان و فسون مدم حافظ
کز این فسانه و افسون مرا بسی یاد است

غزل ۳۶

تا سر زلف تو در دست نسیم افتادست
دل سودازده از غصه دو نیم افتادست

چشم جادوی تو خود عین سواد سحر است
لیکن این هست که این نسخه سقیم افتادست

در خم زلف تو آن خال سیه دانی چیست
نقطه دوده که در حلقه جیم افتادست

زلف مشکین تو در گلشن فردوس عذار
چیست طاووس که در باغ نعیم افتادست

دل من در هوس روی تو ای مونس جان
خاک راهیست که در دست نسیم افتادست

همچو گرد این تن خاکی نتواند برخاست
از سر کوی تو زان رو که عظیم افتادست

سایه قد تو بر قالبم ای عیسی دم
عکس روحیست که بر عظم رمیم افتادست

آن که جز کعبه مقامش نبد از یاد لبت
بر در میکده دیدم که مقیم افتادست

حافظ گمشده را با غمت ای یار عزیز
اتحادیست که در عهد قدیم افتادست

غزل ۳۷

بیا که قصر امل سخت سست بنیاد است
بیار باده که بنیاد عمر بر باد است

غلام همت آنم که زیر چرخ کبود
ز هر چه رنگ تعلق پذیرد آزاد است

چه گویمت که به میخانه دوش مست و خراب
سروش عالم غیبم چه مژده‌ها داد است

که ای بلندنظر شاهباز سدره نشین
نشیمن تو نه این کنج محنت آباد است

تو را ز کنگره عرش می‌زنند صفیر
ندانمت که در این دامگه چه افتادست

نصیحتی کنمت یاد گیر و در عمل آر
که این حدیث ز پیر طریقتم یاد است

غم جهان مخور و پند من مبر از یاد
که این لطیفه عشقم ز رهروی یاد است

رضا به داده بده وز جبین گره بگشای
که بر من و تو در اختیار نگشادست

مجو درستی عهد از جهان سست نهاد
که این عجوز عروس هزاردامادست

نشان عهد و وفا نیست در تبسم گل

بنال بلبل بی دل که جای فریادست

حسد چه می بری ای سست نظم بر حافظ
قبول خاطر و لطف سخن خدادادست

غزل ۳۸

بی مهر رخت روز مرا نور نماندست
وز عمر مرا جز شب دیجور نماندست

هنگام وداع تو ز بس گریه که کردم
دور از رخ تو چشم مرا نور نماندست

می رفت خیال تو ز چشم من و می گفت
هیهات از این گوشه که معمور نماندست

وصل تو اجل را ز سرم دور همی داشت
از دولت هجر تو کنون دور نماندست

نزدیک شد آن دم که رقیب تو بگوید
دور از رخت این خسته رنجور نماندست

صبر است مرا چاره هجران تو لیکن
چون صبر توان کرد که مقدور نماندست

در هجر تو گر چشم مرا آب روان است
گو خون جگر ریز که معذور نماندست

حافظ ز غم از گریه نپرداخت به خنده
ماتم زده را داعیه سور نماندست

غزل ۳۹

باغ مرا چه حاجت سرو و صنوبر است
شمشاد خانه پرور ما از که کمتر است

ای نازنین پسر تو چه مذهب گرفته‌ای
کت خون ما حلال‌تر از شیر مادر است

چون نقش غم ز دور ببینی شراب خواه
تشخیص کرده‌ایم و مداوا مقرر است

از آستان پیر مغان سر چرا کشیم
دولت در آن سرا و گشایش در آن در است

یک قصه بیش نیست غم عشق وین عجب
کز هر زبان که می‌شنوم نامکرر است

دی وعده داد وصلم و در سر شراب داشت
امروز تا چه گوید و بازش چه در سر است

شیراز و آب رکنی و این باد خوش نسیم
عیبش مکن که خال رخ هفت کشور است

فرق است از آب خضر که ظلمات جای اوست
تا آب ما که منبعش الله اکبر است

ما آبروی فقر و قناعت نمی‌بریم
با پادشه بگوی که روزی مقدر است

حافظ چه طرفه شاخ نباتیست کلک تو
کش میوه دلپذیرتر از شهد و شکر است

غزل ۴۰

المنة لله که در میکده باز است
زان رو که مرا بر در او روی نیاز است

خم‌ها همه در جوش و خروشند ز مستی
وان می که در آن جاست حقیقت نه مجاز است

از وی همه مستی و غرور است و تکبر
وز ما همه بیچارگی و عجز و نیاز است

رازی که بر غیر نگفتیم و نگوییم
با دوست بگوییم که او محرم راز است

شرح شکن زلف خم اندر خم جانان
کوته نتوان کرد که این قصه دراز است

بار دل مجنون و خم طره لیلی
رخساره محمود و کف پای ایاز است

بردوخته‌ام دیده چو باز از همه عالم
تا دیده من بر رخ زیبای تو باز است

در کعبه کوی تو هر آن کس که بیاید
از قبله ابروی تو در عین نماز است

ای مجلسیان سوز دل حافظ مسکین
از شمع بپرسید که در سوز و گداز است

غزل ۴۱

اگر چه باده فرح‌بخش و باد گل‌بیز است / به بانگ چنگ مخور می که محتسب تیز است

صراحی ای و حریفی گرت به چنگ افتد / به عقل نوش که ایام فتنه‌انگیز است

در آستین مرقع پیاله پنهان کن / که همچو چشم صراحی زمانه خونریز است

به آب دیده بشوییم خرقه‌ها از می / که موسم ورع و روزگار پرهیز است

مجوی عیش خوش از دور باژگون سپهر / که صاف این سر خم جمله دردی آمیز است

سپهر برشده پرویزنیست خون‌افشان / که ریزه‌اش سر کسری و تاج پرویز است

عراق و فارس گرفتی به شعر خوش حافظ / بیا که نوبت بغداد و وقت تبریز است

غزل ۴۲

حال دل با تو گفتنم هوس است / خبر دل شنفتنم هوس است

طمع خام بین که قصه فاش / از رقیبان نهفتنم هوس است

شب قدری چنین عزیز و شریف
با تو تا روز خفتنم هوس است

وه که دردانه‌ای چنین نازک
در شب تار سفتنم هوس است

ای صبا امشبم مدد فرمای
که سحرگه شکفتنم هوس است

از برای شرف به نوک مژه
خاک راه تو رفتنم هوس است

همچو حافظ به رغم مدعیان
شعر رندانه گفتنم هوس است

غزل ۴۳

صحن بستان ذوق بخش و صحبت یاران خوش است
وقت گل خوش باد کز وی وقت میخواران خوش است

از صبا هر دم مشام جان ما خوش می‌شود
آری آری طیب انفاس هواداران خوش است

ناگشوده گل نقاب آهنگ رحلت ساز کرد
ناله کن بلبل که گلبانگ دل افکاران خوش است

مرغ خوشخوان را بشارت باد کاندر راه عشق
دوست را با ناله شب‌های بیداران خوش است

نیست در بازار عالم خوشدلی ور زان که هست
شیوه رندی و خوش باشی عیاران خوش است

از زبان سوسن آزاده‌ام آمد به گوش
کاندر این دیر کهن کار سبکباران خوش است

حافظا ترک جهان گفتن طریق خوشدلیست
تا نپنداری که احوال جهانداران خوش است

غزل ۴۴

کنون که بر کف گل جام باده صاف است
به صد هزار زبان بلبلش در اوصاف است

بخواه دفتر اشعار و راه صحرا گیر
چه وقت مدرسه و بحث کشف کشاف است

فقیه مدرسه دی مست بود و فتوی داد
که می حرام ولی به ز مال اوقاف است

به درد و صاف تو را حکم نیست خوش درکش
که هر چه ساقی ما کرد عین الطاف است

ببر ز خلق و چو عنقا قیاس کار بگیر
که صیت گوشه نشینان ز قاف تا قاف است

حدیث مدعیان و خیال همکاران
همان حکایت زردوز و بوریاباف است

خموش حافظ و این نکته‌های چون زر سرخ
نگاه دار که قلاب شهر صراف است

غزل ۴۵

در این زمانه رفیقی که خالی از خلل است
صراحی می ناب و سفینه غزل است

جریده رو که گذرگاه عافیت تنگ است
پیاله گیر که عمر عزیز بی بدل است

نه من ز بی عملی در جهان ملولم و بس
ملالت علما هم ز علم بی عمل است

به چشم عقل در این رهگذار پرآشوب
جهان و کار جهان بی ثبات و بی محل است

بگیر طره مه چهره‌ای و قصه مخوان
که سعد و نحس ز تاثیر زهره و زحل است

دلم امید فراوان به وصل روی تو داشت
ولی اجل به ره عمر رهزن امل است

به هیچ دور نخواهند یافت هشیارش
چنین که حافظ ما مست باده ازل است

غزل ۴۶

گل در بر و می در کف و معشوق به کام است
سلطان جهانم به چنین روز غلام است

گو شمع میارید در این جمع که امشب
در مجلس ما ماه رخ دوست تمام است

در مذهب ما باده حلال است ولیکن
بی روی تو ای سرو گل اندام حرام است

گوشم همه بر قول نی و نغمه چنگ است
چشمم همه بر لعل لب و گردش جام است

در مجلس ما عطر میامیز که ما را
هر لحظه ز گیسوی تو خوش بوی مشام است

از چاشنی قند مگو هیچ و ز شکر
زان رو که مرا از لب شیرین تو کام است

تا گنج غمت در دل ویرانه مقیم است
همواره مرا کوی خرابات مقام است

از ننگ چه گویی که مرا نام ز ننگ است
وز نام چه پرسی که مرا ننگ ز نام است

میخواره و سرگشته و رندیم و نظرباز
وان کس که چو ما نیست در این شهر کدام است

با محتسبم عیب مگویید که او نیز
پیوسته چو ما در طلب عیش مدام است

حافظ منشین بی می و معشوق زمانی
کایام گل و یاسمن و عید صیام است

غزل ۴۷

به کوی میکده هر سالکی که ره دانست
دری دگر زدن اندیشه تبه دانست

زمانه افسر رندی نداد جز به کسی
که سرفرازی عالم در این کله دانست

بر آستانه میخانه هر که یافت رهی
ز فیض جام می اسرار خانقه دانست

هر آن که راز دو عالم ز خط ساغر خواند
رموز جام جم از نقش خاک ره دانست

ورای طاعت دیوانگان ز ما مطلب
که شیخ مذهب ما عاقلی گنه دانست

دلم ز نرگس ساقی امان نخواست به جان
چرا که شیوه آن ترک دل سیه دانست

ز جور کوکب طالع سحرگهان چشمم
چنان گریست که ناهید دید و مه دانست

حدیث حافظ و ساغر که می زند پنهان
چه جای محتسب و شحنه پادشه دانست

بلندمرتبه شاهی که نه رواق سپهر
نمونه‌ای ز خم طاق بارگه دانست

غزل ۴۸

صوفی از پرتو می راز نهانی دانست
گوهر هر کس از این لعل توانی دانست

قدر مجموعه گل مرغ سحر داند و بس

که نه هر کو ورقی خواند معانی دانست

عرضه کردم دو جهان بر دل کار افتاده
بجز از عشق تو باقی همه فانی دانست

آن شد اکنون که ز ابنای عوام اندیشم
محتسب نیز در این عیش نهانی دانست

دلبر آسایش ما مصلحت وقت ندید
ورنه از جانب ما دل نگرانی دانست

سنگ و گل را کند از یمن نظر لعل و عقیق
هر که قدر نفس باد یمانی دانست

ای که از دفتر عقل آیت عشق آموزی
ترسم این نکته به تحقیق ندانی دانست

می بیاور که ننازد به گل باغ جهان
هر که غارتگری باد خزانی دانست

حافظ این گوهر منظوم که از طبع انگیخت
ز اثر تربیت آصف ثانی دانست

غزل ۴۹

روضه خلد برین خلوت درویشان است
مایه محتشمی خدمت درویشان است

گنج عزلت که طلسمات عجایب دارد
فتح آن در نظر رحمت درویشان است

قصر فردوس که رضوانش به دربانی رفت

منظری از چمن نزهت درویشان است

آن چه زر می شود از پرتو آن قلب سیاه

کیمیاییست که در صحبت درویشان است

آن که پیشش بنهد تاج تکبر خورشید

کبریاییست که در حشمت درویشان است

دولتی را که نباشد غم از آسیب زوال

بی تکلف بشنو دولت درویشان است

خسروان قبله حاجات جهانند ولی

سببش بندگی حضرت درویشان است

روی مقصود که شاهان به دعا می طلبند

مظهرش آینه طلعت درویشان است

از کران تا به کران لشکر ظلم است ولی

از ازل تا به ابد فرصت درویشان است

ای توانگر مفروش این همه نخوت که تو را

سر و زر در کنف همت درویشان است

گنج قارون که فرو می شود از قهر هنوز

خوانده باشی که هم از غیرت درویشان است

من غلام نظر آصف عهدم کو را

صورت خواجگی و سیرت درویشان است

حافظ از آب حیات ازلی می خواهی

منبعش خاک در خلوت درویشان است

غزل ۵۰

به دام زلف تو دل مبتلای خویشتن است
بکش به غمزه که اینش سزای خویشتن است

گرت ز دست برآید مراد خاطر ما
به دست باش که خیری به جای خویشتن است

به جانت ای بت شیرین دهن که همچون شمع
شبان تیره مرادم فنای خویشتن است

چو رای عشق زدی با تو گفتم ای بلبل
مکن که آن گل خندان برای خویشتن است

به مشک چین و چگل نیست بوی گل محتاج
که نافه‌هاش ز بند قبای خویشتن است

مرو به خانه ارباب بی‌مروت دهر
که گنج عافیتت در سرای خویشتن است

بسوخت حافظ و در شرط عشقبازی او
هنوز بر سر عهد و وفای خویشتن است

غزل ۵۱

لعل سیراب به خون تشنه لب یار من است
وز پی دیدن او دادن جان کار من است

شرم از آن چشم سیه بادش و مژگان دراز

هر که دل بردن او دید و در انکار من است

ساروان رخت به دروازه مبر کان سر کو
شاهراهیست که منزلگه دلدار من است

بنده طالع خویشم که در این قحط وفا
عشق آن لولی سرمست خریدار من است

طبله عطر گل و زلف عبیرافشانش
فیض یک شمه ز بوی خوش عطار من است

باغبان همچو نسیم ز در خویش مران
کآب گلزار تو از اشک چو گلنار من است

شربت قند و گلاب از لب یارم فرمود
نرگس او که طبیب دل بیمار من است

آن که در طرز غزل نکته به حافظ آموخت
یار شیرین سخن نادره گفتار من است

غزل ۵۲

روزگاریست که سودای بتان دین من است
غم این کار نشاط دل غمگین من است

دیدن روی تو را دیده جان بین باید
وین کجا مرتبه چشم جهان بین من است

یار من باش که زیب فلک و زینت دهر
از مه روی تو و اشک چو پروین من است

غزل ۵۳

تا مرا عشق تو تعلیم سخن گفتن کرد
خلق را ورد زبان مدحت و تحسین من است

دولت فقر خدایا به من ارزانی دار
کاین کرامت سبب حشمت و تمکین من است

واعظ شحنه شناس این عظمت گو مفروش
زانکه منزلگه سلطان دل مسکین من است

یا رب این کعبه مقصود تماشاگه کیست
که مغیلان طریقش گل و نسرین من است

حافظ از حشمت پرویز دگر قصه مخوان
که لبش جرعه کش خسرو شیرین من است

منم که گوشه میخانه خانقاه من است
دعای پیر مغان ورد صبحگاه من است

گرم ترانه چنگ صبوح نیست چه باک
نوای من به سحر آه عذر خواه من است

ز پادشاه و گدا فارغم بحمدالله
گدای خاک در دوست پادشاه من است

غرضم ز مسجد و میخانه‌ام وصال شماست
جز این خیال ندارم خدا گواه من است

مگر به تیغ اجل خیمه برکنم ورنی
رمیدن از در دولت نه رسم و راه من است

از آن زمان که بر این آستان نهادم روی
فراز مسند خورشید تکیه گاه من است

گناه اگر چه نبود اختیار ما حافظ
تو در طریق ادب باش و گو گناه من است

غزل ۵٤

ز گریه مردم چشمم نشسته در خون است
ببین که در طلبت حال مردمان چون است

به یاد لعل تو و چشم مست میگونت
ز جام غم می لعلی که می خورم خون است

ز مشرق سر کو آفتاب طلعت تو
اگر طلوع کند طالعم همایون است

حکایت لب شیرین کلام فرهاد است
شکنج طره لیلی مقام مجنون است

دلم بجو که قدت همچو سرو دلجوی است
سخن بگو که کلامت لطیف و موزون است

ز دور باده به جان راحتی رسان ساقی
که رنج خاطرم از جور دور گردون است

از آن دمی که ز چشمم برفت رود عزیز
کنار دامن من همچو رود جیحون است

چگونه شاد شود اندرون غمگینم

به اختیار که از اختیار بیرون است

ز بیخودی طلب یار می کند حافظ

چو مفلسی که طلبکار گنج قارون است

غزل ۵۵

خم زلف تو دام کفر و دین است

ز کارستان او یک شمه این است

جمالت معجز حسن است لیکن

حدیث غمزه‌ات سحر مبین است

ز چشم شوخ تو جان کی توان برد

که دایم با کمان اندر کمین است

بر آن چشم سیه صد آفرین باد

که در عاشق کشی سحر آفرین است

عجب علمیست علم هیئت عشق

که چرخ هشتمش هفتم زمین است

تو پنداری که بدگو رفت و جان برد

حسابش با کرام الکاتبین است

مشو حافظ ز کید زلفش ایمن

که دل برد و کنون دربند دین است

غزل ۵۶

دل سراپرده محبت اوست

دیده آینه‌دار طلعت اوست

من که سر درنیاورم به دو کون

گردنم زیر بار منت اوست

تو و طوبی و ما و قامت یار

فکر هر کس به قدر همت اوست

گر من آلوده دامنم چه عجب

همه عالم گواه عصمت اوست

من که باشم در آن حرم که صبا

پرده‌دار حریم حرمت اوست

بی خیالش مباد منظر چشم

زان که این گوشه جای خلوت اوست

هر گل نو که شد چمن آرای

ز اثر رنگ و بوی صحبت اوست

دور مجنون گذشت و نوبت ماست

هر کسی پنج روز نوبت اوست

ملکت عاشقی و گنج طرب

هر چه دارم ز یمن همت اوست

من و دل گر فدا شدیم چه باک

غرض اندر میان سلامت اوست

فقر ظاهر مبین که حافظ را

سینه گنجینه محبت اوست

۵۱

www.rumispath.com

غزل ۵۷

آن سیه چرده که شیرینی عالم با اوست
چشم میگون لب خندان دل خرم با اوست

گر چه شیرین دهنان پادشهانند ولی
او سلیمان زمان است که خاتم با اوست

روی خوب است و کمال هنر و دامن پاک
لاجرم همت پاکان دو عالم با اوست

خال مشکین که بدان عارض گندمگون است
سر آن دانه که شد رهزن آدم با اوست

دلبرم عزم سفر کرد خدا را یاران
چه کنم با دل مجروح که مرهم با اوست

با که این نکته توان گفت که آن سنگین دل
کشت ما را و دم عیسی مریم با اوست

حافظ از معتقدان است گرامی دارش
زانکه بخشایش بس روح مکرم با اوست

غزل ۵۸

سر ارادت ما و آستان حضرت دوست
که هر چه بر سر ما می رود ارادت اوست

نظیر دوست ندیدم اگر چه از مه و مهر

S. MOAYERY 97

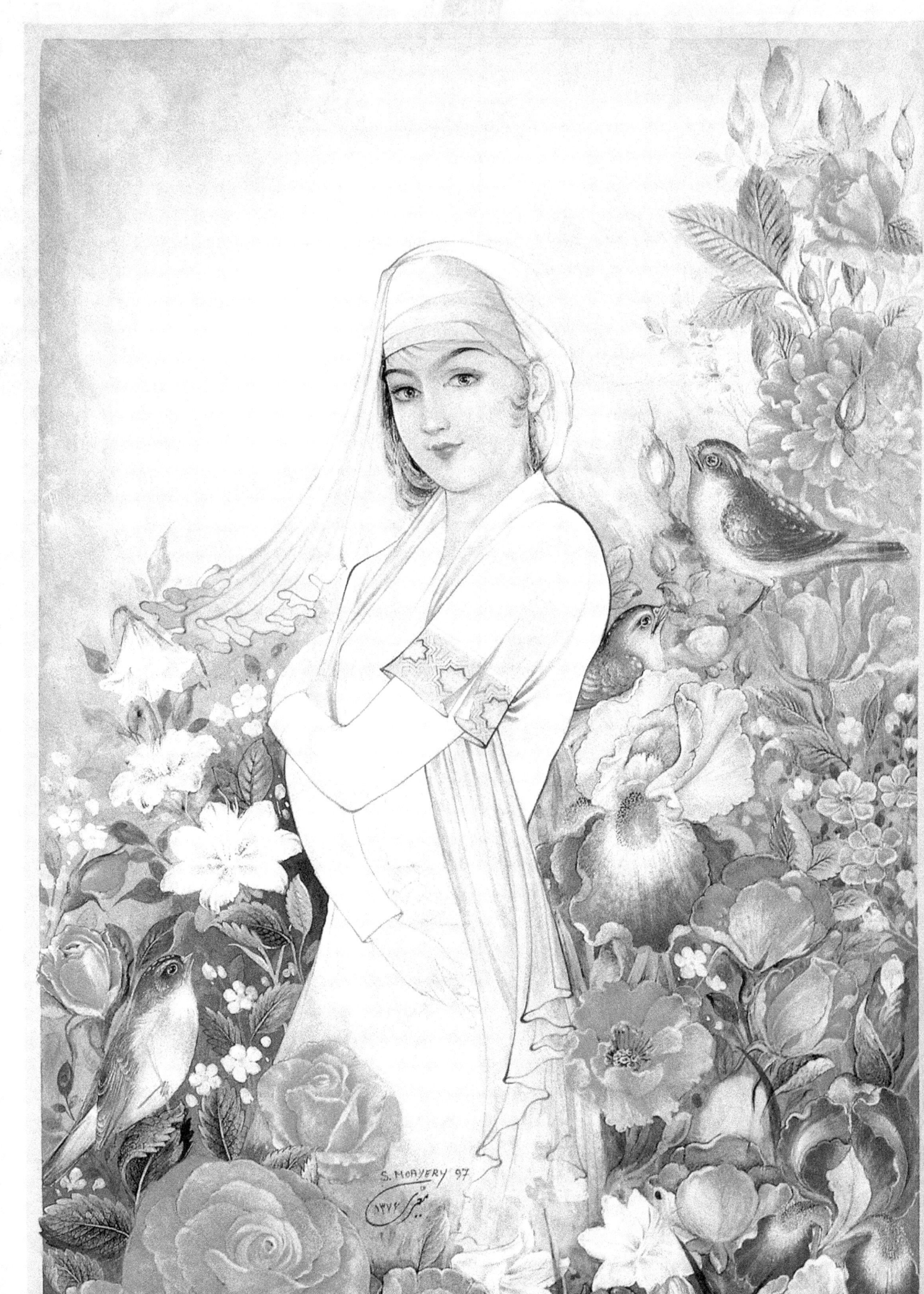

نهادم آینه‌ها در مقابل رخ دوست

صبا ز حال دل تنگ ما چه شرح دهد
که چون شکنج ورق‌های غنچه تو بر توست

نه من سبوکش این دیر رندسوزم و بس
بسا سرا که در این کارخانه سنگ و سبوست

مگر تو شانه زدی زلف عنبرافشان را
که باد غالیه سا گشت و خاک عنبربوست

نثار روی تو هر برگ گل که در چمن است
فدای قد تو هر سروبن که بر لب جوست

زبان ناطقه در وصف شوق نالان است
چه جای کلک بریده زبان بیهده گوست

رخ تو در دلم آمد مراد خواهم یافت
چرا که حال نکو در قفای فال نکوست

نه این زمان دل حافظ در آتش هوس است
که داغدار ازل همچو لاله خودروست

غزل ۵۹

دارم امید عاطفتی از جانب دوست
کردم جنایتی و امیدم به عفو اوست

دانم که بگذرد ز سر جرم من که او
گر چه پریوش است ولیکن فرشته خوست

چندان گریستیم که هر کس که برگذشت

در اشک ما چو دید روان گفت کاین چه جوست

هیچ است آن دهان و نبینم از او نشان

موی است آن میان و ندانم که آن چه موست

دارم عجب ز نقش خیالش که چون نرفت

از دیده‌ام که دم به دمش کار شست و شوست

بی گفت و گوی زلف تو دل را همی کشد

با زلف دلکش تو که را روی گفت و گوست

عمریست تا ز زلف تو بویی شنیده‌ام

زان بوی در مشام دل من هنوز بوست

حافظ بد است حال پریشان تو ولی

بر بوی زلف یار پریشانیت نکوست

غزل ۶۰

آن پیک نامور که رسید از دیار دوست

آورد حرز جان ز خط مشکبار دوست

خوش می دهد نشان جلال و جمال یار

خوش می کند حکایت عز و وقار دوست

دل دادمش به مژده و خجلت همی برم

زین نقد قلب خویش که کردم نثار دوست

شکر خدا که از مدد بخت کارساز

بر حسب آرزوست همه کار و بار دوست

سیر سپهر و دور قمر را چه اختیار
در گردشند بر حسب اختیار دوست

گر باد فتنه هر دو جهان را به هم زند
ما و چراغ چشم و ره انتظار دوست

کحل الجواهری به من آر ای نسیم صبح
زان خاک نیکبخت که شد رهگذار دوست

ماییم و آستانه عشق و سر نیاز
تا خواب خوش که را برد اندر کنار دوست

دشمن به قصد حافظ اگر دم زند چه باک
منت خدای را که نیم شرمسار دوست

غزل ۶۱

صبا اگر گذری افتدت به کشور دوست
بیار نفحه‌ای از گیسوی معنبر دوست

به جان او که به شکرانه جان برافشانم
اگر به سوی من آری پیامی از بر دوست

و گر چنان که در آن حضرت نباشد بار
برای دیده بیاور غباری از در دوست

من گدا و تمنای وصل او هیهات
مگر به خواب ببینم خیال منظر دوست

دل صنوبریم همچو بید لرزان است

ز حسرت قد و بالای چون صنوبر دوست

اگر چه دوست به چیزی نمی‌خرد ما را
به عالمی نفروشیم مویی از سر دوست

چه باشد ار شود از بند غم دلش آزاد
چو هست حافظ مسکین غلام و چاکر دوست

غزل ۶۲

مرحبا ای پیک مشتاقان بده پیغام دوست
تا کنم جان از سر رغبت فدای نام دوست

واله و شیداست دایم همچو بلبل در قفس
طوطی طبعم ز عشق شکر و بادام دوست

زلف او دام است و خالش دانه آن دام و من
بر امید دانه‌ای افتاده‌ام در دام دوست

سر ز مستی برنگیرد تا به صبح روز حشر
هر که چون من در ازل یک جرعه خورد از جام دوست

بس نگویم شمه‌ای از شرح شوق خود از آنک
دردسر باشد نمودن بیش از این ابرام دوست

گر دهد دستم کشم در دیده همچون توتیا
خاک راهی کان مشرف گردد از اقدام دوست

میل من سوی وصال و قصد او سوی فراق
ترک کام خود گرفتم تا برآید کام دوست

حافظ اندر درد او می سوز و بی درمان بساز

زان که درمانی ندارد درد بی آرام دوست

غزل ۶۳

روی تو کس ندید و هزارت رقیب هست

در غنچه ای هنوز و صدت عندلیب هست

گر آمدم به کوی تو چندان غریب نیست

چون من در آن دیار هزاران غریب هست

در عشق خانقاه و خرابات فرق نیست

هر جا که هست پرتو روی حبیب هست

آن جا که کار صومعه را جلوه می دهند

ناقوس دیر راهب و نام صلیب هست

عاشق که شد که یار به حالش نظر نکرد

ای خواجه درد نیست و گرنه طبیب هست

فریاد حافظ این همه آخر به هرزه نیست

هم قصه ای غریب و حدیثی عجیب هست

غزل ٦٤

اگر چه عرض هنر پیش یار بی ادبیست

زبان خموش ولیکن دهان پر از عربیست

پری نهفته رخ و دیو در کرشمه حسن

بسوخت دیده ز حیرت که این چه بوالعجبیست

در این چمن گل بی خار کس نچید آری
چراغ مصطفوی با شرار بولهبیست

سبب مپرس که چرخ از چه سفله پرور شد
که کام بخشی او را بهانه بی سببیست

به نیم جو نخرم طاق خانقاه و رباط
مرا که مصطبه ایوان و پای خم طنبیست

جمال دختر رز نور چشم ماست مگر
که در نقاب زجاجی و پرده عنبیست

هزار عقل و ادب داشتم من ای خواجه
کنون که مست خرابم صلاح بی ادبیست

بیار می که چو حافظ هزارم استظهار
به گریه سحری و نیاز نیم شبیست

غزل ۶۵

خوشتر ز عیش و صحبت و باغ و بهار چیست
ساقی کجاست گو سبب انتظار چیست

هر وقت خوش که دست دهد مغتنم شمار
کس را وقوف نیست که انجام کار چیست

پیوند عمر بسته به موییست هوش دار
غمخوار خویش باش غم روزگار چیست

معنی آب زندگی و روضه ارم

جز طرف جویبار و می خوشگوار چیست

مستور و مست هر دو چو از یک قبیله‌اند

ما دل به عشوه که دهیم اختیار چیست

راز درون پرده چه داند فلک خموش

ای مدعی نزاع تو با پرده‌دار چیست

سهو و خطای بنده گرش اعتبار نیست

معنی عفو و رحمت آمرزگار چیست

زاهد شراب کوثر و حافظ پیاله خواست

تا در میانه خواسته کردگار چیست

غزل ۶۶

بنال بلبل اگر با منت سر یاریست

که ما دو عاشق زاریم و کار ما زاریست

در آن زمین که نسیمی وزد ز طره دوست

چه جای دم زدن نافه‌های تاتاریست

بیار باده که رنگین کنیم جامه زرق

که مست جام غروریم و نام هشیاریست

خیال زلف تو پختن نه کار هر خامیست

که زیر سلسله رفتن طریق عیاریست

لطیفه‌ایست نهانی که عشق از او خیزد

که نام آن نه لب لعل و خط زنگاریست

جمال شخص نه چشم است و زلف و عارض و خال
هزار نکته در این کار و بار دلداریست

قلندران حقیقت به نیم جو نخرند
قبای اطلس آن کس که از هنر عاریست

بر آستان تو مشکل توان رسید آری
عروج بر فلک سروری به دشواریست

سحر کرشمه چشمت به خواب می‌دیدم
زهی مراتب خوابی که به ز بیداریست

دلش به ناله میازار و ختم کن حافظ
که رستگاری جاوید در کم آزاریست

غزل ۶۷

یا رب این شمع دل افروز ز کاشانه کیست
جان ما سوخت بپرسید که جانانه کیست

حالیا خانه برانداز دل و دین من است
تا در آغوش که می‌خسبد و همخانه کیست

باده لعل لبش کز لب من دور مباد
راح روح که و پیمان ده پیمانه کیست

دولت صحبت آن شمع سعادت پرتو
باز پرسید خدا را که به پروانه کیست

می‌دهد هر کسش افسونی و معلوم نشد
که دل نازک او مایل افسانه کیست

یا رب آن شاهوش ماه رخ زهره جبین

در یکتای که و گوهر یکدانه کیست

گفتم آه از دل دیوانه حافظ بی تو

زیر لب خنده زنان گفت که دیوانه کیست

غزل ۶۸

ماهم این هفته برون رفت و به چشمم سالیست

حال هجران تو چه دانی که چه مشکل حالیست

مردم دیده ز لطف رخ او در رخ او

عکس خود دید گمان برد که مشکین خالیست

می چکد شیر هنوز از لب همچون شکرش

گر چه در شیوه گری هر مژه‌اش قتالیست

ای که انگشت نمایی به کرم در همه شهر

وه که در کار غریبان عجبت اهمالیست

بعد از اینم نبود شائبه در جوهر فرد

که دهان تو در این نکته خوش استدلالیست

مژده دادند که بر ما گذری خواهی کرد

نیت خیر مگردان که مبارک فالیست

کوه اندوه فراقت به چه حالت بکشد

حافظ خسته که از ناله تنش چون نالیست

غزل ۶۹

کس نیست که افتاده آن زلف دوتا نیست
در رهگذر کیست که دامی ز بلا نیست

چون چشم تو دل می برد از گوشه نشینان
همراه تو بودن گنه از جانب ما نیست

روی تو مگر آینه لطف الهیست
حقا که چنین است و در این روی و ریا نیست

نرگس طلبد شیوه چشم تو زهی چشم
مسکین خبرش از سر و در دیده حیا نیست

از بهر خدا زلف مپیرای که ما را
شب نیست که صد عربده با باد صبا نیست

بازآی که بی روی تو ای شمع دل افروز
در بزم حریفان اثر نور و صفا نیست

تیمار غریبان اثر ذکر جمیل است
جانا مگر این قاعده در شهر شما نیست

دی می شد و گفتم صنما عهد به جای آر
گفتا غلطی خواجه در این عهد وفا نیست

گر پیر مغان مرشد من شد چه تفاوت
در هیچ سری نیست که سری ز خدا نیست

عاشق چه کند گر نکشد بار ملامت
با هیچ دلاور سپر تیر قضا نیست

در صومعه زاهد و در خلوت صوفی
جز گوشه ابروی تو محراب دعا نیست

ای چنگ فروبرده به خون دل حافظ
فکرت مگر از غیرت قرآن و خدا نیست

غزل ۷۰

مردم دیده ما جز به رخت ناظر نیست
دل سرگشته ما غیر تو را ذاکر نیست

اشکم احرام طواف حرمت می‌بندد
گرچه از خون دل ریش دمی طاهر نیست

بسته دام و قفس باد چو مرغ وحشی
طایر سدره اگر در طلبت طایر نیست

عاشق مفلس اگر قلب دلش کرد نثار
مکنش عیب که بر نقد روان قادر نیست

عاقبت دست بدان سرو بلندش برسد
هر که را در طلبت همت او قاصر نیست

از روان بخشی عیسی نزنم دم هرگز
زانکه در روح فزایی چو لبت ماهر نیست

من که در آتش سودای تو آهی نزنم
کی توان گفت که بر داغ دلم صابر نیست

روز اول که سر زلف تو دیدم گفتم
که پریشانی این سلسله را آخر نیست

Khājeh Shams-od-Dīn Mohammad HāfeZ-e Shīrāzī

سر پیوند تو تنها نه دل حافظ راست

کیست آن کش سر پیوند تو در خاطر نیست

غزل ۷۱

زاهد ظاهرپرست از حال ما آگاه نیست

در حق ما هر چه گوید جای هیچ اکراه نیست

در طریقت هر چه پیش سالک آید خیر اوست

در صراط مستقیم ای دل کسی گمراه نیست

تا چه بازی رخ نماید بیدقی خواهیم راند

عرصه شطرنج رندان را مجال شاه نیست

چیست این سقف بلند ساده بسیارنقش

زین معما هیچ دانا در جهان آگاه نیست

این چه استغناست یا رب وین چه قادر حکمت است

کاین همه زخم نهان هست و مجال آه نیست

صاحب دیوان ما گویی نمی‌داند حساب

کاندر این طغرا نشان حسبة لله نیست

هر که خواهد گو بیا و هر چه خواهد گو بگو

کبر و ناز و حاجب و دربان بدین درگاه نیست

بر در میخانه رفتن کار یک رنگان بود

خودفروشان را به کوی می فروشان راه نیست

هر چه هست از قامت ناساز بی اندام ماست

ورنه تشریف تو بر بالای کس کوتاه نیست

بنده پیر خراباتم که لطفش دایم است
ورنه لطف شیخ و زاهد گاه هست و گاه نیست

حافظ ار بر صدر ننشیند ز عالی مشربیست
عاشق دردی کش اندربند مال و جاه نیست

غزل ۷۲

راهیست راه عشق که هیچش کناره نیست
آن جا جز آن که جان بسپارند چاره نیست

هر گه که دل به عشق دهی خوش دمی بود
در کار خیر حاجت هیچ استخاره نیست

ما را ز منع عقل مترسان و می بیار
کان شحنه در ولایت ما هیچ کاره نیست

از چشم خود بپرس که ما را که می کشد
جانا گناه طالع و جرم ستاره نیست

او را به چشم پاک توان دید چون هلال
هر دیده جای جلوه آن ماه پاره نیست

فرصت شمر طریقه رندی که این نشان
چون راه گنج بر همه کس آشکاره نیست

نگرفت در تو گریه حافظ به هیچ رو
حیران آن دلم که کم از سنگ خاره نیست

غزل ۷۳

روشن از پرتو رویت نظری نیست که نیست
منت خاک درت بر بصری نیست که نیست

ناظر روی تو صاحب نظرانند آری
سر گیسوی تو در هیچ سری نیست که نیست

اشک غماز من ار سرخ برآمد چه عجب
خجل از کرده خود پرده دری نیست که نیست

تا به دامن ننشیند ز نسیمش گردی
سیل خیز از نظرم رهگذری نیست که نیست

تا دم از شام سر زلف تو هر جا نزنند
با صبا گفت و شنیدم سحری نیست که نیست

من از این طالع شوریده برنجم ور نی
بهره مند از سر کویت دگری نیست که نیست

از حیای لب شیرین تو ای چشمه نوش
غرق آب و عرق اکنون شکری نیست که نیست

مصلحت نیست که از پرده برون افتد راز
ور نه در مجلس رندان خبری نیست که نیست

شیر در بادیه عشق تو روباه شود
آه از این راه که در وی خطری نیست که نیست

آب چشمم که بر او منت خاک در توست
زیر صد منت او خاک دری نیست که نیست

از وجودم قدری نام و نشان هست که هست
ورنه از ضعف در آن جا اثری نیست که نیست

غیر از این نکته که حافظ ز تو ناخشنود است
در سراپای وجودت هنری نیست که نیست

غزل ۷۴

حاصل کارگه کون و مکان این همه نیست
باده پیش آر که اسباب جهان این همه نیست

از دل و جان شرف صحبت جانان غرض است
غرض این است وگرنه دل و جان این همه نیست

منت سدره و طوبی ز پی سایه مکش
که چو خوش بنگری ای سرو روان این همه نیست

دولت آن است که بی خون دل آید به کنار
ورنه با سعی و عمل باغ جنان این همه نیست

پنج روزی که در این مرحله مهلت داری
خوش بیاسای زمانی که زمان این همه نیست

بر لب بحر فنا منتظریم ای ساقی
فرصتی دان که ز لب تا به دهان این همه نیست

زاهد ایمن مشو از بازی غیرت زنهار
که ره از صومعه تا دیر مغان این همه نیست

دردمندی من سوخته زار و نزار

ظاهرا حاجت تقریر و بیان این همه نیست

نام حافظ رقم نیک پذیرفت ولی
پیش رندان رقم سود و زیان این همه نیست

غزل ۷۵

خواب آن نرگس فتان تو بی چیزی نیست
تاب آن زلف پریشان تو بی چیزی نیست

از لبت شیر روان بود که من می گفتم
این شکر گرد نمکدان تو بی چیزی نیست

جان درازی تو بادا که یقین می دانم
در کمان ناوک مژگان تو بی چیزی نیست

مبتلایی به غم محنت و اندوه فراق
ای دل این ناله و افغان تو بی چیزی نیست

دوش باد از سر کویش به گلستان بگذشت
ای گل این چاک گریبان تو بی چیزی نیست

درد عشق ار چه دل از خلق نهان می دارد
حافظ این دیده گریان تو بی چیزی نیست

غزل ۷۶

جز آستان توام در جهان پناهی نیست
سر مرا بجز این در حواله گاهی نیست

عدو چو تیغ کشد من سپر بیندازم

که تیغ ما بجز از ناله‌ای و آهی نیست

چرا ز کوی خرابات روی برتابم

کز این به هم به جهان هیچ رسم و راهی نیست

زمانه گر بزند آتشم به خرمن عمر

بگو بسوز که بر من به برگ کاهی نیست

غلام نرگس جماش آن سهی سروم

که از شراب غرورش به کس نگاهی نیست

مباش در پی آزار و هر چه خواهی کن

که در شریعت ما غیر از این گناهی نیست

عنان کشیده رو ای پادشاه کشور حسن

که نیست بر سر راهی که دادخواهی نیست

چنین که از همه سو دام راه می بینم

به از حمایت زلفش مرا پناهی نیست

خزینه دل حافظ به زلف و خال مده

که کارهای چنین حد هر سیاهی نیست

غزل ۷۷

بلبلی برگ گلی خوش رنگ در منقار داشت

و اندر آن برگ و نوا خوش ناله‌های زار داشت

گفتمش در عین وصل این ناله و فریاد چیست

گفت ما را جلوه معشوق در این کار داشت

یار اگر ننشست با ما نیست جای اعتراض
پادشاهی کامران بود از گدایی عار داشت

در نمی‌گیرد نیاز و ناز ما با حسن دوست
خرم آن کز نازنینان بخت برخوردار داشت

خیز تا بر کلک آن نقاش جان افشان کنیم
کاین همه نقش عجب در گردش پرگار داشت

گر مرید راه عشقی فکر بدنامی مکن
شیخ صنعان خرقه رهن خانه خمار داشت

وقت آن شیرین قلندر خوش که در اطوار سیر
ذکر تسبیح ملک در حلقه زنار داشت

چشم حافظ زیر بام قصر آن حوری سرشت
شیوه جنات تجری تحتها الانهار داشت

غزل ۷۸

دیدی که یار جز سر جور و ستم نداشت
بشکست عهد وز غم ما هیچ غم نداشت

یا رب مگیرش ار چه دل چون کبوترم
افکند و کشت و عزت صید حرم نداشت

بر من جفا ز بخت من آمد وگرنه یار
حاشا که رسم لطف و طریق کرم نداشت

با این همه هر آن که نه خواری کشید از او

هر جا که رفت هیچ کسش محترم نداشت

ساقی بیار باده و با محتسب بگو
انکار ما مکن که چنین جام جم نداشت

هر راهرو که ره به حریم درش نبرد
مسکین برید وادی و ره در حرم نداشت

حافظ ببر تو گوی فصاحت که مدعی
هیچش هنر نبود و خبر نیز هم نداشت

غزل ۷۹

کنون که می دمد از بوستان نسیم بهشت
من و شراب فرح بخش و یار حور سرشت

گدا چرا نزند لاف سلطنت امروز
که خیمه سایه ابر است و بزمگه لب کشت

چمن حکایت اردیبهشت می گوید
نه عاقل است که نسیه خرید و نقد بهشت

به می عمارت دل کن که این جهان خراب
بر آن سر است که از خاک ما بسازد خشت

وفا مجوی ز دشمن که پرتوی ندهد
چو شمع صومعه افروزی از چراغ کنشت

مکن به نامه سیاهی ملامت من مست
که آگه است که تقدیر بر سرش چه نوشت

قدم دریغ مدار از جنازه حافظ

که گر چه غرق گناه است می رود به بهشت

غزل ۸۰

عیب رندان مکن ای زاهد پاکیزه سرشت

که گناه دگران بر تو نخواهند نوشت

من اگر نیکم و گر بد تو برو خود را باش

هر کسی آن درود عاقبت کار که کشت

همه کس طالب یارند چه هشیار و چه مست

همه جا خانه عشق است چه مسجد چه کنشت

سر تسلیم من و خشت در میکده‌ها

مدعی گر نکند فهم سخن گو سر و خشت

ناامیدم مکن از سابقه لطف ازل

تو پس پرده چه دانی که که خوب است و که زشت

نه من از پرده تقوا به درافتادم و بس

پدرم نیز بهشت ابد از دست بهشت

حافظا روز اجل گر به کف آری جامی

یک سر از کوی خرابات برندت به بهشت

غزل ۸۱

صبحدم مرغ چمن با گل نوخاسته گفت

ناز کم کن که در این باغ بسی چون تو شکفت

گل بخندید که از راست نرنجیم ولی
هیچ عاشق سخن سخت به معشوق نگفت

گر طمع داری از آن جام مرصع می لعل
ای بسا در که به نوک مژه‌ات باید سفت

تا ابد بوی محبت به مشامش نرسد
هر که خاک در میخانه به رخساره نرفت

در گلستان ارم دوش چو از لطف هوا
زلف سنبل به نسیم سحری می‌آشفت

گفتم ای مسند جم جام جهان بینت کو
گفت افسوس که آن دولت بیدار بخفت

سخن عشق نه آن است که آید به زبان
ساقیا می ده و کوتاه کن این گفت و شنفت

اشک حافظ خرد و صبر به دریا انداخت
چه کند سوز غم عشق نیارست نهفت

غزل ۸۲

آن ترک پری چهره که دوش از بر ما رفت
آیا چه خطا دید که از راه خطا رفت

تا رفت مرا از نظر آن چشم جهان بین
کس واقف ما نیست که از دیده چه‌ها رفت

بر شمع نرفت از گذر آتش دل دوش

آن دود که از سوز جگر بر سر ما رفت

دور از رخ تو دم به دم از گوشه چشمم
سیلاب سرشک آمد و طوفان بلا رفت

از پای فتادیم چو آمد غم هجران
در درد بمردیم چو از دست دوا رفت

دل گفت وصالش به دعا باز توان یافت
عمریست که عمرم همه در کار دعا رفت

احرام چه بندیم چو آن قبله نه این جاست
در سعی چه کوشیم چو از مروه صفا رفت

دی گفت طبیب از سر حسرت چو مرا دید
هیهات که رنج تو ز قانون شفا رفت

ای دوست به پرسیدن حافظ قدمی نه
زان پیش که گویند که از دار فنا رفت

غزل ۸۳

گر ز دست زلف مشکینت خطایی رفت رفت
ور ز هندوی شما بر ما جفایی رفت رفت

برق عشق ار خرمن پشمینه پوشی سوخت سوخت
جور شاه کامران گر بر گدایی رفت رفت

در طریقت رنجش خاطر نباشد می بیار
هر کدورت را که بینی چون صفایی رفت رفت

عشقبازی را تحمل باید ای دل پای دار
گر ملالی بود بود و گر خطایی رفت رفت

گر دلی از غمزه دلدار باری برد برد
ور میان جان و جانان ماجرایی رفت رفت

از سخن چینان ملالت‌ها پدید آمد ولی
گر میان همنشینان ناسزایی رفت رفت

عیب حافظ گو مکن واعظ که رفت از خانقاه
پای آزادی چه بندی گر به جایی رفت رفت

غزل ۸٤

ساقی بیار باده که ماه صیام رفت
درده قدح که موسم ناموس و نام رفت

وقت عزیز رفت بیا تا قضا کنیم
عمری که بی حضور صراحی و جام رفت

مستم کن آن چنان که ندانم ز بیخودی
در عرصه خیال که آمد کدام رفت

بر بوی آن که جرعه جامت به ما رسد
در مصطبه دعای تو هر صبح و شام رفت

دل را که مرده بود حیاتی به جان رسید
تا بویی از نسیم می‌اش در مشام رفت

زاهد غرور داشت سلامت نبرد راه
رند از ره نیاز به دارالسلام رفت

نقد دلی که بود مرا صرف باده شد
قلب سیاه بود از آن در حرام رفت

در تاب توبه چند توان سوخت همچو عود
می ده که عمر در سر سودای خام رفت

دیگر مکن نصیحت حافظ که ره نیافت
گمگشته‌ای که باده نابش به کام رفت

غزل ۸۵

شربتی از لب لعلش نچشیدیم و برفت
روی مه پیکر او سیر ندیدیم و برفت

گویی از صحبت ما نیک به تنگ آمده بود
بار بربست و به گردش نرسیدیم و برفت

بس که ما فاتحه و حرز یمانی خواندیم
وز پی اش سوره اخلاص دمیدیم و برفت

عشوه دادند که بر ما گذری خواهی کرد
دیدی آخر که چنین عشوه خریدیم و برفت

شد چمان در چمن حسن و لطافت لیکن
در گلستان وصالش نچمیدیم و برفت

همچو حافظ همه شب ناله و زاری کردیم
کای دریغا به وداعش نرسیدیم و برفت

غزل ۸۶

ساقی بیا که یار ز رخ پرده برگرفت
کار چراغ خلوتیان باز درگرفت

آن شمع سرگرفته دگر چهره برفروخت
وین پیر سالخورده جوانی ز سر گرفت

آن عشوه داد عشق که مفتی ز ره برفت
وان لطف کرد دوست که دشمن حذر گرفت

زنهار از آن عبارت شیرین دلفریب
گویی که پسته تو سخن در شکر گرفت

بار غمی که خاطر ما خسته کرده بود
عیسی دمی خدا بفرستاد و برگرفت

هر سرو قد که بر مه و خور حسن می‌فروخت
چون تو درآمدی پی کاری دگر گرفت

زین قصه هفت گنبد افلاک پر صداست
کوته نظر ببین که سخن مختصر گرفت

حافظ تو این سخن ز که آموختی که بخت
تعویذ کرد شعر تو را و به زر گرفت

غزل ۸۷

حسنت به اتفاق ملاحت جهان گرفت
آری به اتفاق جهان می‌توان گرفت

افشای راز خلوتیان خواست کرد شمع

شکر خدا که سرّ دلش در زبان گرفت

زین آتش نهفته که در سینه من است

خورشید شعله‌ایست که در آسمان گرفت

می خواست گل که دم زند از رنگ و بوی دوست

از غیرت صبا نفسش در دهان گرفت

آسوده بر کنار چو پرگار می شدم

دوران چو نقطه عاقبتم در میان گرفت

آن روز شوق ساغر می خرمنم بسوخت

کتش ز عکس عارض ساقی در آن گرفت

خواهم شدن به کوی مغان آستین فشان

زین فتنه‌ها که دامن آخر زمان گرفت

می خور که هر که آخر کار جهان بدید

از غم سبک برآمد و رطل گران گرفت

بر برگ گل به خون شقایق نوشته‌اند

کان کس که پخته شد می چون ارغوان گرفت

حافظ چو آب لطف ز نظم تو می چکد

حاسد چگونه نکته تواند بر آن گرفت

غزل ۸۸

شنیده‌ام سخنی خوش که پیر کنعان گفت

فراق یار نه آن می کند که بتوان گفت

۷۸

www.rumispath.com

حدیث هول قیامت که گفت واعظ شهر

کنایتیست که از روزگار هجران گفت

نشان یار سفرکرده از که پرسم باز

که هر چه گفت برید صبا پریشان گفت

فغان که آن مه نامهربان مهرگسل

به ترک صحبت یاران خود چه آسان گفت

من و مقام رضا بعد از این و شکر رقیب

که دل به درد تو خو کرد و ترک درمان گفت

غم کهن به می سالخورده دفع کنید

که تخم خوشدلی این است پیر دهقان گفت

گره به باد مزن گر چه بر مراد رود

که این سخن به مثل باد با سلیمان گفت

به مهلتی که سپهرت دهد ز راه مرو

تو را که گفت که این زال ترک دستان گفت

مزن ز چون و چرا دم که بنده مقبل

قبول کرد به جان هر سخن که جانان گفت

که گفت حافظ از اندیشه تو آمد باز

من این نگفته‌ام آن کس که گفت بهتان گفت

غزل ۸۹

یا رب سببی ساز که یارم به سلامت

باز آید و برهاندم از بند ملامت

خاک ره آن یار سفرکرده بیارید
تا چشم جهان‌بین کنمش جای اقامت

فریاد که از شش جهتم راه ببستند
آن خال و خط و زلف و رخ و عارض و قامت

امروز که در دست توام مرحمتی کن
فردا که شوم خاک چه سود اشک ندامت

ای آن که به تقریر و بیان دم زنی از عشق
ما با تو نداریم سخن خیر و سلامت

درویش مکن ناله ز شمشیر احبا
کاین طایفه از کشته ستانند غرامت

در خرقه زن آتش که خم ابروی ساقی
بر می‌شکند گوشه محراب امامت

حاشا که من از جور و جفای تو بنالم
بیداد لطیفان همه لطف است و کرامت

کوته نکند بحث سر زلف تو حافظ
پیوسته شد این سلسله تا روز قیامت

غزل ۹۰

ای هدهد صبا به سبا می‌فرستمت
بنگر که از کجا به کجا می‌فرستمت

حیف است طایری چو تو در خاکدان غم

زین جا به آشیان وفا می‌فرستمت

در راه عشق مرحله قرب و بعد نیست

می‌بینمت عیان و دعا می‌فرستمت

هر صبح و شام قافله‌ای از دعای خیر

در صحبت شمال و صبا می‌فرستمت

تا لشکر غمت نکند ملک دل خراب

جان عزیز خود به نوا می‌فرستمت

ای غایب از نظر که شدی همنشین دل

می‌گویمت دعا و ثنا می‌فرستمت

در روی خود تفرج صنع خدای کن

کآینه خدای نما می‌فرستمت

تا مطربان ز شوق منت آگهی دهند

قول و غزل به ساز و نوا می‌فرستمت

ساقی بیا که هاتف غیبم به مژده گفت

با درد صبر کن که دوا می‌فرستمت

حافظ سرود مجلس ما ذکر خیر توست

بشتاب هان که اسب و قبا می‌فرستمت

غزل ۹۱

ای غایب از نظر به خدا می‌سپارمت

جانم بسوختی و به دل دوست دارمت

تا دامن کفن نکشم زیر پای خاک
باور مکن که دست ز دامن بدارمت

محراب ابرویت بنما تا سحرگهی
دست دعا برآرم و در گردن آرمت

گر بایدم شدن سوی هاروت بابلی
صد گونه جادویی بکنم تا بیارمت

خواهم که پیش میرمت ای بی‌وفا طبیب
بیمار بازپرس که در انتظارمت

صد جوی آب بسته‌ام از دیده بر کنار
بر بوی تخم مهر که در دل بکارمت

خونم بریخت و از غم عشقم خلاص داد
منت‌پذیر غمزه خنجرگذارمت

می‌گریم و مرادم از این سیل اشکبار
تخم محبت است که در دل بکارمت

بارم ده از کرم سوی خود تا به سوز دل
در پای دم به دم گهر از دیده بارمت

حافظ شراب و شاهد و رندی نه وضع توست
فی الجمله می‌کنی و فرو می‌گذارمت

غزل ۹۲

میر من خوش می‌روی کاندر سر و پا میرمت

خوش خرامان شو که پیش قد رعنا میرمت

گفته بودی کی بمیری پیش من تعجیل چیست
خوش تقاضا می‌کنی پیش تقاضا میرمت

عاشق و مخمور و مهجورم بت ساقی کجاست
گو که بخرامد که پیش سرو بالا میرمت

آن که عمری شد که تا بیمارم از سودای او
گو نگاهی کن که پیش چشم شهلا میرمت

گفته لعل لبم هم درد بخشد هم دوا
گاه پیش درد و گه پیش مداوا میرمت

خوش خرامان می‌روی چشم بد از روی تو دور
دارم اندر سر خیال آن که در پا میرمت

گر چه جای حافظ اندر خلوت وصل تو نیست
ای همه جای تو خوش پیش همه جا میرمت

غزل ۹۳

چه لطف بود که ناگاه رشحه قلمت
حقوق خدمت ما عرضه کرد بر کرمت

به نوک خامه رقم کرده‌ای سلام مرا
که کارخانه دوران مباد بی رقمت

نگویم از من بی‌دل به سهو کردی یاد
که در حساب خرد نیست سهو بر قلمت

مرا ذلیل مگردان به شکر این نعمت
که داشت دولت سرمد عزیز و محترمت

بیا که با سر زلفت قرار خواهم کرد
که گر سرم برود برندارم از قدمت

ز حال ما دلت آگه شود مگر وقتی
که لاله بردمد از خاک کشتگان غمت

روان تشنه ما را به جرعه‌ای دریاب
چو می‌دهند زلال خضر ز جام جمت

همیشه وقت تو ای عیسی صبا خوش باد
که جان حافظ دلخسته زنده شد به دمت

غزل ۹۴

زان یار دلنوازم شکریست با شکایت
گر نکته‌دان عشقی بشنو تو این حکایت

بی مزد بود و منت هر خدمتی که کردم
یا رب مباد کس را مخدوم بی عنایت

رندان تشنه لب را آبی نمی‌دهد کس
گویی ولی شناسان رفتند از این ولایت

در زلف چون کمندش ای دل مپیچ کان جا
سرها بریده بینی بی جرم و بی جنایت

چشمت به غمزه ما را خون خورد و می‌پسندی
جانا روا نباشد خون‌ریز را حمایت

در این شب سیاهم گم گشت راه مقصود
از گوشه‌ای برون آی ای کوکب هدایت

از هر طرف که رفتم جز وحشتم نیفزود
زنهار از این بیابان وین راه بی‌نهایت

ای آفتاب خوبان می‌جوشد اندرونم
یک ساعتم بگنجان در سایه عنایت

این راه را نهایت صورت کجا توان بست
کش صد هزار منزل بیش است در بدایت

هر چند بردی آبم روی از درت نتابم
جور از حبیب خوشتر کز مدعی رعایت

عشقت رسد به فریاد ار خود به سان حافظ
قرآن ز بر بخوانی در چارده روایت

غزل ۹۵

مدامم مست می‌دارد نسیم جعد گیسویت
خرابم می‌کند هر دم فریب چشم جادویت

پس از چندین شکیبایی شبی یا رب توان دیدن
که شمع دیده افروزیم در محراب ابرویت

سواد لوح بینش را عزیز از بهر آن دارم
که جان را نسخه‌ای باشد ز لوح خال هندویت

تو گر خواهی که جاویدان جهان یک سر بیارایی

صبا را گو که بردارد زمانی برقع از رویت

وگر رسم فنا خواهی که از عالم براندازی

برافشان تا فرو ریزد هزاران جان ز هر مویت

من و باد صبا مسکین دو سرگردان بی حاصل

من از افسون چشمت مست و او از بوی گیسویت

زهی همت که حافظ راست از دنیی و از عقبی

نیاید هیچ در چشمش بجز خاک سر کویت

غزل ۹۶

درد ما را نیست درمان الغیاث

هجر ما را نیست پایان الغیاث

دین و دل بردند و قصد جان کنند

الغیاث از جور خوبان الغیاث

در بهای بوسه‌ای جانی طلب

می‌کنند این دلستانان الغیاث

خون ما خوردند این کافردلان

ای مسلمانان چه درمان الغیاث

همچو حافظ روز و شب بی خویشتن

گشته‌ام سوزان و گریان الغیاث

غزل ۹۷

تویی که بر سر خوبان کشوری چون تاج

سزد اگر همه دلبران دهندت باج

دو چشم شوخ تو برهم زده ختا و حبش

به چین زلف تو ماچین و هند داده خراج

بیاض روی تو روشن چو عارض رخ روز

سواد زلف سیاه تو هست ظلمت داج

دهان شهد تو داده رواج آب خضر

لب چو قند تو برد از نبات مصر رواج

از این مرض به حقیقت شفا نخواهم یافت

که از تو درد دل ای جان نمی‌رسد به علاج

چرا همی شکنی جان من ز سنگ دلی

دل ضعیف که باشد به نازکی چو زجاج

لب تو خضر و دهان تو آب حیوان است

قد تو سرو و میان موی و بر به هیئت عاج

فتاد در دل حافظ هوای چون تو شهی

کمینه ذره خاک در تو بودی کاج

غزل ۹۸

اگر به مذهب تو خون عاشق است مباح

صلاح ما همه آن است کان تو راست صلاح

سواد زلف سیاه تو جاعل الظلمات

بیاض روی چو ماه تو فالق الاصباح

ز چین زلف کمندت کسی نیافت خلاص

از آن کمانچه ابرو و تیر چشم نجاح

ز دیده‌ام شده یک چشمه در کنار روان

که آشنا نکند در میان آن ملاح

لب چو آب حیات تو هست قوت جان

وجود خاکی ما را از اوست ذکر رواح

بداد لعل لبت بوسه‌ای به صد زاری

گرفت کام دلم ز او به صد هزار الحاح

دعای جان تو ورد زبان مشتاقان

همیشه تا که بود متصل مسا و صباح

صلاح و توبه و تقوی ز ما مجو حافظ

ز رند و عاشق و مجنون کسی نیافت صلاح

غزل ۹۹

دل من در هوای روی فرخ

بود آشفته همچون موی فرخ

بجز هندوی زلفش هیچ کس نیست

که برخوردار شد از روی فرخ

سیاهی نیکبخت است آن که دایم

بود همراز و هم زانوی فرخ

شود چون بید لرزان سرو آزاد

اگر بیند قد دلجوی فرخ

بده ساقی شراب ارغوانی
به یاد نرگس جادوی فرخ

دوتا شد قامتم همچون کمانی
ز غم پیوسته چون ابروی فرخ

نسیم مشک تاتاری خجل کرد
شمیم زلف عنبربوی فرخ

اگر میل دل هر کس به جایست
بود میل دل من سوی فرخ

غلام همت آنم که باشد
چو حافظ بنده و هندوی فرخ

غزل ۱۰۰

دی پیر می فروش که ذکرش به خیر باد
گفتا شراب نوش و غم دل ببر ز یاد

گفتم به باد می‌دهدم باده نام و ننگ
گفتا قبول کن سخن و هر چه باد باد

سود و زیان و مایه چو خواهد شدن ز دست
از بهر این معامله غمگین مباش و شاد

بادت به دست باشد اگر دل نهی به هیچ
در معرضی که تخت سلیمان رود به باد

حافظ گرت ز پند حکیمان ملالت است

کوته کنیم قصه که عمرت دراز باد

غزل ۱۰۱

شراب و عیش نهان چیست کار بی بنیاد
زدیم بر صف رندان و هر چه بادا باد

گره ز دل بگشا وز سپهر یاد مکن
که فکر هیچ مهندس چنین گره نگشاد

ز انقلاب زمانه عجب مدار که چرخ
از این فسانه هزاران هزار دارد یاد

قدح به شرط ادب گیر زان که ترکیبش
ز کاسه سر جمشید و بهمن است و قباد

که آگه است که کاووس و کی کجا رفتند
که واقف است که چون رفت تخت جم بر باد

ز حسرت لب شیرین هنوز می بینم
که لاله می دمد از خون دیده فرهاد

مگر که لاله بدانست بی وفایی دهر
که تا بزاد و بشد جام می ز کف ننهاد

بیا بیا که زمانی ز می خراب شویم
مگر رسیم به گنجی در این خراب آباد

نمی دهند اجازت مرا به سیر و سفر
نسیم باد مصلا و آب رکن آباد

۹۰

www.rumispath.com

قدح مگیر چو حافظ مگر به ناله چنگ
که بسته‌اند بر ابریشم طرب دل شاد

غزل ۱۰۲

دوش آگهی ز یار سفرکرده داد باد
من نیز دل به باد دهم هر چه باد باد

کارم بدان رسید که همراز خود کنم
هر شام برق لامع و هر بامداد باد

در چین طره تو دل بی حفاظ من
هرگز نگفت مسکن مالوف یاد باد

امروز قدر پند عزیزان شناختم
یا رب روان ناصح ما از تو شاد باد

خون شد دلم به یاد تو هر گه که در چمن
بند قبای غنچه گل می‌گشاد باد

از دست رفته بود وجود ضعیف من
صبحم به بوی وصل تو جان باز داد باد

حافظ نهاد نیک تو کامت برآورد
جان‌ها فدای مردم نیکونهاد باد

غزل ۱۰۳

روز وصل دوستداران یاد باد
یاد باد آن روزگاران یاد باد

کامم از تلخی غم چون زهر گشت
بانگ نوش شادخواران یاد باد

گر چه یاران فارغند از یاد من
از من ایشان را هزاران یاد باد

مبتلا گشتم در این بند و بلا
کوشش آن حق گزاران یاد باد

گر چه صد رود است در چشمم مدام
زنده رود باغ کاران یاد باد

راز حافظ بعد از این ناگفته ماند
ای دریغا رازداران یاد باد

غزل ۱۰٤

جمالت آفتاب هر نظر باد
ز خوبی روی خوبت خوبتر باد

همای زلف شاهین شهپرت را
دل شاهان عالم زیر پر باد

کسی کو بسته زلفت نباشد
چو زلفت درهم و زیر و زبر باد

دلی کو عاشق رویت نباشد
همیشه غرقه در خون جگر باد

بتا چون غمزه‌ات ناوک فشاند

دل مجروح من پیشش سپر باد

چو لعل شکرینت بوسه بخشد
مذاق جان من زاو پرشکر باد

مرا از توست هر دم تازه عشقی
تو را هر ساعتی حسنی دگر باد

به جان مشتاق روی توست حافظ
تو را در حال مشتاقان نظر باد

غزل ۱۰۵

صوفی از باده به اندازه خورد نوشش باد
ورنه اندیشه این کار فراموشش باد

آن که یک جرعه می از دست تواند دادن
دست با شاهد مقصود در آغوشش باد

پیر ما گفت خطا بر قلم صنع نرفت
آفرین بر نظر پاک خطاپوشش باد

شاه ترکان سخن مدعیان می شنود
شرمی از مظلمه خون سیاووشش باد

گر چه از کبر سخن با من درویش نگفت
جان فدای شکرین پسته خاموشش باد

چشمم از آینه داران خط و خالش گشت
لبم از بوسه ربایان بر و دوشش باد

نرگس مست نوازش کن مردم دارش

خون عاشق به قدح گر بخورد نوشش باد

به غلامی تو مشهور جهان شد حافظ

حلقه بندگی زلف تو در گوشش باد

غزل ۱۰۶

تنت به ناز طبیبان نیازمند مباد

وجود نازکت آزرده گزند مباد

سلامت همه آفاق در سلامت توست

به هیچ عارضه شخص تو دردمند مباد

جمال صورت و معنی ز امن صحت توست

که ظاهرت دژم و باطنت نژند مباد

در این چمن چو درآید خزان به یغمایی

رهش به سرو سهی قامت بلند مباد

در آن بساط که حسن تو جلوه آغازد

مجال طعنه بدبین و بدپسند مباد

هر آن که روی چو ماهت به چشم بد بیند

بر آتش تو بجز جان او سپند مباد

شفا ز گفته شکرفشان حافظ جوی

که حاجتت به علاج گلاب و قند مباد

غزل ۱۰۷

حسن تو همیشه در فزون باد

رویت همه ساله لاله گون باد

اندر سر ما خیال عشقت

هر روز که باد در فزون باد

هر سرو که در چمن درآید

در خدمت قامتت نگون باد

چشمی که نه فتنه تو باشد

چون گوهر اشک غرق خون باد

چشم تو ز بهر دلربایی

در کردن سحر ذوفنون باد

هر جا که دلیست در غم تو

بی صبر و قرار و بی سکون باد

قد همه دلبران عالم

پیش الف قدت چو نون باد

هر دل که ز عشق توست خالی

از حلقه وصل تو برون باد

لعل تو که هست جان حافظ

دور از لب مردمان دون باد

غزل ۱۰۸

خسروا گوی فلک در خم چوگان تو باد

ساحت کون و مکان عرصه میدان تو باد

زلف خاتون ظفر شیفته پرچم توست
دیده فتح ابد عاشق جولان تو باد

ای که انشا عطارد صفت شوکت توست
عقل کل چاکر طغراکش دیوان تو باد

طیره جلوه طوبی قد چون سرو تو شد
غیرت خلد برین ساحت بستان تو باد

نه به تنها حیوانات و نباتات و جماد
هر چه در عالم امر است به فرمان تو باد

غزل ۱۰۹

دیر است که دلدار پیامی نفرستاد
ننوشت سلامی و کلامی نفرستاد

صد نامه فرستادم و آن شاه سواران
پیکی ندوانید و سلامی نفرستاد

سوی من وحشی صفت عقل رمیده
آهوروشی کبک خرامی نفرستاد

دانست که خواهد شدنم مرغ دل از دست
واز آن خط چون سلسله دامی نفرستاد

فریاد که آن ساقی شکرلب سرمست
دانست که مخمورم و جامی نفرستاد

چندان که زدم لاف کرامات و مقامات
هیچم خبر از هیچ مقامی نفرستاد

حافظ به ادب باش که واخواست نباشد
گر شاه پیامی به غلامی نفرستاد

غزل ۱۱۰

پیرانه سرم عشق جوانی به سر افتاد
وان راز که در دل بنهفتم به در افتاد

از راه نظر مرغ دلم گشت هواگیر
ای دیده نگه کن که به دام که درافتاد

دردا که از آن آهوی مشکین سیه چشم
چون نافه بسی خون دلم در جگر افتاد

از رهگذر خاک سر کوی شما بود
هر نافه که در دست نسیم سحر افتاد

مژگان تو تا تیغ جهان گیر برآورد
بس کشته دل زنده که بر یک دگر افتاد

بس تجربه کردیم در این دیر مکافات
با دردکشان هر که درافتاد برافتاد

گر جان بدهد سنگ سیه لعل نگردد
با طینت اصلی چه کند بدگهر افتاد

حافظ که سر زلف بتان دست کشش بود
بس طرفه حریفیست کش اکنون به سر افتاد

غزل ۱۱۱

عکس روی تو چو در آینه جام افتاد
عارف از خنده می در طمع خام افتاد

حسن روی تو به یک جلوه که در آینه کرد
این همه نقش در آیینه اوهام افتاد

این همه عکس می و نقش نگارین که نمود
یک فروغ رخ ساقیست که در جام افتاد

غیرت عشق زبان همه خاصان ببرید
کز کجا سر غمش در دهن عام افتاد

من ز مسجد به خرابات نه خود افتادم
اینم از عهد ازل حاصل فرجام افتاد

چه کند کز پی دوران نرود چون پرگار
هر که در دایره گردش ایام افتاد

در خم زلف تو آویخت دل از چاه زنخ
آه کز چاه برون آمد و در دام افتاد

آن شد ای خواجه که در صومعه بازم بینی
کار ما با رخ ساقی و لب جام افتاد

زیر شمشیر غمش رقص کنان باید رفت
کان که شد کشته او نیک سرانجام افتاد

هر دمش با من دلسوخته لطفی دگر است

این گدا بین که چه شایسته انعام افتاد

صوفیان جمله حریفند و نظرباز ولی
زین میان حافظ دلسوخته بدنام افتاد

غزل ۱۱۲

آن که رخسار تو را رنگ گل و نسرین داد
صبر و آرام تواند به من مسکین داد

وان که گیسوی تو را رسم تطاول آموخت
هم تواند کرمش داد من غمگین داد

من همان روز ز فرهاد طمع ببریدم
که عنان دل شیدا به لب شیرین داد

گنج زر گر نبود گنج قناعت باقیست
آن که آن داد به شاهان به گدایان این داد

خوش عروسیست جهان از ره صورت لیکن
هر که پیوست بدو عمر خودش کاوین داد

بعد از این دست من و دامن سرو و لب جوی
خاصه اکنون که صبا مژده فروردین داد

در کف غصه دوران دل حافظ خون شد
از فراق رخت ای خواجه قوام الدین داد

غزل ۱۱۳

بنفشه دوش به گل گفت و خوش نشانی داد
که تاب من به جهان طره فلانی داد

دلم خزانه اسرار بود و دست قضا
درش ببست و کلیدش به دلستانی داد

شکسته‌وار به درگاهت آمدم که طبیب
به مومیایی لطف توام نشانی داد

تنش درست و دلش شاد باد و خاطر خوش
که دست دادش و یاری ناتوانی داد

برو معالجه خود کن ای نصیحتگو
شراب و شاهد شیرین که را زیانی داد

گذشت بر من مسکین و با رقیبان گفت
دریغ حافظ مسکین من چه جانی داد

غزل ۱۱۴

همای اوج سعادت به دام ما افتد
اگر تو را گذری بر مقام ما افتد

حباب‌وار براندازم از نشاط کلاه
اگر ز روی تو عکسی به جام ما افتد

شبی که ماه مراد از افق شود طالع
بود که پرتو نوری به بام ما افتد

به بارگاه تو چون باد را نباشد بار
کی اتفاق مجال سلام ما افتد

چو جان فدای لبش شد خیال می‌بستم
که قطره‌ای ز زلالش به کام ما افتد

خیال زلف تو گفتا که جان وسیله مساز
کز این شکار فراوان به دام ما افتد

به ناامیدی از این در مرو بزن فالی
بود که قرعه دولت به نام ما افتد

ز خاک کوی تو هر گه که دم زند حافظ
نسیم گلشن جان در مشام ما افتد

غزل ۱۱۵

درخت دوستی بنشان که کام دل به بار آرد
نهال دشمنی برکن که رنج بی‌شمار آرد

چو مهمان خراباتی به عزت باش با رندان
که درد سر کشی جانا گرت مستی خمار آرد

شب صحبت غنیمت دان که بعد از روزگار ما
بسی گردش کند گردون بسی لیل و نهار آرد

عماری دار لیلی را که مهد ماه در حکم است
خدا را در دل اندازش که بر مجنون گذار آرد

بهار عمر خواه ای دل وگرنه این چمن هر سال
چو نسرین صد گل آرد بار و چون بلبل هزار آرد

خدا را چون دل ریشم قراری بست با زلفت

بفرما لعل نوشین را که زودش باقرار آرد

در این باغ از خدا خواهد دگر پیرانه سر حافظ
نشیند بر لب جوی و سروی در کنار آرد

غزل ۱۱۶

کسی که حسن و خط دوست در نظر دارد
محقق است که او حاصل بصر دارد

چو خامه در ره فرمان او سر طاعت
نهاده‌ایم مگر او به تیغ بردارد

کسی به وصل تو چون شمع یافت پروانه
که زیر تیغ تو هر دم سری دگر دارد

به پای بوس تو دست کسی رسید که او
چو آستانه بدین در همیشه سر دارد

ز زهد خشک ملولم کجاست باده ناب
که بوی باده مدامم دماغ تر دارد

ز باده هیچت اگر نیست این نه بس که ترا
دمی ز وسوسه عقل بی‌خبر دارد

کسی که از ره تقوا قدم برون ننهاد
به عزم میکده اکنون ره سفر دارد

دل شکسته حافظ به خاک خواهد برد
چو لاله داغ هوایی که بر جگر دارد

۱۰۲

www.rumispath.com

غزل ۱۱۷

دل ما به دور رویت ز چمن فراغ دارد
که چو سرو پایبند است و چو لاله داغ دارد

سر ما فرو نیاید به کمان ابروی کس
که درون گوشه گیران ز جهان فراغ دارد

ز بنفشه تاب دارم که ز زلف او زند دم
تو سیاه کم بها بین که چه در دماغ دارد

به چمن خرام و بنگر بر تخت گل که لاله
به ندیم شاه ماند که به کف ایاغ دارد

شب ظلمت و بیابان به کجا توان رسیدن
مگر آن که شمع رویت به رهم چراغ دارد

من و شمع صبحگاهی سزد ار به هم بگرییم
که بسوختیم و از ما بت ما فراغ دارد

سزدم چو ابر بهمن که بر این چمن بگریم
طرب آشیان بلبل بنگر که زاغ دارد

سر درس عشق دارد دل دردمند حافظ
که نه خاطر تماشا نه هوای باغ دارد

غزل ۱۱۸

آن کس که به دست جام دارد
سلطانی جم مدام دارد

آبی که خضر حیات از او یافت

در میکده جو که جام دارد

سر رشته جان به جام بگذار

کاین رشته از او نظام دارد

ما و می و زاهدان و تقوا

تا یار سر کدام دارد

بیرون ز لب تو ساقیا نیست

در دور کسی که کام دارد

نرگس همه شیوه‌های مستی

از چشم خوشت به وام دارد

ذکر رخ و زلف تو دلم را

وردیست که صبح و شام دارد

بر سینه ریش دردمندان

لعلت نمکی تمام دارد

در چاه ذقن چو حافظ ای جان

حسن تو دو صد غلام دارد

غزل ۱۱۹

دلی که غیب نمای است و جام جم دارد

ز خاتمی که دمی گم شود چه غم دارد

به خط و خال گدایان مده خزینه دل

به دست شاهوشی ده که محترم دارد

نه هر درخت تحمل کند جفای خزان
غلام همت سروم که این قدم دارد

رسید موسم آن کز طرب چو نرگس مست
نهد به پای قدح هر که شش درم دارد

زر از بهای می اکنون چو گل دریغ مدار
که عقل کل به صدت عیب متهم دارد

ز سر غیب کس آگاه نیست قصه مخوان
کدام محرم دل ره در این حرم دارد

دلم که لاف تجرد زدی کنون صد شغل
به بوی زلف تو با باد صبحدم دارد

مراد دل ز که پرسم که نیست دلداری
که جلوه نظر و شیوه کرم دارد

ز جیب خرقه حافظ چه طرف بتوان بست
که ما صمد طلبیدیم و او صنم دارد

غزل ۱۲۰

بتی دارم که گرد گل ز سنبل سایه بان دارد
بهار عارضش خطی به خون ارغوان دارد

غبار خط بپوشانید خورشید رخش یا رب
بقای جاودانش ده که حسن جاودان دارد

چو عاشق می‌شدم گفتم که بردم گوهر مقصود
ندانستم که این دریا چه موج خون‌فشان دارد

ز چشمت جان نشاید برد کز هر سو که می‌بینم
کمین از گوشه‌ای کرده‌ست و تیر اندر کمان دارد

چو دام طره افشاند ز گرد خاطر عشاق
به غماز صبا گوید که راز ما نهان دارد

بیفشان جرعه‌ای بر خاک و حال اهل دل بشنو
که از جمشید و کیخسرو فراوان داستان دارد

چو در رویت بخندد گل مشو در دامش ای بلبل
که بر گل اعتمادی نیست گر حسن جهان دارد

خدا را داد من بستان از او ای شحنه مجلس
که می با دیگری خورده‌ست و با من سر گران دارد

به فتراک ار همی‌بندی خدا را زود صیدم کن
که آفت‌هاست در تأخیر و طالب را زیان دارد

ز سرو قد دلجویت مکن محروم چشمم را
بدین سرچشمه‌اش بنشان که خوش آبی روان دارد

ز خوف هجرم ایمن کن اگر امید آن داری
که از چشم بداندیشان خدایت در امان دارد

چه عذر بخت خود گویم که آن عیار شهرآشوب
به تلخی کشت حافظ را و شکر در دهان دارد

غزل ۱۲۱

هر آن کو خاطر مجموع و یار نازنین دارد
سعادت همدم او گشت و دولت همنشین دارد

حریم عشق را درگه بسی بالاتر از عقل است
کسی آن آستان بوسد که جان در آستین دارد

دهان تنگ شیرینش مگر ملک سلیمان است
که نقش خاتم لعلش جهان زیر نگین دارد

لب لعل و خط مشکین چو آنش هست و اینش هست
بنازم دلبر خود را که حسنش آن و این دارد

به خواری منگر ای منعم ضعیفان و نحیفان را
که صدر مجلس عشرت گدای رهنشین دارد

چو بر روی زمین باشی توانایی غنیمت دان
که دوران ناتوانی‌ها بسی زیر زمین دارد

بلاگردان جان و تن دعای مستمندان است
که بیند خیر از آن خرمن که ننگ از خوشه چین دارد

صبا از عشق من رمزی بگو با آن شه خوبان
که صد جمشید و کیخسرو غلام کمترین دارد

وگر گوید نمی‌خواهم چو حافظ عاشق مفلس
بگوییدش که سلطانی گدایی همنشین دارد

غزل ۱۲۲

هر آن که جانب اهل خدا نگه دارد

خدایش در همه حال از بلا نگه دارد

حدیث دوست نگویم مگر به حضرت دوست
که آشنا سخن آشنا نگه دارد

دلا معاش چنان کن که گر بلغزد پای
فرشته‌ات به دو دست دعا نگه دارد

گرت هواست که معشوق نگسلد پیمان
نگاه دار سر رشته تا نگه دارد

صبا بر آن سر زلف ار دل مرا بینی
ز روی لطف بگویش که جا نگه دارد

چو گفتمش که دلم را نگاه دار چه گفت
ز دست بنده چه خیزد خدا نگه دارد

سر و زر و دل و جانم فدای آن یاری
که حق صحبت مهر و وفا نگه دارد

غبار راه راهگذارت کجاست تا حافظ
به یادگار نسیم صبا نگه دارد

غزل ۱۲۳

مطرب عشق عجب ساز و نوایی دارد
نقش هر نغمه که زد راه به جایی دارد

عالم از ناله عشاق مبادا خالی
که خوش آهنگ و فرح بخش هوایی دارد

پیر دردی کش ما گر چه ندارد زر و زور

خوش عطابخش و خطاپوش خدایی دارد

محترم دار دلم کاین مگس قندپرست

تا هواخواه تو شد فر همایی دارد

از عدالت نبود دور گرش پرسد حال

پادشاهی که به همسایه گدایی دارد

اشک خونین بنمودم به طبیبان گفتند

درد عشق است و جگرسوز دوایی دارد

ستم از غمزه میاموز که در مذهب عشق

هر عمل اجری و هر کرده جزایی دارد

نغز گفت آن بت ترسابچه باده پرست

شادی روی کسی خور که صفایی دارد

خسروا حافظ درگاه نشین فاتحه خواند

وز زبان تو تمنای دعایی دارد

غزل ۱۲٤

آن که از سنبل او غالیه تابی دارد

باز با دلشدگان ناز و عتابی دارد

از سر کشته خود می گذری همچون باد

چه توان کرد که عمر است و شتابی دارد

ماه خورشید نمایش ز پس پرده زلف

آفتابیست که در پیش سحابی دارد

چشم من کرد به هر گوشه روان سیل سرشک
تا سهی سرو تو را تازه تر آبی دارد

غمزه شوخ تو خونم به خطا می‌ریزد
فرصتش باد که خوش فکر صوابی دارد

آب حیوان اگر این است که دارد لب دوست
روشن است این که خضر بهره سرابی دارد

چشم مخمور تو دارد ز دلم قصد جگر
ترک مست است مگر میل کبابی دارد

جان بیمار مرا نیست ز تو روی سؤال
ای خوش آن خسته که از دوست جوابی دارد

کی کند سوی دل خسته حافظ نظری
چشم مستش که به هر گوشه خرابی دارد

غزل ۱۲۵

شاهد آن نیست که مویی و میانی دارد
بنده طلعت آن باش که آنی دارد

شیوه حور و پری گر چه لطیف است ولی
خوبی آن است و لطافت که فلانی دارد

چشمه چشم مرا ای گل خندان دریاب
که به امید تو خوش آب روانی دارد

گوی خوبی که برد از تو که خورشید آن جا

نه سواریست که در دست عنانی دارد

دل نشان شد سخنم تا تو قبولش کردی
آری آری سخن عشق نشانی دارد

خم ابروی تو در صنعت تیراندازی
برده از دست هر آن کس که کمانی دارد

در ره عشق نشد کس به یقین محرم راز
هر کسی بر حسب فکر گمانی دارد

با خرابات نشینان ز کرامات ملاف
هر سخن وقتی و هر نکته مکانی دارد

مرغ زیرک نزند در چمنش پرده سرای
هر بهاری که به دنباله خزانی دارد

مدعی گو لغز و نکته به حافظ مفروش
کلک ما نیز زبانی و بیانی دارد

غزل ۱۲۶

جان بی جمال جانان میل جهان ندارد
هر کس که این ندارد حقا که آن ندارد

با هیچ کس نشانی زان دلستان ندیدم
یا من خبر ندارم یا او نشان ندارد

هر شبنمی در این ره صد بحر آتشین است
دردا که این معما شرح و بیان ندارد

سر منزل فراغت نتوان ز دست دادن
ای ساروان فروکش کاین ره کران ندارد

چنگ خمیده قامت می‌خواندت به عشرت
بشنو که پند پیران هیچت زیان ندارد

ای دل طریق رندی از محتسب بیاموز
مست است و در حق او کس این گمان ندارد

احوال گنج قارون کایام داد بر باد
در گوش دل فروخوان تا زر نهان ندارد

گر خود رقیب شمع است اسرار از او بپوشان
کان شوخ سربریده بند زبان ندارد

کس در جهان ندارد یک بنده همچو حافظ
زیرا که چون تو شاهی کس در جهان ندارد

غزل ۱۲۷

روشنی طلعت تو ماه ندارد
پیش تو گل رونق گیاه ندارد

گوشه ابروی توست منزل جانم
خوشتر از این گوشه پادشاه ندارد

تا چه کند با رخ تو دود دل من
آینه دانی که تاب آه ندارد

شوخی نرگس نگر که پیش تو بشکفت
چشم دریده ادب نگاه ندارد

دیدم و آن چشم دل سیه که تو داری
جانب هیچ آشنا نگاه ندارد

رطل گرانم ده ای مرید خرابات
شادی شیخی که خانقاه ندارد

خون خور و خامش نشین که آن دل نازک
طاقت فریاد دادخواه ندارد

گو برو و آستین به خون جگر شوی
هر که در این آستانه راه ندارد

نی من تنها کشم تطاول زلفت
کیست که او داغ آن سیاه ندارد

حافظ اگر سجده تو کرد مکن عیب
کافر عشق ای صنم گناه ندارد

غزل ۱۲۸

نیست در شهر نگاری که دل ما ببرد
بختم ار یار شود رختم از این جا ببرد

کو حریفی کش سرمست که پیش کرمش
عاشق سوخته دل نام تمنا ببرد

باغبانا ز خزان بی‌خبرت می‌بینم
آه از آن روز که بادت گل رعنا ببرد

رهزن دهر نخفته‌ست مشو ایمن از او

اگر امروز نبرده‌ست که فردا ببرد

در خیال این همه لعبت به هوس می‌بازم
بو که صاحب نظری نام تماشا ببرد

علم و فضلی که به چل سال دلم جمع آورد
ترسم آن نرگس مستانه به یغما ببرد

بانگ گاوی چه صدا باز دهد عشوه مخر
سامری کیست که دست از ید بیضا ببرد

جام مینایی می سد ره تنگ دلیست
منه از دست که سیل غمت از جا ببرد

راه عشق ار چه کمینگاه کمانداران است
هر که دانسته رود صرفه ز اعدا ببرد

حافظ ار جان طلبد غمزه مستانه یار
خانه از غیر بپرداز و بهل تا ببرد

غزل ۱۲۹

اگر نه باده غم دل ز یاد ما ببرد
نهیب حادثه بنیاد ما ز جا ببرد

اگر نه عقل به مستی فروکشد لنگر
چگونه کشتی از این ورطه بلا ببرد

فغان که با همه کس غایبانه باخت فلک
که کس نبود که دستی از این دغا ببرد

گذار بر ظلمات است خضر راهی کو

مباد کآتش محرومی آب ما ببرد

دل ضعیفم از آن می‌کشد به طرف چمن

که جان ز مرگ به بیماری صبا ببرد

طبیب عشق منم باده ده که این معجون

فراغت آرد و اندیشه خطا ببرد

بسوخت حافظ و کس حال او به یار نگفت

مگر نسیم پیامی خدای را ببرد

غزل ۱۳۰

سحر بلبل حکایت با صبا کرد

که عشق روی گل با ما چه‌ها کرد

از آن رنگ رخم خون در دل افتاد

و از آن گلشن به خارم مبتلا کرد

غلام همت آن نازنینم

که کار خیر بی روی و ریا کرد

من از بیگانگان دیگر ننالم

که با من هر چه کرد آن آشنا کرد

گر از سلطان طمع کردم خطا بود

ور از دلبر وفا جستم جفا کرد

خوشش باد آن نسیم صبحگاهی

که درد شب‌نشینان را دوا کرد

نقاب گل کشید و زلف سنبل
گره بند قبای غنچه وا کرد

به هر سو بلبل عاشق در افغان
تنعم از میان باد صبا کرد

بشارت بر به کوی می فروشان
که حافظ توبه از زهد ریا کرد

وفا از خواجگان شهر با من
کمال دولت و دین بوالوفا کرد

غزل ۱۳۱

بیا که ترک فلک خوان روزه غارت کرد
هلال عید به دور قدح اشارت کرد

ثواب روزه و حج قبول آن کس برد
که خاک میکده عشق را زیارت کرد

مقام اصلی ما گوشه خرابات است
خداش خیر دهاد آن که این عمارت کرد

بهای باده چون لعل چیست جوهر عقل
بیا که سود کسی برد کاین تجارت کرد

نماز در خم آن ابروان محرابی
کسی کند که به خون جگر طهارت کرد

فغان که نرگس جماش شیخ شهر امروز

نظر به دردکشان از سر حقارت کرد

به روی یار نظر کن ز دیده منت دار
که کار دیده نظر از سر بصارت کرد

حدیث عشق ز حافظ شنو نه از واعظ
اگر چه صنعت بسیار در عبارت کرد

غزل ۱۳۲

به آب روشن می عارفی طهارت کرد
علی الصباح که میخانه را زیارت کرد

همین که ساغر زرین خور نهان گردید
هلال عید به دور قدح اشارت کرد

خوشا نماز و نیاز کسی که از سر درد
به آب دیده و خون جگر طهارت کرد

امام خواجه که بودش سر نماز دراز
به خون دختر رز خرقه را قصارت کرد

دلم ز حلقه زلفش به جان خرید آشوب
چه سود دید ندانم که این تجارت کرد

اگر امام جماعت طلب کند امروز
خبر دهید که حافظ به می طهارت کرد

غزل ۱۳۳

صوفی نهاد دام و سر حقه باز کرد
بنیاد مکر با فلک حقه باز کرد

بازی چرخ بشکندش بیضه در کلاه
زیرا که عرض شعبده با اهل راز کرد

ساقی بیا که شاهد رعنای صوفیان
دیگر به جلوه آمد و آغاز ناز کرد

این مطرب از کجاست که ساز عراق ساخت
وآهنگ بازگشت به راه حجاز کرد

ای دل بیا که ما به پناه خدا رویم
زانچه آستین کوته و دست دراز کرد

صنعت مکن که هر که محبت نه راست باخت
عشقش به روی دل در معنی فراز کرد

فردا که پیشگاه حقیقت شود پدید
شرمنده ره روی که عمل بر مجاز کرد

ای کبک خوش خرام کجا می روی بایست
غره مشو که گربه زاهد نماز کرد

حافظ مکن ملامت رندان که در ازل
ما را خدا ز زهد ریا بی نیاز کرد

غزل ۱۳۴

بلبلی خون دلی خورد و گلی حاصل کرد
باد غیرت به صدش خار پریشان دل کرد

طوطی ای را به خیال شکری دل خوش بود
ناگهش سیل فنا نقش امل باطل کرد

قرة العین من آن میوه دل یادش باد
که چه آسان بشد و کار مرا مشکل کرد

ساروان بار من افتاد خدا را مددی
که امید کرمم همره این محمل کرد

روی خاکی و نم چشم مرا خوار مدار
چرخ فیروزه طربخانه از این کهگل کرد

آه و فریاد که از چشم حسود مه چرخ
در لحد ماه کمان ابروی من منزل کرد

نزدی شاه رخ و فوت شد امکان حافظ
چه کنم بازی ایام مرا غافل کرد

غزل ۱۳۵

چو باد عزم سر کوی یار خواهم کرد
نفس به بوی خوشش مشکبار خواهم کرد

به هرزه بی می و معشوق عمر می گذرد
بطالتم بس از امروز کار خواهم کرد

هر آبروی که اندوختم ز دانش و دین
نثار خاک ره آن نگار خواهم کرد

چو شمع صبحدمم شد ز مهر او روشن

که عمر در سر این کار و بار خواهم کرد

به یاد چشم تو خود را خراب خواهم ساخت
بنای عهد قدیم استوار خواهم کرد

صبا کجاست که این جان خون گرفته چو گل
فدای نکهت گیسوی یار خواهم کرد

نفاق و زرق نبخشد صفای دل حافظ
طریق رندی و عشق اختیار خواهم کرد

غزل ۱۳۶

دست در حلقه آن زلف دوتا نتوان کرد
تکیه بر عهد تو و باد صبا نتوان کرد

آن چه سعی است من اندر طلبت بنمایم
این قدر هست که تغییر قضا نتوان کرد

دامن دوست به صد خون دل افتاد به دست
به فسوسی که کند خصم رها نتوان کرد

عارضش را به مثل ماه فلک نتوان گفت
نسبت دوست به هر بی سر و پا نتوان کرد

سروبالای من آن گه که درآید به سماع
چه محل جامه جان را که قبا نتوان کرد

نظر پاک تواند رخ جانان دیدن
که در آیینه نظر جز به صفا نتوان کرد

مشکل عشق نه در حوصله دانش ماست
حل این نکته بدین فکر خطا نتوان کرد

غیرتم کشت که محبوب جهانی لیکن
روز و شب عربده با خلق خدا نتوان کرد

من چه گویم که تو را نازکی طبع لطیف
تا به حدیست که آهسته دعا نتوان کرد

بجز ابروی تو محراب دل حافظ نیست
طاعت غیر تو در مذهب ما نتوان کرد

غزل ۱۳۷

دل از من برد و روی از من نهان کرد
خدا را با که این بازی توان کرد

شب تنهاییم در قصد جان بود
خیالش لطف‌های بی‌کران کرد

چرا چون لاله خونین دل نباشم
که با ما نرگس او سرگران کرد

که را گویم که با این درد جان‌سوز
طبیبم قصد جان ناتوان کرد

بدان سان سوخت چون شمعم که بر من
صراحی گریه و بربط فغان کرد

صبا گر چاره داری وقت وقت است
که درد اشتیاقم قصد جان کرد

Educational Code: RPI-QP-002

میان مهربانان کی توان گفت
که یار ما چنین گفت و چنان کرد

عدو با جان حافظ آن نکردی
که تیر چشم آن ابروکمان کرد

غزل ۱۳۸

یاد باد آن که ز ما وقت سفر یاد نکرد
به وداعی دل غمدیده ما شاد نکرد

آن جوان بخت که می زد رقم خیر و قبول
بنده پیر ندانم ز چه آزاد نکرد

کاغذین جامه به خوناب بشویم که فلک
رهنمونیم به پای علم داد نکرد

دل به امید صدایی که مگر در تو رسد
ناله‌ها کرد در این کوه که فرهاد نکرد

سایه تا باز گرفتی ز چمن مرغ سحر
آشیان در شکن طره شمشاد نکرد

شاید ار پیک صبا از تو بیاموزد کار
زان که چالاکتر از این حرکت باد نکرد

کلک مشاطه صنعش نکشد نقش مراد
هر که اقرار بدین حسن خداداد نکرد

مطربا پرده بگردان و بزن راه عراق

که بدین راه بشد یار و ز ما یاد نکرد

غزلیات عراقیست سرود حافظ
که شنید این ره دلسوز که فریاد نکرد

غزل ۱۳۹

رو بر رهش نهادم و بر من گذر نکرد
صد لطف چشم داشتم و یک نظر نکرد

سیل سرشک ما ز دلش کین به در نبرد
در سنگ خاره قطره باران اثر نکرد

یا رب تو آن جوان دلاور نگاه دار
کز تیر آه گوشه نشینان حذر نکرد

ماهی و مرغ دوش ز افغان من نخفت
وان شوخ دیده بین که سر از خواب برنکرد

می خواستم که میرمش اندر قدم چو شمع
او خود گذر به ما چو نسیم سحر نکرد

جانا کدام سنگدل بی کفایتیست
کو پیش زخم تیغ تو جان را سپر نکرد

کلک زبان بریده حافظ در انجمن
با کس نگفت راز تو تا ترک سر نکرد

غزل ۱۴۰

دلبر برفت و دلشدگان را خبر نکرد

یاد حریف شهر و رفیق سفر نکرد

یا بخت من طریق مروت فروگذاشت

یا او به شاهراه طریقت گذر نکرد

گفتم مگر به گریه دلش مهربان کنم

چون سخت بود در دل سنگش اثر نکرد

شوخی مکن که مرغ دل بی قرار من

سودای دام عاشقی از سر به در نکرد

هر کس که دید روی تو بوسید چشم من

کاری که کرد دیده من بی نظر نکرد

من ایستاده تا کنمش جان فدا چو شمع

او خود گذر به ما چو نسیم سحر نکرد

غزل ۱۴۱

دیدی ای دل که غم عشق دگربار چه کرد

چون بشد دلبر و با یار وفادار چه کرد

آه از آن نرگس جادو که چه بازی انگیخت

آه از آن مست که با مردم هشیار چه کرد

اشک من رنگ شفق یافت ز بی مهری یار

طالع بی شفقت بین که در این کار چه کرد

برقی از منزل لیلی بدرخشید سحر

وه که با خرمن مجنون دل افگار چه کرد

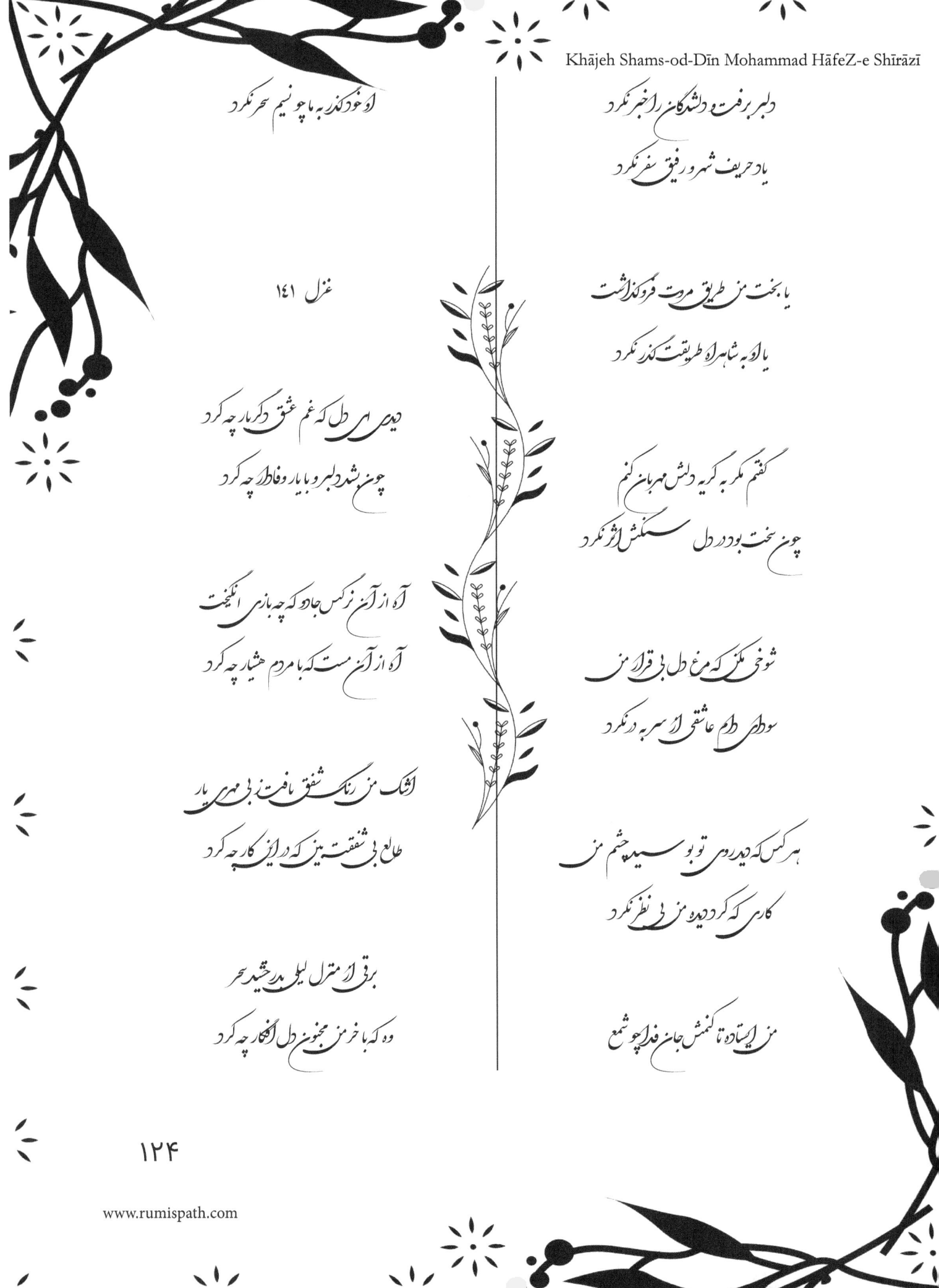

ساقیا جام می ام ده که نگارنده غیب
نیست معلوم که در پرده اسرار چه کرد

آن که پر نقش زد این دایره مینایی
کس ندانست که در گردش پرگار چه کرد

فکر عشق آتش غم در دل حافظ زد و سوخت
یار دیرینه ببینید که با یار چه کرد

غزل ۱۴۲

دوستان دختر رز توبه ز مستوری کرد
شد سوی محتسب و کار به دستوری کرد

آمد از پرده به مجلس عرقش پاک کنید
تا نگویند حریفان که چرا دوری کرد

مژدگانی بده ای دل که دگر مطرب عشق
راه مستانه زد و چاره مخموری کرد

نه به هفت آب که رنگش به صد آتش نرود
آن چه با خرقه زاهد می انگوری کرد

غنچه گلبن وصلم ز نسیمش بشکفت
مرغ خوشخوان طرب از برگ گل سوری کرد

حافظ افتادگی از دست مده زان که حسود
عرض و مال و دل و دین در سر مغروری کرد

غزل ۱۴۳

سال‌ها دل طلب جام جم از ما می‌کرد
وانچه خود داشت ز بیگانه تمنا می‌کرد
گوهری کز صدف کون و مکان بیرون است
طلب از گمشدگان لب دریا می‌کرد
مشکل خویش بر پیر مغان بردم دوش
کو به تایید نظر حل معما می‌کرد
دیدمش خرم و خندان قدح باده به دست
و اندر آن آینه صد گونه تماشا می‌کرد
گفتم این جام جهان بین به تو کی داد حکیم
گفت آن روز که این گنبد مینا می‌کرد

بی‌دلی در همه احوال خدا با او بود
او نمی‌دیدش و از دور خدا را می‌کرد
این همه شعبده خویش که می‌کرد اینجا
سامری پیش عصا و ید بیضا می‌کرد
گفت آن یار کز او گشت سر دار بلند
جرمش این بود که اسرار هویدا می‌کرد
فیض روح القدس ار باز مدد فرماید
دیگران هم بکنند آنچه مسیحا می‌کرد
گفتمش سلسله زلف بتان از پی چیست
گفت حافظ گله‌ای از دل شیدا می‌کرد

غزل ۱۴۴

به سر جام جم آن که نظر توانی کرد
که خاک میکده کحل بصر توانی کرد

مباش بی می و مطرب که زیر طاق سپهر
بدین ترانه غم از دل به در توانی کرد

گل مراد تو آن که نقاب بگشاید
که خدمتش چو نسیم سحر توانی کرد

گدایی در میخانه طرفه اکسیریست
گر این عمل بکنی خاک زر توانی کرد

به عزم مرحله عشق پیش نه قدمی
که سودها کنی ار این سفر توانی کرد

تو کز سرای طبیعت نمی روی بیرون
کجا به کوی طریقت گذر توانی کرد

جمال یار ندارد نقاب و پرده ولی
غبار ره بنشان تا نظر توانی کرد

بیا که چاره ذوق حضور و نظم امور
به فیض بخشی اهل نظر توانی کرد

ولی تو تا لب معشوق و جام می خواهی
طمع مدار که کار دگر توانی کرد

دلا ز نور هدایت گر آگهی یابی
چو شمع خنده زنان ترک سر توانی کرد

گر این نصیحت شاهانه بشنوی حافظ

به شاهراه حقیقت گذر توانی کرد

غزل ۱۴۵

چه مستیست ندانم که رو به ما آورد

که بود ساقی و این باده از کجا آورد

تو نیز باده به چنگ آر و راه صحرا گیر

که مرغ نغمه سرا ساز خوش نوا آورد

دلا چو غنچه شکایت ز کار بسته مکن

که باد صبح نسیم گره گشا آورد

رسیدن گل و نسرین به خیر و خوبی باد

بنفشه شاد و کش آمد سمن صفا آورد

صبا به خوش خبری هدهد سلیمان است

که مژده طرب از گلشن سبا آورد

علاج ضعف دل ما کرشمه ساقیست

برآر سر که طبیب آمد و دوا آورد

مرید پیر مغانم ز من مرنج ای شیخ

چرا که وعده تو کردی و او به جا آورد

به تنگ چشمی آن ترک لشکری نازم

که حمله بر من درویش یک قبا آورد

فلک غلامی حافظ کنون به طوع کند

که التجا به در دولت شما آورد

غزل ۱۴۶

صبا وقت سحر بویی ز زلف یار می آورد
دل شوریده ما را به بو در کار می آورد

من آن شکل صنوبر را ز باغ دیده برکندم
که هر گل کز غمش بشکفت محنت بار می آورد

فروغ ماه می دیدم ز بام قصر او روشن
که رو از شرم آن خورشید در دیوار می آورد

ز بیم غارت عشقش دل پرخون رها کردم
ولی می ریخت خون و ره بدان هنجار می آورد

به قول مطرب و ساقی برون رفتم گه و بی گه
کز آن راه گران قاصد خبر دشوار می آورد

سراسر بخشش جانان طریق لطف و احسان بود
اگر تسبیح می فرمود اگر زنار می آورد

عفاالله چین ابرویش اگر چه ناتوانم کرد
به عشوه هم پیامی بر سر بیمار می آورد

عجب می داشتم دیشب ز حافظ جام و پیمانه
ولی منعش نمی کردم که صوفی وار می آورد

غزل ۱۴۷

Khājeh Shams-od-Dīn Mohammad HāfeZ-e Shīrāzī

نسیم باد صبا دوشم آگهی آورد

که روز محنت و غم رو به کوتهی آورد

به مطربان صبوحی دهیم جامه چاک

بدین نوید که باد سحرگهی آورد

بیا بیا که تو حور بهشت را رضوان

در این جهان ز برای دل رهی آورد

همی رویم به شیراز با عنایت بخت

زهی رفیق که بختم به همرهی آورد

به جبر خاطر ما کوش کاین کلاه نمد

بسا شکست که با افسر شهی آورد

چه ناله‌ها که رسید از دلم به خرمن ماه

چو یاد عارض آن ماه خرگهی آورد

رساند رایت منصور بر فلک حافظ

که التجا به جناب شهنشهی آورد

غزل ۱۴۸

یارم چو قدح به دست گیرد

بازار بتان شکست گیرد

هر کس که بدید چشم او گفت

کو محتسبی که مست گیرد

در بحر فتاده‌ام چو ماهی

تا یار مرا به شست گیرد

در پاش فتاده‌ام به زاری
آیا بود آن که دست گیرد

خرم دل آن که همچو حافظ
جامی ز می الست گیرد

غزل ۱۴۹

دلم جز مهر مه‌رویان طریقی بر نمی‌گیرد
ز هر در می‌دهم پندش ولیکن در نمی‌گیرد

خدا را ای نصیحتگو حدیث ساغر و می گو
که نقشی در خیال ما از این خوشتر نمی‌گیرد

بیا ای ساقی گلرخ بیاور باده رنگین
که فکری در درون ما از این بهتر نمی‌گیرد

صراحی می‌کشم پنهان و مردم دفتر انگارند
عجب گر آتش این زرق در دفتر نمی‌گیرد

من این دلق مرقع را بخواهم سوختن روزی
که پیر می‌فروشانش به جامی بر نمی‌گیرد

از آن رو هست یاران را صفاها با می لعلش
که غیر از راستی نقشی در آن جوهر نمی‌گیرد

سر و چشمی چنین دلکش تو گویی چشم از او بردوز
برو کاین وعظ بی معنی مرا در سر نمی‌گیرد

نصیحتگوی رندان را که با حکم قضا جنگ است

دلش بس تنگ می‌بینم مگر ساغر نمی‌گیرد

میان گریه می‌خندم که چون شمع اندر این مجلس
زبان آتشینم هست لیکن در نمی‌گیرد

چه خوش صید دلم کردی بنازم چشم مستت را
که کس مرغان وحشی را از این خوشتر نمی‌گیرد

سخن در احتیاج ما و استغنای معشوق است
چه سود افسونگری ای دل که در دلبر نمی‌گیرد

من آن آیینه را روزی به دست آرم سکندروار
اگر می‌گیرد این آتش زمانی ور نمی‌گیرد

خدا را رحمی ای منعم که درویش سر کویت
دری دیگر نمی‌داند رهی دیگر نمی‌گیرد

بدین شعر تر شیرین ز شاهنشه عجب دارم
که سر تا پای حافظ را چرا در زر نمی‌گیرد

غزل ۱۵۰

ساقی ار باده از این دست به جام اندازد
عارفان را همه در شرب مدام اندازد

ور چنین زیر خم زلف نهد دانه خال
ای بسا مرغ خرد را که به دام اندازد

ای خوشا دولت آن مست که در پای حریف
سر و دستار نداند که کدام اندازد

زاهد خام که انکار می و جام کند
پخته گردد چو نظر بر می خام اندازد

روز در کسب هنر کوش که می خوردن روز
دل چون آینه در زنگ ظلام اندازد

آن زمان وقت می صبح فروغ است که شب
گرد خرگاه افق پرده شام اندازد

باده با محتسب شهر ننوشی زنهار
بخورد باده‌ات و سنگ به جام اندازد

حافظا سر ز کله گوشه خورشید برآر
بختت ار قرعه بدان ماه تمام اندازد

غزل ۱۵۱

دمی با غم به سر بردن جهان یکسر نمی‌ارزد
به می بفروش دلق ما کز این بهتر نمی‌ارزد

به کوی می فروشانش به جامی بر نمی‌گیرند
زهی سجاده تقوا که یک ساغر نمی‌ارزد

رقیبم سرزنش‌ها کرد کز این باب رخ برتاب
چه افتاد این سر ما را که خاک در نمی‌ارزد

شکوه تاج سلطانی که بیم جان در او درج است
کلاهی دلکش است اما به ترک سر نمی‌ارزد

چه آسان می‌نمود اول غم دریا به بوی سود
غلط کردم که این طوفان به صد گوهر نمی‌ارزد

تو را آن به که روی خود ز مشتاقان بپوشانی

که شادی جهان گیری غم لشکر نمی‌ارزد

چو حافظ در قناعت کوش و از دنیی دون بگذر

که یک جو منت دونان دو صد من زر نمی‌ارزد

غزل ۱۵۲

در ازل پرتو حسنت ز تجلی دم زد

عشق پیدا شد و آتش به همه عالم زد

جلوه‌ای کرد رخت دید ملک عشق نداشت

عین آتش شد از این غیرت و بر آدم زد

عقل می‌خواست کز آن شعله چراغ افروزد

برق غیرت بدرخشید و جهان برهم زد

مدعی خواست که آید به تماشاگه راز

دست غیب آمد و بر سینه نامحرم زد

دیگران قرعه قسمت همه بر عیش زدند

دل غمدیده ما بود که هم بر غم زد

جان علوی هوس چاه زنخدان تو داشت

دست در حلقه آن زلف خم اندر خم زد

حافظ آن روز طربنامه عشق تو نوشت

که قلم بر سر اسباب دل خرم زد

غزل ۱۵۳

سحر چون خسرو خاور علم بر کوهساران زد
به دست مرحمت یارم در امیدواران زد

چو پیش صبح روشن شد که حال مهر گردون چیست
برآمد خنده خوش بر غرور کامگاران زد

نگارم دوش در مجلس به عزم رقص چون برخاست
گره بگشود از ابرو و بر دل‌های یاران زد

من از رنگ صلاح آن دم به خون دل بشستم دست
که چشم باده پیمایش صلا بر هوشیاران زد

کدام آهن دلش آموخت این آیین عیاری
کز اول چون برون آمد ره شب زنده داران زد

خیال شهسواری پخت و شد ناگه دل مسکین
خداوندا نگه دارش که بر قلب سواران زد

در آب و رنگ رخسارش چه جان دادیم و خون خوردیم
چو نقشش دست داد اول رقم بر جانسپاران زد

منش با خرقه پشمین کجا اندر کمند آرم
زره مویی که مژگانش ره خنجرگزاران زد

شهنشاه مظفر فر شجاع ملک و دین منصور
که جود بی‌دریغش خنده بر ابر بهاران زد

از آن ساعت که جام می به دست او مشرف شد
زمانه ساغر شادی به یاد میگساران زد

ز شمشیر سرافشانش ظفر آن روز بدرخشید
که چون خورشید انجم سوز تنها بر هزاران زد

دوام عمر و ملک او بخواه از لطف حق ای دل
که چرخ این سکه دولت به دور روزگاران زد

نظر بر قرعه توفیق و یمن دولت شاه است
بده کام دل حافظ که فال بختیاران زد

غزل ۱۵۴

راهی بزن که آهی بر ساز آن توان زد
شعری بخوان که با او رطل گران توان زد

بر آستان جانان گر سر توان نهادن
گلبانگ سربلندی بر آسمان توان زد

قد خمیده ما سهلت نماید اما
بر چشم دشمنان تیر از این کمان توان زد

در خانقه نگنجد اسرار عشقبازی
جام می مغانه هم با مغان توان زد

درویش را نباشد برگ سرای سلطان
ماییم و کهنه دلقی کآتش در آن توان زد

اهل نظر دو عالم در یک نظر ببازند
عشق است و داو اول بر نقد جان توان زد

گر دولت وصالت خواهد دری گشودن
سرها بدین تخیل بر آستان توان زد

عشق و شباب و رندی مجموعه مراد است
چون جمع شد معانی گوی بیان توان زد

شد رهزن سلامت زلف تو وین عجب نیست
گر راهزن تو باشی صد کاروان توان زد

حافظ به حق قرآن کز شید و زرق بازآی
باشد که گوی عیشی در این جهان توان زد

غزل ۱۵۵

اگر روم ز پی اش فتنه ها برانگیزد
ور از طلب بنشینم به کینه برخیزد

وگر به رهگذری یک دم از وفاداری
چو گرد در پی اش افتم چو باد بگریزد

وگر کنم طلب نیم بوسه صد افسوس
ز حقه دهنش چون شکر فروریزد

من آن فریب که در نرگس تو می بینم
بس آبروی که با خاک ره برآمیزد

فراز و شیب بیابان عشق دام بلاست
کجاست شیردلی کز بلا نپرهیزد

تو عمر خواه و صبوری که چرخ شعبده باز
هزار بازی از این طرفه تر برانگیزد

بر آستانه تسلیم سر بنه حافظ

که گر ستیزه کنی روزگار بستیزد

غزل ۱۵۶

به حسن و خلق و وفا کس به یار ما نرسد
تو را در این سخن انکار کار ما نرسد

اگر چه حسن فروشان به جلوه آمده‌اند
کسی به حسن و ملاحت به یار ما نرسد

به حق صحبت دیرین که هیچ محرم راز
به یار یک جهت حق گزار ما نرسد

هزار نقش برآید ز کلک صنع و یکی
به دلپذیری نقش نگار ما نرسد

هزار نقد به بازار کائنات آرند
یکی به سکه صاحب عیار ما نرسد

دریغ قافله عمر کان چنان رفتند
که گردشان به هوای دیار ما نرسد

دلا ز رنج حسودان مرنج و واثق باش
که بد به خاطر امیدوار ما نرسد

چنان بزی که اگر خاک ره شوی کس را
غبار خاطری از ره گذار ما نرسد

بسوخت حافظ و ترسم که شرح قصه او
به سمع پادشه کامکار ما نرسد

غزل ۱۵۷

هر که را با خط سبزت سر سودا باشد
پای از این دایره بیرون ننهد تا باشد

من چو از خاک لحد لاله صفت برخیزم
داغ سودای توام سر سویدا باشد

تو خود ای گوهر یک دانه کجایی آخر
کز غمت دیده مردم همه دریا باشد

از بن هر مژه‌ام آب روان است بیا
اگرت میل لب جوی و تماشا باشد

چون گل و می دمی از پرده برون آی و درآ
که دگرباره ملاقات نه پیدا باشد

ظل ممدود خم زلف توام بر سر باد
کاندر این سایه قرار دل شیدا باشد

چشمت از ناز به حافظ نکند میل آری
سرگرانی صفت نرگس رعنا باشد

غزل ۱۵۸

من و انکار شراب این چه حکایت باشد
غالبا این قدرم عقل و کفایت باشد

تا به غایت ره میخانه نمی‌دانستم
ور نه مستوری ما تا به چه غایت باشد

زاهد و عجب و نماز و من و مستی و نیاز
تا تو را خود ز میان با که عنایت باشد

زاهد ار راه به رندی نبرد معذور است
عشق کاریست که موقوف هدایت باشد

من که شب‌ها ره تقوا زده‌ام با دف و چنگ
این زمان سر به ره آرم چه حکایت باشد

بنده پیر مغانم که ز جهلم برهاند
پیر ما هر چه کند عین عنایت باشد

دوش از این غصه نخفتم که رفیقی می‌گفت
حافظ ار مست بود جای شکایت باشد

غزل ۱۵۹

نقد صوفی نه همه صافی بی‌غش باشد
ای بسا خرقه که مستوجب آتش باشد

صوفی ما که ز ورد سحری مست شدی
شامگاهش نگران باش که سرخوش باشد

خوش بود گر محک تجربه آید به میان
تا سیه روی شود هر که در او غش باشد

خط ساقی گر از این گونه زند نقش بر آب
ای بسا رخ که به خونابه منقش باشد

ناز پرورد تنعم نبرد راه به دوست

عاشقی شیوه رندان بلاکش باشد

غم دنیی دنی چند خوری باده بخور
حیف باشد دل دانا که مشوش باشد

دلق و سجاده حافظ ببرد باده فروش
گر شرابش ز کف ساقی مه وش باشد

غزل ۱۶۰

خوش است خلوت اگر یار یار من باشد
نه من بسوزم و او شمع انجمن باشد

من آن نگین سلیمان به هیچ نستانم
که گاه گاه بر او دست اهرمن باشد

روا مدار خدایا که در حریم وصال
رقیب محرم و حرمان نصیب من باشد

همای گو مفکن سایه شرف هرگز
در آن دیار که طوطی کم از زغن باشد

بیان شوق چه حاجت که سوز آتش دل
توان شناخت ز سوزی که در سخن باشد

هوای کوی تو از سر نمی‌رود آری
غریب را دل سرگشته با وطن باشد

به سان سوسن اگر ده زبان شود حافظ
چو غنچه پیش تواش مهر بر دهن باشد

غزل ۱۶۱

کی شعر تر انگیزد خاطر که حزین باشد
یک نکته از این معنی گفتیم و همین باشد

از لعل تو گر یابم انگشتری زنهار
صد ملک سلیمانم در زیر نگین باشد

غمناک نباید بود از طعن حسود ای دل
شاید که چو وابینی خیر تو در این باشد

هر کو نکند فهمی زین کلک خیال انگیز
نقشش به حرام ار خود صورتگر چین باشد

جام می و خون دل هر یک به کسی دادند
در دایره قسمت اوضاع چنین باشد

در کار گلاب و گل حکم ازلی این بود
کاین شاهد بازاری وان پرده نشین باشد

آن نیست که حافظ را رندی بشد از خاطر
کاین سابقه پیشین تا روز پسین باشد

غزل ۱۶۲

خوش آمد گل وز آن خوشتر نباشد
که در دستت بجز ساغر نباشد

زمان خوشدلی دریاب و دریاب
که دایم در صدف گوهر نباشد

غنیمت دان و می خور در گلستان
که گل تا هفته دیگر نباشد

ایا پر لعل کرده جام زرین
ببخشا بر کسی کش زر نباشد

بیا ای شیخ و از خمخانه ما
شرابی خور که در کوثر نباشد

بشوی اوراق اگر همدرس مایی
که علم عشق در دفتر نباشد

ز من بنیوش و دل در شاهدی بند
که حسنش بسته زیور نباشد

شرابی بی خمارم بخش یارب
که با وی هیچ درد سر نباشد

من از جان بنده سلطان اویسم
اگر چه یادش از چاکر نباشد

به تاج عالم آرایش که خورشید
چنین زیبنده افسر نباشد

کسی گیرد خطا بر نظم حافظ
که هیچش لطف در گوهر نباشد

غزل ۱۶۳

گل بی رخ یار خوش نباشد

بی باده بهار خوش نباشد

طرف چمن و طواف بستان
بی لاله‌عذار خوش نباشد

رقصیدن سرو و حالت گل
بی صوت هزار خوش نباشد

با یار شکرلب گل‌اندام
بی بوس و کنار خوش نباشد

هر نقش که دست عقل بندد
جز نقش نگار خوش نباشد

جان نقد محقر است حافظ
از بهر نثار خوش نباشد

غزل ١٦٤

نفس باد صبا مشک‌فشان خواهد شد
عالم پیر دگرباره جوان خواهد شد

ارغوان جام عقیقی به سمن خواهد داد
چشم نرگس به شقایق نگران خواهد شد

این تطاول که کشید از غم هجران بلبل
تا سراپرده گل نعره‌زنان خواهد شد

گر ز مسجد به خرابات شدم خرده مگیر
مجلس وعظ دراز است و زمان خواهد شد

ای دل ار عشرت امروز به فردا فکنی
مایه نقد بقا را که ضمان خواهد شد

ماه شعبان منه از دست قدح کاین خورشید
از نظر تا شب عید رمضان خواهد شد

گل عزیز است غنیمت شمریدش صحبت
که به باغ آمد از این راه و از آن خواهد شد

مطربا مجلس انس است غزل خوان و سرود
چند گویی که چنین رفت و چنان خواهد شد

حافظ از بهر تو آمد سوی اقلیم وجود
قدمی نه به وداعش که روان خواهد شد

غزل ۱۶۵

مرا مهر سیه چشمان ز سر بیرون نخواهد شد
قضای آسمان است این و دیگرگون نخواهد شد

رقیب آزارها فرمود و جای آشتی نگذاشت
مگر آه سحرخیزان سوی گردون نخواهد شد

مرا روز ازل کاری بجز رندی نفرمودند
هر آن قسمت که آن جا رفت از آن افزون نخواهد شد

خدا را محتسب ما را به فریاد دف و نی بخش
که ساز شرع از این افسانه بی قانون نخواهد شد

مجال من همین باشد که پنهان عشق او ورزم
کنار و بوس و آغوشش چه گویم چون نخواهد شد

Educational Code: RPI-QP-002

Khājeh Shams-od-Dīn Mohammad HāfeZ-e Shīrāzī

شراب لعل و جای امن و یار مهربان ساقی
دلا کی به شود کارت اگر اکنون نخواهد شد

مشوی ای دیده نقش غم ز لوح سینه حافظ
که زخم تیغ دلدار است و رنگ خون نخواهد شد

غزل ۱۶۶

روز هجران و شب فرقت یار آخر شد
زدم این فال و گذشت اختر و کار آخر شد

آن همه ناز و تنعم که خزان می‌فرمود
عاقبت در قدم باد بهار آخر شد

شکر ایزد که به اقبال کله گوشه گل
نخوت باد دی و شوکت خار آخر شد

صبح امید که بد معتکف پرده غیب
گو برون آی که کار شب تار آخر شد

آن پریشانی شب‌های دراز و غم دل
همه در سایه گیسوی نگار آخر شد

باورم نیست ز بدعهدی ایام هنوز
قصه غصه که در دولت یار آخر شد

ساقیا لطف نمودی قدحت پر می باد
که به تدبیر تو تشویش خمار آخر شد

در شمار ار چه نیاورد کسی حافظ را

شکر کان محنت بی حد و شمار آخر شد

غزل ۱۶۷

ستاره‌ای بدرخشید و ماه مجلس شد
دل رمیده ما را رفیق و مونس شد

نگار من که به مکتب نرفت و خط ننوشت
به غمزه مسئله آموز صد مدرس شد

به بوی او دل بیمار عاشقان چو صبا
فدای عارض نسرین و چشم نرگس شد

به صدر مصطبه‌ام می‌نشاند اکنون دوست
گدای شهر نگه کن که میر مجلس شد

خیال آب خضر بست و جام اسکندر
به جرعه نوشی سلطان ابوالفوارس شد

طربسرای محبت کنون شود معمور
که طاق ابروی یار منش مهندس شد

لب از ترشح می پاک کن برای خدا
که خاطرم به هزاران گنه موسوس شد

کرشمه تو شرابی به عاشقان پیمود
که علم بی‌خبر افتاد و عقل بی‌حس شد

چو زر عزیز وجود است نظم من آری
قبول دولتیان کیمیای این مس شد

ز راه میکده یاران عنان بگردانید
چرا که حافظ از این راه رفت و مفلس شد

غزل ۱۶۸

گداخت جان که شود کار دل تمام و نشد
بسوختیم در این آرزوی خام و نشد

به لابه گفت شبی میر مجلس تو شوم
شدم به رغبت خویشش کمین غلام و نشد

پیام داد که خواهم نشست با رندان
بشد به رندی و دردی کشیم نام و نشد

رواست در بر اگر می‌طپد کبوتر دل
که دید در ره خود تاب و پیچ دام و نشد

بدان هوس که به مستی ببوسم آن لب لعل
چه خون که در دلم افتاد همچو جام و نشد

به کوی عشق منه بی دلیل راه قدم
که من به خویش نمودم صد اهتمام و نشد

فغان که در طلب گنج نامه مقصود
شدم خراب جهانی ز غم تمام و نشد

دریغ و درد که در جست و جوی گنج حضور
بسی شدم به گدایی بر کرام و نشد

هزار حیله برانگیخت حافظ از سر فکر
در آن هوس که شود آن نگار رام و نشد

غزل ۱۶۹

یاری اندر کس نمی بینیم یاران را چه شد
دوستی کی آخر آمد دوستداران را چه شد

آب حیوان تیره گون شد خضر فرخ پی کجاست
خون چکید از شاخ گل باد بهاران را چه شد

کس نمی گوید که یاری داشت حق دوستی
حق شناسان را چه حال افتاد یاران را چه شد

لعلی از کان مروت بر نیامد سال هاست
تابش خورشید و سعی باد و باران را چه شد

شهر یاران بود و خاک مهربانان این دیار
مهربانی کی سر آمد شهریاران را چه شد

گوی توفیق و کرامت در میان افکنده اند
کس به میدان در نمی آید سواران را چه شد

صد هزاران گل شکفت و بانگ مرغی بر نخاست
عندلیبان را چه پیش آمد هزاران را چه شد

زهره سازی خوش نمی سازد مگر عودش بسوخت
کس ندارد ذوق مستی میگساران را چه شد

حافظ اسرار الهی کس نمی داند خموش
از که می پرسی که دور روزگاران را چه شد

Educational Code: RPI-QP-002

غزل ۱۷۰

زاهد خلوت نشین دوش به میخانه شد
از سر پیمان برفت با سر پیمانه شد

صوفی مجلس که دی جام و قدح می‌شکست
باز به یک جرعه می عاقل و فرزانه شد

شاهد عهد شباب آمده بودش به خواب
باز به پیرانه سر عاشق و دیوانه شد

مغبچه‌ای می‌گذشت راه زن دین و دل
در پی آن آشنا از همه بیگانه شد

آتش رخسار گل خرمن بلبل بسوخت
چهره خندان شمع آفت پروانه شد

گریه شام و سحر شکر که ضایع نگشت
قطره باران ما گوهر یک دانه شد

نرگس ساقی بخواند آیت افسونگری
حلقه اوراد ما مجلس افسانه شد

منزل حافظ کنون بارگه پادشاست
دل بر دلدار رفت جان بر جانانه شد

غزل ۱۷۱

دوش از جناب آصف پیک بشارت آمد
کز حضرت سلیمان عشرت اشارت آمد

خاک وجود ما را از آب دیده گل کن
ویرانسرای دل را گاه عمارت آمد

این شرح بی نهایت کز زلف یار گفتند
حرفیست از هزاران کاندر عبارت آمد

عیبم بپوش زنهار ای خرقه می آلود
کان پاک پاکدامن بهر زیارت آمد

امروز جای هر کس پیدا شود ز خوبان
کان ماه مجلس افروز اندر صدارت آمد

بر تخت جم که تاجش معراج آسمان است
همت نگر که موری با آن حقارت آمد

از چشم شوخش ای دل ایمان خود نگه دار
کان جادوی کمانکش بر عزم غارت آمد

آلوده ای تو حافظ فیضی ز شاه درخواه
کان عنصر سماحت بهر طهارت آمد

دریاست مجلس او دریاب وقت و دریاب
هان ای زیان رسیده وقت تجارت آمد

غزل ۱۷۲

عشق تو نهال حیرت آمد
وصل تو کمال حیرت آمد

بس غرقه حال وصل کآخر
هم بر سر حال حیرت آمد

یک دل بنما که در ره او
بر چهره نه خال حیرت آمد

نه وصل بماند و نه واصل
آن جا که خیال حیرت آمد

از هر طرفی که گوش کردم
آواز سؤال حیرت آمد

شد منهزم از کمال عزت
آن را که جلال حیرت آمد

سر تا قدم وجود حافظ
در عشق نهال حیرت آمد

غزل ۱۷۳

در نمازم خم ابروی تو با یاد آمد
حالتی رفت که محراب به فریاد آمد

از من اکنون طمع صبر و دل و هوش مدار
کان تحمل که تو دیدی همه بر باد آمد

باده صافی شد و مرغان چمن مست شدند
موسم عاشقی و کار به بنیاد آمد

بوی بهبود ز اوضاع جهان می‌شنوم
شادی آورد گل و باد صبا شاد آمد

ای عروس هنر از بخت شکایت منما

حجله حسن بیارای که داماد آمد

دلفریبان نباتی همه زیور بستند
دلبر ماست که با حسن خداداد آمد

زیر بارند درختان که تعلق دارند
ای خوشا سرو که از بار غم آزاد آمد

مطرب از گفته حافظ غزلی نغز بخوان
تا بگویم که ز عهد طربم یاد آمد

غزل ۱۷۴

مژده ای دل که دگر باد صبا باز آمد
هدهد خوش خبر از طرف سبا باز آمد

برکش ای مرغ سحر نغمه داوودی باز
که سلیمان گل از باد هوا باز آمد

عارفی کو که کند فهم زبان سوسن
تا بپرسد که چرا رفت و چرا باز آمد

مردمی کرد و کرم لطف خداداد به من
کان بت ماه رخ از راه وفا باز آمد

لاله بوی می نوشین بشنید از دم صبح
داغ دل بود به امید دوا باز آمد

چشم من در ره این قافله راه بماند
تا به گوش دلم آواز درا باز آمد

گرچه حافظ در رنجش زد و پیمان بشکست

لطف او بین که به لطف از در ما باز آمد

غزل ۱۷۵

صبا به تهنیت پیر می فروش آمد

که موسم طرب و عیش و ناز و نوش آمد

هوا مسیح نفس گشت و باد نافه گشای

درخت سبز شد و مرغ در خروش آمد

تنور لاله چنان برفروخت باد بهار

که غنچه غرق عرق گشت و گل به جوش آمد

به گوش هوش نیوش از من و به عشرت کوش

که این سخن سحر از هاتفم به گوش آمد

ز فکر تفرقه باز آی تا شوی مجموع

به حکم آن که چو شد اهرمن سروش آمد

ز مرغ صبح ندانم که سوسن آزاد

چه گوش کرد که با ده زبان خموش آمد

چه جای صحبت نامحرم است مجلس انس

سر پیاله بپوشان که خرقه پوش آمد

ز خانقاه به میخانه می رود حافظ

مگر ز مستی زهد ریا به هوش آمد

غزل ۱۷۶

سحرم دولت بیدار به بالین آمد
گفت برخیز که آن خسرو شیرین آمد

قدحی درکش و سرخوش به تماشا بخرام
تا ببینی که نگارت به چه آیین آمد

مژدگانی بده ای خلوتی نافه‌گشای
که ز صحرای ختن آهوی مشکین آمد

گریه آبی به رخ سوختگان باز آورد
ناله فریادرس عاشق مسکین آمد

مرغ دل باز هوادار کمان ابرویست
ای کبوتر نگران باش که شاهین آمد

ساقیا می بده و غم مخور از دشمن و دوست
که به کام دل ما آن بشد و این آمد

رسم بدعهدی ایام چو دید ابر بهار
گریه‌اش بر سمن و سنبل و نسرین آمد

چون صبا گفته حافظ بشنید از بلبل
عنبرافشان به تماشای ریاحین آمد

غزل ۱۷۷

نه هر که چهره برافروخت دلبری داند
نه هر که آینه سازد سکندری داند

نه هر که طرف کله کج نهاد و تند نشست

کلاه داری و آیین سروری داند

تو بندگی چو گدایان به شرط مزد مکن
که دوست خود روش بنده پروری داند

غلام همت آن رند عافیت سوزم
که در گداصفتی کیمیاگری داند

وفا و عهد نکو باشد ار بیاموزی
وگرنه هر که تو بینی ستمگری داند

بباختم دل دیوانه و ندانستم
که آدمی بچه‌ای شیوه پری داند

هزار نکته باریکتر ز مو اینجاست
نه هر که سر بتراشد قلندری داند

مدار نقطه بینش ز خال توست مرا
که قدر گوهر یک‌دانه جوهری داند

به قد و چهره هر آن کس که شاه خوبان شد
جهان بگیرد اگر دادگستری داند

ز شعر دلکش حافظ کسی بود آگاه
که لطف طبع و سخن گفتن دری داند

غزل ۱۷۸

هر که شد محرم دل در حرم یار بماند
وان که این کار ندانست در انکار بماند

اگر از پرده برون شد دل من عیب مکن
شکر ایزد که نه در پرده پندار بماند

صوفیان واستدند از گرو می همه رخت
دلق ما بود که در خانه خمار بماند

محتسب شیخ شد و فسق خود از یاد ببرد
قصه ماست که در هر سر بازار بماند

هر می لعل کز آن دست بلورین ستدیم
آب حسرت شد و در چشم گهربار بماند

جز دل من کز ازل تا به ابد عاشق رفت
جاودان کس نشنیدیم که در کار بماند

گشت بیمار که چون چشم تو گردد نرگس
شیوه تو نشدش حاصل و بیمار بماند

از صدای سخن عشق ندیدم خوشتر
یادگاری که در این گنبد دوار بماند

داشتم دلقی و صد عیب مرا می‌پوشید
خرقه رهن می و مطرب شد و زنار بماند

بر جمال تو چنان صورت چین حیران شد
که صوتش همه جا در در و دیوار بماند

به تماشاگه زلفش دل حافظ روزی
شد که بازآید و جاوید گرفتار بماند

غزل ۱۷۹

رسید مژده که ایام غم نخواهد ماند

چنان نماند چنین نیز هم نخواهد ماند

من ار چه در نظر یار خاکسار شدم

رقیب نیز چنین محترم نخواهد ماند

چو پرده دار به شمشیر می زند همه را

کسی مقیم حریم حرم نخواهد ماند

چه جای شکر و شکایت ز نقش نیک و بد است

چو بر صحیفه هستی رقم نخواهد ماند

سرود مجلس جمشید گفته اند این بود

که جام باده بیاور که جم نخواهد ماند

غنیمتی شمر ای شمع وصل پروانه

که این معامله تا صبحدم نخواهد ماند

توانگرا دل درویش خود به دست آور

که مخزن زر و گنج درم نخواهد ماند

بدین رواق زبرجد نوشته اند به زر

که جز نکویی اهل کرم نخواهد ماند

ز مهربانی جانان طمع مبر حافظ

که نقش جور و نشان ستم نخواهد ماند

غزل ۱۸۰

ای پسته تو خنده زده بر حدیث قند

۱۵۸

www.rumispath.com

مشتاقم از برای خدا یک شکر بخند

طوبی ز قامت تو نیارد که دم زند
زین قصه بگذرم که سخن می شود بلند

خواهی که برنخیزدت از دیده رود خون
دل در وفای صحبت رود کسان مبند

گر جلوه می نمایی و گر طعنه می زنی
ما نیستیم معتقد شیخ خودپسند

ز آشفتگی حال من آگاه کی شود
آن را که دل نگشت گرفتار این کمند

بازار شوق گرم شد آن سروقد کجاست
تا جان خود بر آتش رویش کنم سپند

جایی که یار ما به شکرخنده دم زند
ای پسته کیستی تو خدا را به خود مخند

حافظ چو ترک غمزه ترکان نمی کنی
دانی کجاست جای تو خوارزم یا خجند

غزل ۱۸۱

بعد از این دست من و دامن آن سرو بلند
که به بالای چمان از بن و بیخم برکند

حاجت مطرب و می نیست تو برقع بگشا
که به رقص آوردم آتش رویت چو سپند

هیچ رویی نشود آینهٔ حجلهٔ بخت
مگر آن روی که مالند در آن سم سمند

گفتم اسرار غمت هر چه بود گو می باش
صبر از این بیش ندارم چه کنم تا کی و چند

مکش آن آهوی مشکین مرا ای صیاد
شرم از آن چشم سیه دار و مبندش به کمند

من خاکی که از این در نتوانم برخاست
از کجا بوسه زنم بر لب آن قصر بلند

باز مستان دل از آن گیسوی مشکین حافظ
زان که دیوانه همان به که بود اندر بند

غزل ۱۸۲

حسب حالی ننوشتی و شد ایامی چند
محرمی کو که فرستم به تو پیغامی چند

ما بدان مقصد عالی نتوانیم رسید
هم مگر پیش نهد لطف شما گامی چند

چون می از خم به سبو رفت و گل افکند نقاب
فرصت عیش نگه دار و بزن جامی چند

قند آمیخته با گل نه علاج دل ماست
بوسه‌ای چند برآمیز به دشنامی چند

زاهد از کوچه رندان به سلامت بگذر
تا خرابت نکند صحبت بدنامی چند

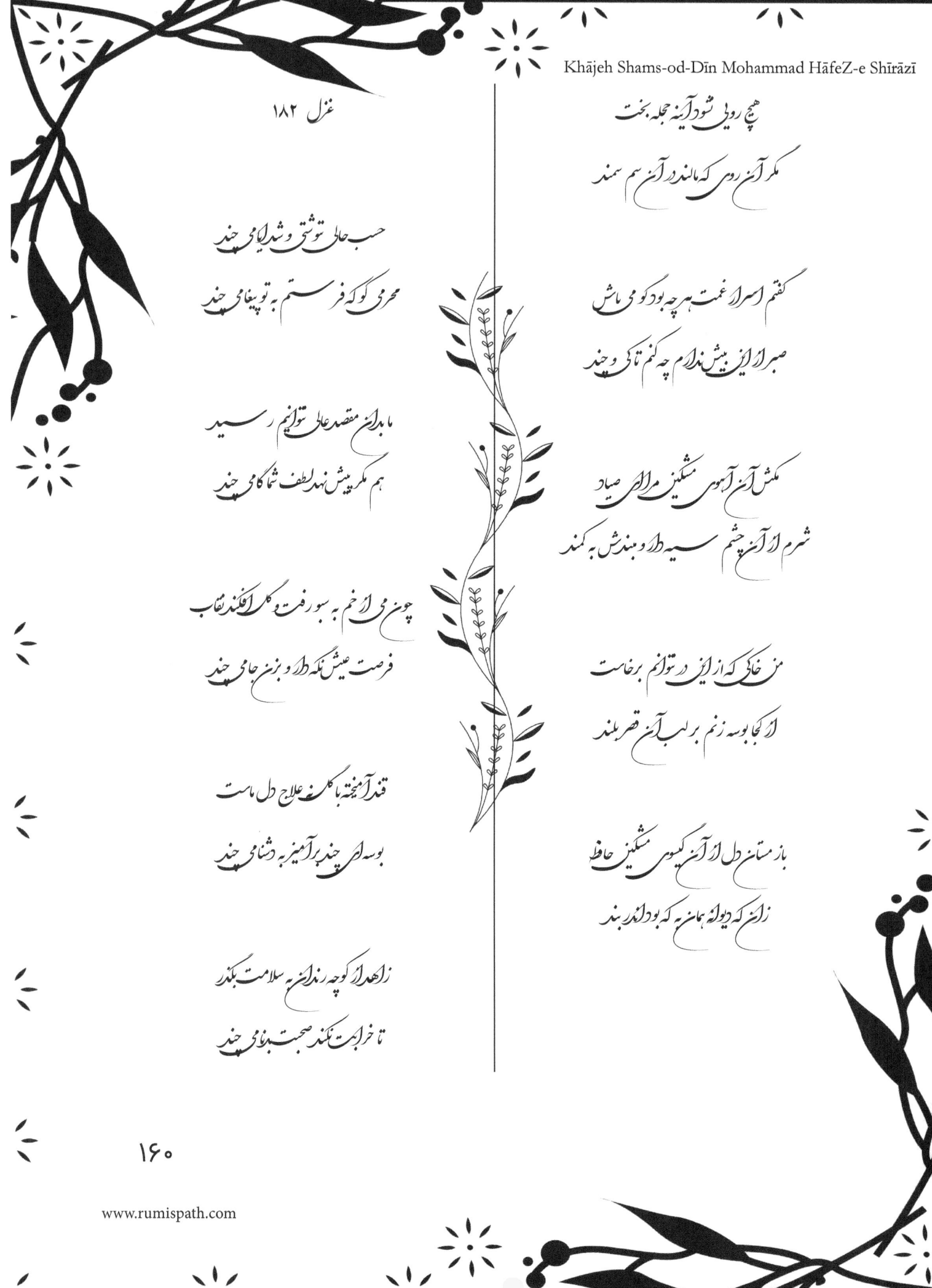

عیب می جمله چو گفتی هنرش نیز بگو

نفی حکمت مکن از بهر دل عامی چند

ای گدایان خرابات خدا یار شماست

چشم انعام مدارید ز انعامی چند

پیر میخانه چه خوش گفت به دردی کش خویش

که مگو حال دل سوخته با خامی چند

حافظ از شوق رخ مهر فروغ تو بسوخت

کامگارا نظری کن سوی ناکامی چند

غزل ۱۸۳

دوش وقت سحر از غصه نجاتم دادند

واندر آن ظلمت شب آب حیاتم دادند

بیخود از شعشعه پرتو ذاتم کردند

باده از جام تجلی صفاتم دادند

چه مبارک سحری بود و چه فرخنده شبی

آن شب قدر که این تازه براتم دادند

بعد از این روی من و آینه وصف جمال

که در آن جا خبر از جلوه ذاتم دادند

من اگر کامروا گشتم و خوشدل چه عجب

مستحق بودم و این‌ها به زکاتم دادند

هاتف آن روز به من مژده این دولت داد

که بدان جور و جفا صبر و ثباتم دادند

این همه شهد و شکر کز سخنم می‌ریزد
اجر صبریست کز آن شاخ نباتم دادند

همت حافظ و انفاس سحرخیزان بود
که ز بند غم ایام نجاتم دادند

غزل ۱۸٤

دوش دیدم که ملایک در میخانه زدند
گل آدم بسرشتند و به پیمانه زدند

ساکنان حرم ستر و عفاف ملکوت
با من راه نشین باده مستانه زدند

آسمان بار امانت نتوانست کشید
قرعه کار به نام من دیوانه زدند

جنگ هفتاد و دو ملت همه را عذر بنه
چون ندیدند حقیقت ره افسانه زدند

شکر ایزد که میان من و او صلح افتاد
صوفیان رقص کنان ساغر شکرانه زدند

آتش آن نیست که از شعله او خندد شمع
آتش آن است که در خرمن پروانه زدند

کس چو حافظ نگشاد از رخ اندیشه نقاب
تا سر زلف سخن را به قلم شانه زدند

غزل ۱۸۵

نقدها را بود آیا که عیاری گیرند
تا همه صومعه‌داران پی کاری گیرند

مصلحت دید من آن است که یاران همه کار
بگذارند و خم طره یاری گیرند

خوش گرفتند حریفان سر زلف ساقی
گر فلکشان بگذارد که قراری گیرند

قوت بازوی پرهیز به خوبان مفروش
که در این خیل حصاری به سواری گیرند

یا رب این بچه ترکان چه دلیرند به خون
که به تیر مژه هر لحظه شکاری گیرند

رقص بر شعر تر و ناله نی خوش باشد
خاصه رقصی که در آن دست نگاری گیرند

حافظ ابنای زمان را غم مسکینان نیست
زین میان گر بتوان به که کناری گیرند

غزل ۱۸۶

گر می فروش حاجت رندان روا کند
ایزد گنه ببخشد و دفع بلا کند

ساقی به جام عدل بده باده تا گدا
غیرت نیاورد که جهان پربلا کند

حقا کز این غمان برسد مژده امان
گر سالکی به عهد امانت وفا کند

گر رنج پیش آید و گر راحت ای حکیم
نسبت مکن به غیر که این ها خدا کند

در کارخانه‌ای که ره عقل و فضل نیست
فهم ضعیف رای فضولی چرا کند

مطرب بساز پرده که کس بی اجل نمرد
وان کو نه این ترانه سراید خطا کند

ما را که درد عشق و بلای خمار کشت
یا وصل دوست یا می صافی دوا کند

جان رفت در سر می و حافظ به عشق سوخت
عیسی دمی کجاست که احیای ما کند

غزل ۱۸۷

دلا بسوز که سوز تو کارها بکند
نیاز نیم شبی دفع صد بلا بکند

عتاب یار پری چهره عاشقانه بکش
که یک کرشمه تلافی صد جفا بکند

ز ملک تا ملکوتش حجاب بردارند
هر آن که خدمت جام جهان نما بکند

طبیب عشق مسیحادم است و مشفق لیک

چو درد در تو نبیند که را دوا بکند

تو با خدای خود انداز کار و دل خوش دار
که رحم اگر نکند مدعی خدا بکند

ز بخت خفته ملولم بود که بیداری
به وقت فاتحه صبح یک دعا بکند

بسوخت حافظ و بویی به زلف یار نبرد
مگر دلالت این دولتش صبا بکند

غزل ۱۸۸

مرا به رندی و عشق آن فضول عیب کند
که اعتراض بر اسرار علم غیب کند

کمال سر محبت ببین نه نقص گناه
که هر که بی هنر افتد نظر به عیب کند

ز عطر حور بهشت آن نفس برآید بوی
که خاک میکده ما عبیر جیب کند

چنان زند ره اسلام غمزه ساقی
که اجتناب ز صهبا مگر صهیب کند

کلید گنج سعادت قبول اهل دل است
مباد آن که در این نکته شک و ریب کند

شبان وادی ایمن گهی رسد به مراد
که چند سال به جان خدمت شعیب کند

ز دیده خون بچکاند فسانه حافظ
چو یاد وقت زمان شباب و شیب کند

غزل ۱۸۹

طایر دولت اگر باز گذاری بکند
یار باز آید و با وصل قراری بکند

دیده را دستگه در و گهر گر چه نماند
بخورد خونی و تدبیر نثاری بکند

دوش گفتم بکند لعل لبش چاره من
هاتف غیب ندا داد که آری بکند

کس نیارد بر او دم زند از قصه ما
مگرش باد صبا گوش گذاری بکند

داده‌ام باز نظر را به تذروی پرواز
بازخواند مگرش نقش و شکاری بکند

شهر خالیست ز عشاق بود کز طرفی
مردی از خویش برون آید و کاری بکند

کو کریمی که ز بزم طربش غمزده‌ای
جرعه‌ای درکشد و دفع خماری بکند

یا وفا یا خبر وصل تو یا مرگ رقیب
بود آیا که فلک زین دو سه کاری بکند

حافظا گر نروی از در او هم روزی
گذری بر سرت از گوشه کناری بکند

غزل ۱۹۰

کلک مشکین تو روزی که ز ما یاد کند
ببرد اجر دو صد بنده که آزاد کند

قاصد منزل سلمی که سلامت بادش
چه شود گر به سلامی دل ما شاد کند

امتحان کن که بسی گنج مرادت بدهند
گر خرابی چو مرا لطف تو آباد کند

یا رب اندر دل آن خسرو شیرین انداز
که به رحمت گذری بر سر فرهاد کند

شاه را به بود از طاعت صدساله و زهد
قدر یک ساعته عمری که در او داد کند

حالیا عشوه ناز تو ز بنیادم برد
تا دگرباره حکیمانه چه بنیاد کند

گوهر پاک تو از مدحت ما مستغنیست
فکر مشاطه چه با حسن خداداد کند

ره نبردیم به مقصود خود اندر شیراز
خرم آن روز که حافظ ره بغداد کند

غزل ۱۹۱

آن کیست کز روی کرم با ما وفاداری کند

بر جای بدکاری چو من یک دم نکوکاری کند

اول به بانگ نای و نی آرد به دل پیغام وی
وان که به یک پیمانه می با من وفاداری کند

دلبر که جان فرسود از او کام دلم نگشود از او
نومید نتوان بود از او باشد که دلداری کند

گفتم گره نگشوده‌ام زان طره تا من بوده‌ام
گفتا منش فرموده‌ام تا با تو طراری کند

پشمینه پوش تندخو از عشق نشنیده‌است بو
از مستیش رمزی بگو تا ترک هشیاری کند

چون من گدای بی نشان مشکل بود یاری چنان
سلطان کجا عیش نهان با رند بازاری کند

زان طره پرپیچ و خم سهل است اگر بینم ستم
از بند و زنجیرش چه غم هر کس که عیاری کند

شد لشکر غم بی عدد از بخت می‌خواهم مدد
تا فخر دین عبدالصمد باشد که غمخواری کند

با چشم پرنیرنگ او حافظ مکن آهنگ او
کان طره شبرنگ او بسیار طراری کند

غزل ۱۹۲

سرو چمان من چرا میل چمن نمی‌کند
همدم گل نمی‌شود یاد سمن نمی‌کند

۱۶۸

www.rumispath.com

دی گله‌ای ز طره‌اش کردم و از سر فسوس
گفت که این سیاه کج گوش به من نمی‌کند

تا دل هرزه گرد من رفت به چین زلف او
زان سفر دراز خود عزم وطن نمی‌کند

پیش کمان ابرویش لابه همی‌کنم ولی
گوش کشیده است از آن گوش به من نمی‌کند

با همه عطف دامنت آیدم از صبا عجب
کز گذر تو خاک را مشک ختن نمی‌کند

چون ز نسیم می‌شود زلف بنفشه پرشکن
وه که دلم چه یاد از آن عهدشکن نمی‌کند

دل به امید روی او همدم جان نمی‌شود
جان به هوای کوی او خدمت تن نمی‌کند

ساقی سیم ساق من گر همه درد می‌دهد
کیست که تن چو جام می جمله دهن نمی‌کند

دستخوش جفا مکن آب رخم که فیض ابر
بی مدد سرشک من در عدن نمی‌کند

کشته غمزه تو شد حافظ ناشنیده پند
تیغ سزاست هر که را درد سخن نمی‌کند

غزل ۱۹۳

در نظربازی ما بی‌خبران حیرانند
من چنینم که نمودم دگر ایشان دانند

عاقلان نقطه پرگار وجودند ولی
عشق داند که در این دایره سرگردانند

جلوه گاه رخ او دیده من تنها نیست
ماه و خورشید همین آینه می گردانند

عهد ما با لب شیرین دهنان بست خدا
ما همه بنده و این قوم خداوندانند

مفلسانیم و هوای می و مطرب داریم
آه اگر خرقه پشمین به گرو نستانند

وصل خورشید به شبپره اعمی نرسد
که در آن آینه صاحب نظران حیرانند

لاف عشق و گله از یار زهی لاف دروغ
عشقبازان چنین مستحق هجرانند

مگرم چشم سیاه تو بیاموزد کار
ور نه مستوری و مستی همه کس نتوانند

گر به نزهتگه ارواح برد بوی تو باد
عقل و جان گوهر هستی به نثار افشانند

زاهد ار رندی حافظ نکند فهم چه شد
دیو بگریزد از آن قوم که قرآن خوانند

گر شوند آگه از اندیشه ما مغبچگان
بعد از این خرقه صوفی به گرو نستانند

غزل ۱۹۴

سمن بویان غبار غم چو بنشینند بنشانند
پری رویان قرار از دل چو بستیزند بستانند

به فتراک جفا دل‌ها چو بربندند بربندند
ز زلف عنبرین جان‌ها چو بگشایند بفشانند

به عمری یک نفس با ما چو بنشینند برخیزند
نهال شوق در خاطر چو برخیزند بنشانند

سرشک گوشه گیران را چو دریابند دریابند
رخ مهر از سحرخیزان نگردانند اگر دانند

ز چشمم لعل رمانی چو می‌خندند می‌بارند
ز رویم راز پنهانی چو می‌بینند می‌خوانند

دوای درد عاشق را کسی کو سهل پندارد
ز فکر آنان که در تدبیر درمانند درمانند

چو منصور از مراد آنان که بردارند بر دارند
بدین درگاه حافظ را چو می‌خوانند می‌رانند

در این حضرت چو مشتاقان نیاز آرند ناز آرند
که با این درد اگر در بند درمانند درمانند

غزل ۱۹۵

غلام نرگس مست تو تاجدارانند
خراب باده لعل تو هوشیارانند

تو را صبا و مرا آب دیده شد غماز
وگرنه عاشق و معشوق رازدارانند

ز زیر زلف دوتا چون گذر کنی بنگر
که از یمین و یسارت چه سوگوارانند

گذار کن چو صبا بر بنفشه زار و ببین
که از تطاول زلفت چه بی قرارانند

نصیب ماست بهشت ای خداشناس برو
که مستحق کرامت گناهکارانند

نه من بر آن گل عارض غزل سرایم و بس
که عندلیب تو از هر طرف هزارانند

تو دستگیر شو ای خضر پی خجسته که من
پیاده می روم و همرهان سوارانند

بیا به میکده و چهره ارغوانی کن
مرو به صومعه کان جا سیاه کارانند

خلاص حافظ از آن زلف تابدار مباد
که بستگان کمند تو رستگارانند

غزل ۱۹۶

آنان که خاک را به نظر کیمیا کنند
آیا بود که گوشه چشمی به ما کنند

دردم نهفته به ز طبیبان مدعی
باشد که از خزانه غیبم دوا کنند

معشوق چون نقاب ز رخ در نمی کشد
هر کس حکایتی به تصور چرا کنند

چون حسن عاقبت نه به رندی و زاهدیست
آن به که کار خود به عنایت رها کنند

بی معرفت مباش که در من یزید عشق
اهل نظر معامله با آشنا کنند

حالی درون پرده بسی فتنه می رود
تا آن زمان که پرده برافتد چه ها کنند

گر سنگ از این حدیث بنالد عجب مدار
صاحب دلان حکایت دل خوش ادا کنند

می خور که صد گناه ز اغیار در حجاب
بهتر ز طاعتی که به روی و ریا کنند

پیراهنی که آید از او بوی یوسفم
ترسم برادران غیورش قبا کنند

بگذر به کوی میکده تا زمره حضور
اوقات خود ز بهر تو صرف دعا کنند

پنهان ز حاسدان به خودم خوان که منعمان
خیر نهان برای رضای خدا کنند

حافظ دوام وصل میسر نمی شود
شاهان کم التفات به حال گدا کنند

غزل ۱۹۷

شاهدان گر دلبری زین سان کنند
زاهدان را رخنه در ایمان کنند

هر کجا آن شاخ نرگس بشکفد
گلرخانش دیده نرگسدان کنند

ای جوان سروقد گویی ببر
پیش از آن کز قامتت چوگان کنند

عاشقان را بر سر خود حکم نیست
هر چه فرمان تو باشد آن کنند

پیش چشمم کمتر است از قطره‌ای
این حکایت‌ها که از طوفان کنند

یار ما چون گیرد آغاز سماع
قدسیان بر عرش دست افشان کنند

مردم چشمم به خون آغشته شد
در کجا این ظلم بر انسان کنند

خوش برآ با غصه‌ای دل کاهل راز
عیش خوش در بوته هجران کنند

سر مکش حافظ ز آه نیم شب
تا چو صبحت آینه رخشان کنند

غزل ۱۹۸

گفتم کی ام دهان و لبت کامران کنند
گفتا به چشم هرچه تو گویی چنان کنند

گفتم خراج مصر طلب می کند لبت
گفتا در این معامله کمتر زیان کنند

گفتم به نقطه دهنت خود که برد راه
گفت این حکایتیست که با نکته دان کنند

گفتم صنم پرست مشو با صمد نشین
گفتا به کوی عشق هم این و هم آن کنند

گفتم هوای میکده غم می برد ز دل
گفتا خوش آن کسان که دلی شادمان کنند

گفتم شراب و خرقه نه آیین مذهب است
گفت این عمل به مذهب پیر مغان کنند

گفتم ز لعل نوش لبان پیر را چه سود
گفتا به بوسه شکرینش جوان کنند

گفتم که خواجه کی به سر حجله می رود
گفت آن زمان که مشتری و مه قران کنند

گفتم دعای دولت او ورد حافظ است
گفت این دعا ملایک هفت آسمان کنند

غزل ۱۹۹

واعظان کاین جلوه در محراب و منبر می کنند
چون به خلوت می روند آن کار دیگر می کنند

مشکلی دارم ز دانشمند مجلس باز پرس

توبه فرمایان چرا خود توبه کمتر می کنند

گویا باور نمی دارند روز داوری

کاین همه قلب و دغل در کار داور می کنند

یا رب این نودولتان را با خر خودشان نشان

کاین همه ناز از غلام ترک و استر می کنند

ای گدای خانقه برجه که در دیر مغان

می دهند آبی که دل ها را توانگر می کنند

حسن بی پایان او چندان که عاشق می کشد

زمره دیگر به عشق از غیب سر بر می کنند

بر در میخانه عشق ای ملک تسبیح گوی

کاندر آن جا طینت آدم مخمر می کنند

صبحدم از عرش می آمد خروشی عقل گفت

قدسیان گویی که شعر حافظ از بر می کنند

غزل ۲۰۰

دانی که چنگ و عود چه تقریر می کنند

پنهان خورید باده که تعزیر می کنند

ناموس عشق و رونق عشاق می برند

عیب جوان و سرزنش پیر می کنند

جز قلب تیره هیچ نشد حاصل و هنوز

۱۷۶

www.rumispath.com

باطل در این خیال که اکسیر می‌کنند

گویند رمز عشق مگویید و مشنوید
مشکل حکایتیست که تقریر می‌کنند

ما از برون در شده مغرور صد فریب
تا خود درون پرده چه تدبیر می‌کنند

تشویش وقت پیر مغان می‌دهند باز
این سالکان نگر که چه با پیر می‌کنند

صد ملک دل به نیم نظر می‌توان خرید
خوبان در این معامله تقصیر می‌کنند

قومی به جد و جهد نهادند وصل دوست
قومی دگر حواله به تقدیر می‌کنند

فی الجمله اعتماد مکن بر ثبات دهر
کاین کارخانه‌ایست که تغییر می‌کنند

می خور که شیخ و حافظ و مفتی و محتسب
چون نیک بنگری همه تزویر می‌کنند

غزل ۲۰۱

شراب بی‌غش و ساقی خوش دو دام رهند
که زیرکان جهان از کمندشان نرهند

من ار چه عاشقم و رند و مست و نامه سیاه
هزار شکر که یاران شهر بی‌گنهند

جفا نه پیشه درویشیست و راهروی
بیار باده که این سالکان نه مرد رهند

مبین حقیر گدایان عشق را کاین قوم
شهان بی کمر و خسروان بی کلهند

به هوش باش که هنگام باد استغنا
هزار خرمن طاعت به نیم جو ننهند

مکن که کوکبه دلبری شکسته شود
چو بندگان بگریزند و چاکران بجهند

غلام همت دردی کشان یکرنگم
نه آن گروه که ازرق لباس و دل سیهند

قدم منه به خرابات جز به شرط ادب
که سالکان درش محرمان پادشهند

جناب عشق بلند است همتی حافظ
که عاشقان ره بی همتان به خود ندهند

غزل ۲۰۲

بود آیا که در میکده‌ها بگشایند
گره از کار فروبسته ما بگشایند

اگر از بهر دل زاهد خودبین بستند
دل قوی دار که از بهر خدا بگشایند

به صفای دل رندان صبوحی زدگان
بس در بسته به مفتاح دعا بگشایند

نامه تعزیت دختر رز بنویسید
تا همه مغبچگان زلف دوتا بگشایند

گیسوی چنگ ببرید به مرگ می ناب
تا حریفان همه خون از مژه‌ها بگشایند

در میخانه ببستند خدایا مپسند
که در خانه تزویر و ریا بگشایند

حافظ این خرقه که داری تو ببینی فردا
که چه زنار ز زیرش به دغا بگشایند

غزل ۲۰۳

سال‌ها دفتر ما در گرو صهبا بود
رونق میکده از درس و دعای ما بود

نیکی پیر مغان بین که چو ما بدمستان
هر چه کردیم به چشم کرمش زیبا بود

دفتر دانش ما جمله بشویید به می
که فلک دیدم و در قصد دل دانا بود

از بتان آن طلب ار حسن شناسی ای دل
کاین کسی گفت که در علم نظر بینا بود

دل چو پرگار به هر سو دورانی می‌کرد
واندر آن دایره سرگشته پابرجا بود

مطرب از درد محبت عملی می‌پرداخت

که حکیمان جهان را مژه خون پالا بود

می شکفتم ز طرب زان که چو گل بر لب جوی
بر سرم سایه آن سرو سهی بالا بود

پیر گلرنگ من اندر حق ازرق پوشان
رخصت خبث نداد ار نه حکایت‌ها بود

قلب اندوده حافظ بر او خرج نشد
کاین معامل به همه عیب نهان بینا بود

غزل ۲۰۴

یاد باد آن که نهانت نظری با ما بود
رقم مهر تو بر چهره ما پیدا بود

یاد باد آن که چو چشمت به عتابم می‌کشت
معجز عیسویت در لب شکرخا بود

یاد باد آن که صبوحی زده در مجلس انس
جز من و یار نبودیم و خدا با ما بود

یاد باد آن که رخت شمع طرب می‌افروخت
وین دل سوخته پروانه ناپروا بود

یاد باد آن که در آن بزمگه خلق و ادب
آن که او خنده مستانه زدی صهبا بود

یاد باد آن که چو یاقوت قدح خنده زدی
در میان من و لعل تو حکایت‌ها بود

یاد باد آن که نگارم چو کمر بربستی
در رکابش مه نو پیک جهان پیما بود

یاد باد آن که خرابات نشین بودم و مست
وآنچه در مسجدم امروز کم است آن جا بود

یاد باد آن که به اصلاح شما می‌شد راست
نظم هر گوهر ناسفته که حافظ را بود

غزل ۲۰۵

تا ز میخانه و می نام و نشان خواهد بود
سر ما خاک ره پیر مغان خواهد بود

حلقه پیر مغان از ازلم در گوش است
بر همانیم که بودیم و همان خواهد بود

بر سر تربت ما چون گذری همت خواه
که زیارتگه رندان جهان خواهد بود

برو ای زاهد خودبین که ز چشم من و تو
راز این پرده نهان است و نهان خواهد بود

ترک عاشق کش من مست برون رفت امروز
تا دگر خون که از دیده روان خواهد بود

چشمم آن دم که ز شوق تو نهد سر به لحد
تا دم صبح قیامت نگران خواهد بود

بخت حافظ گر از این گونه مدد خواهد کرد
زلف معشوقه به دست دگران خواهد بود

غزل ۲۰۶

پیش از اینت بیش از این اندیشه عشاق بود
مهرورزی تو با ما شهره آفاق بود

یاد باد آن صحبت شب‌ها که با نوشین لبان
بحث سر عشق و ذکر حلقه عشاق بود

پیش از این کاین سقف سبز و طاق مینا برکشند
منظر چشم مرا ابروی جانان طاق بود

از دم صبح ازل تا آخر شام ابد
دوستی و مهر بر یک عهد و یک میثاق بود

سایه معشوق اگر افتاد بر عاشق چه شد
ما به او محتاج بودیم او به ما مشتاق بود

حسن مه رویان مجلس گر چه دل می‌برد و دین
بحث ما در لطف طبع و خوبی اخلاق بود

بر در شاهم گدایی نکته‌ای در کار کرد
گفت بر هر خوان که بنشستم خدا رزاق بود

رشته تسبیح اگر بگسست معذورم بدار
دستم اندر دامن ساقی سیمین ساق بود

در شب قدر ار صبوحی کرده‌ام عیبم مکن
سرخوش آمد یار و جامی بر کنار طاق بود

شعر حافظ در زمان آدم اندر باغ خلد

دفتر نسرین و گل را زینت اوراق بود

غزل ۲۰۷

یاد باد آن که سر کوی توام منزل بود
دیده را روشنی از خاک درت حاصل بود

راست چون سوسن و گل از اثر صحبت پاک
بر زبان بود مرا آن چه تو را در دل بود

دل چو از پیر خرد نقل معانی می کرد
عشق می گفت به شرح آن چه بر او مشکل بود

آه از آن جور و تطاول که در این دامگه است
آه از آن سوز و نیازی که در آن محفل بود

در دلم بود که بی دوست نباشم هرگز
چه توان کرد که سعی من و دل باطل بود

دوش بر یاد حریفان به خرابات شدم
خم می دیدم خون در دل و پا در گل بود

بس بگشتم که بپرسم سبب درد فراق
مفتی عقل در این مسئله لایعقل بود

راستی خاتم فیروزه بواسحاقی
خوش درخشید ولی دولت مستعجل بود

دیدی آن قهقهه کبک خرامان حافظ
که ز سرپنجه شاهین قضا غافل بود

غزل ۲۰۸

خستگان را چو طلب باشد و قوت نبود
گر تو بیداد کنی شرط مروت نبود

ما جفا از تو ندیدیم و تو خود نپسندی
آن چه در مذهب ارباب طریقت نبود

خیره آن دیده که آبش نبرد گریه عشق
تیره آن دل که در او شمع محبت نبود

دولت از مرغ همایون طلب و سایه او
زان که با زاغ و زغن شهپر دولت نبود

گر مدد خواستم از پیر مغان عیب مکن
شیخ ما گفت که در صومعه همت نبود

چون طهارت نبود کعبه و بتخانه یکیست
نبود خیر در آن خانه که عصمت نبود

حافظا علم و ادب ورز که در مجلس شاه
هر که را نیست ادب لایق صحبت نبود

غزل ۲۰۹

قتل این خسته به شمشیر تو تقدیر نبود
ور نه هیچ از دل بی رحم تو تقصیر نبود

من دیوانه چو زلف تو رها می کردم
هیچ لایقترم از حلقه زنجیر نبود

۱۸۴

www.rumispath.com

یا رب این آینه حسن چه جوهر دارد

که در او آه مرا قوت تاثیر نبود

سر ز حسرت به در میکده‌ها بر کردم

چون شناسای تو در صومعه یک پیر نبود

نازنین‌تر ز قدت در چمن ناز نرست

خوشتر از نقش تو در عالم تصویر نبود

تا مگر همچو صبا باز به کوی تو رسم

حاصلم دوش بجز ناله شبگیر نبود

آن کشیدم ز تو ای آتش هجران که چو شمع

جز فنای خودم از دست تو تدبیر نبود

آیتی بود عذاب انده حافظ بی تو

که بر هیچ کسش حاجت تفسیر نبود

غزل ۲۱۰

دوش در حلقه ما قصه گیسوی تو بود

تا دل شب سخن از سلسله موی تو بود

دل که از ناوک مژگان تو در خون می‌گشت

باز مشتاق کمانخانه ابروی تو بود

هم عفاالله صبا کز تو پیامی می‌داد

ور نه در کس نرسیدیم که از کوی تو بود

عالم از شور و شر عشق خبر هیچ نداشت

Khājeh Shams-od-Dīn Mohammad HāfeZ-e Shīrāzī

فتنه انگیز جهان غمزه جادوی تو بود

من سرگشته هم از اهل سلامت بودم
دام راهم شکن طره هندوی تو بود

بگشا بند قبا تا بگشاید دل من
که گشادی که مرا بود ز پهلوی تو بود

به وفای تو که بر تربت حافظ بگذر
کز جهان می شد و در آرزوی روی تو بود

غزل ۲۱۱

دوش می آمد و رخساره برافروخته بود
تا کجا باز دل غمزده ای سوخته بود

رسم عاشق کشی و شیوه شهرآشوبی
جامه ای بود که بر قامت او دوخته بود

جان عشاق سپند رخ خود می دانست
و آتش چهره بدین کار برافروخته بود

گر چه می گفت که زارت بکشم می دیدم
که نهانش نظری با من دلسوخته بود

کفر زلفش ره دین می زد و آن سنگین دل
در پی اش مشعلی از چهره برافروخته بود

دل بسی خون به کف آورد ولی دیده بریخت
الله الله که تلف کرد و که اندوخته بود

یار مفروش به دنیا که بسی سود نکرد
آن که یوسف به زر ناسره بفروخته بود

گفت و خوش گفت برو خرقه بسوزان حافظ
یا رب این قلب شناسی ز که آموخته بود

غزل ۲۱۲

یک دو جامم دی سحرگه اتفاق افتاده بود
وز لب ساقی شرابم در مذاق افتاده بود

از سر مستی دگر با شاهد عهد شباب
رجعتی می‌خواستم لیکن طلاق افتاده بود

در مقامات طریقت هر کجا کردیم سیر
عافیت را با نظربازی فراق افتاده بود

ساقیا جام دمادم ده که در سیر طریق
هر که عاشق وش نیامد در نفاق افتاده بود

ای معبر مژده‌ای فرما که دوشم آفتاب
در شکرخواب صبوحی هم وثاق افتاده بود

نقش می‌بستم که گیرم گوشه‌ای ز آن چشم مست
طاقت و صبر از خم ابرویش طاق افتاده بود

گر نکردی نصرت دین شاه یحیی از کرم
کار ملک و دین ز نظم و اتساق افتاده بود

حافظ آن ساعت که این نظم پریشان می‌نوشت
طایر فکرش به دام اشتیاق افتاده بود

غزل ۲۱۳

گوهر مخزن اسرار همان است که بود
حقه مهر بدان مهر و نشان است که بود

عاشقان زمره ارباب امانت باشند
لاجرم چشم گهربار همان است که بود

از صبا پرس که ما را همه شب تا دم صبح
بوی زلف تو همان مونس جان است که بود

طالب لعل و گهر نیست وگرنه خورشید
همچنان در عمل معدن و کان است که بود

کشته غمزه خود را به زیارت دریاب
زان که بیچاره همان دل نگران است که بود

رنگ خون دل ما را که نهان می‌داری
همچنان در لب لعل تو عیان است که بود

زلف هندوی تو گفتم که دگر ره نزند
سال‌ها رفت و بدان سیرت و سان است که بود

حافظا باز نما قصه خونابه چشم
که بر این چشمه همان آب روان است که بود

غزل ۲۱٤

دیدم به خواب خوش که به دستم پیاله بود

تعبیر رفت و کار به دولت حواله بود

چهل سال رنج و غصه کشیدیم و عاقبت
تدبیر ما به دست شراب دوساله بود

آن نافه مراد که می خواستم ز بخت
در چین زلف آن بت مشکین کلاله بود

از دست برده بود خمار غمم سحر
دولت مساعد آمد و می در پیاله بود

بر آستان میکده خون می خورم مدام
روزی ما ز خوان قدر این نواله بود

هر کو نکاشت مهر و ز خوبی گلی نچید
در رهگذار باد نگهبان لاله بود

بر طرف گلشنم گذر افتاد وقت صبح
آن دم که کار مرغ سحر آه و ناله بود

دیدیم شعر دلکش حافظ به مدح شاه
یک بیت از این قصیده به از صد رساله بود

آن شاه تندحمله که خورشید شیرگیر
پیشش به روز معرکه کمتر غزاله بود

غزل ۲۱۵

به کوی میکده یارب سحر چه مشغله بود
که جوش شاهد و ساقی و شمع و مشعله بود

حدیث عشق که از حرف و صوت مستغنیست
به ناله دف و نی در خروش و ولوله بود

مباحثی که در آن مجلس جنون می رفت
ورای مدرسه و قال و قیل مسله بود

دل از کرشمه ساقی به شکر بود ولی
ز نامساعدی بختش اندکی گله بود

قیاس کردم و آن چشم جادوانه مست
هزار ساحر چون سامریش در گله بود

بگفتمش به لبم بوسه ای حوالت کن
به خنده گفت کی ات با من این معامله بود

ز اخترم نظری سعد در ره است که دوش
میان ماه و رخ یار من مقابله بود

دهان یار که درمان درد حافظ داشت
فغان که وقت مروت چه تنگ حوصله بود

غزل ۲۱۶

آن یار کز او خانه ما جای پری بود
سر تا قدمش چون پری از عیب بری بود

دل گفت فروکش کنم این شهر به بویش
بیچاره ندانست که یارش سفری بود

تنها نه ز راز دل من پرده برافتاد
تا بود فلک شیوه او پرده دری بود

منظور خردمند من آن ماه که او را
با حسن ادب شیوه صاحب نظری بود

از چنگ منش اختر بدمهر به در برد
آری چه کنم دولت دور قمری بود

عذری بنه ای دل که تو درویشی و او را
در مملکت حسن سر تاجوری بود

اوقات خوش آن بود که با دوست به سر رفت
باقی همه بی‌حاصلی و بی‌خبری بود

خوش بود لب آب و گل و سبزه و نسرین
افسوس که آن گنج روان رهگذری بود

خود را بکش ای بلبل از این رشک که گل را
با باد صبا وقت سحر جلوه‌گری بود

هر گنج سعادت که خدا داد به حافظ
از یمن دعای شب و ورد سحری بود

غزل ۲۱۷

مسلمانان مرا وقتی دلی بود
که با وی گفتمی گر مشکلی بود

به گردابی چو می‌افتادم از غم
به تدبیرش امید ساحلی بود

دلی همدرد و یاری مصلحت‌بین

که استظهار هر اهل دلی بود

ز من ضایع شد اندر کوی جانان
چه دامنگیر یا رب منزلی بود

هنر بی عیب حرمان نیست لیکن
ز من محروم‌تر کی سائلی بود

بر این جان پریشان رحمت آرید
که وقتی کاردانی کاملی بود

مرا تا عشق تعلیم سخن کرد
حدیثم نکته هر محفلی بود

مگو دیگر که حافظ نکته‌دان است
که ما دیدیم و محکم جاهلی بود

غزل ۲۱۸

در ازل هر کو به فیض دولت ارزانی بود
تا ابد جام مرادش همدم جانی بود

من همان ساعت که از می خواستم شد توبه کار
گفتم این شاخ ار دهد باری پشیمانی بود

خود گرفتم کافکنم سجاده چون سوسن به دوش
همچو گل بر خرقه رنگ می مسلمانی بود

بی چراغ جام در خلوت نمی یارم نشست
زان که کنج اهل دل باید که نورانی بود

همت عالی طلب جام مرصع گو مباش
رند را آب عنب یاقوت رمانی بود

گرچه بی سامان نماید کار ما سهلش مبین
کاندر این کشور گدایی رشک سلطانی بود

نیک نامی خواهی ای دل با بدان صحبت مدار
خودپسندی جان من برهان نادانی بود

مجلس انس و بهار و بحث شعر اندر میان
نستدن جام می از جانان گران جانی بود

دی عزیزی گفت حافظ می خورد پنهان شراب
ای عزیز من نه عیب آن به که پنهانی بود

غزل ۲۱۹

کنون که در چمن آمد گل از عدم به وجود
بنفشه در قدم او نهاد سر به سجود

بنوش جام صبوحی به ناله دف و چنگ
ببوس غبغب ساقی به نغمه نی و عود

به دور گل منشین بی شراب و شاهد و چنگ
که همچو روز بقا هفته‌ای بود معدود

شد از خروج ریاحین چو آسمان روشن
زمین به اختر میمون و طالع مسعود

ز دست شاهد نازک عذار عیسی دم
شراب نوش و رها کن حدیث عاد و ثمود

جهان چو خلد برین شد به دور سوسن و گل
ولی چه سود که در وی نه ممکن است خلود

چو گل سوار شود بر هوا سلیمان وار
سحر که مرغ درآید به نغمه داوود

به باغ تازه کن آیین دین زردشتی
کنون که لاله برافروخت آتش نمرود

بخواه جام صبوحی به یاد آصف عهد
وزیر ملک سلیمان عماد دین محمود

بود که مجلس حافظ به یمن تربیتش
هر آن چه می طلبد جمله باشدش موجود

غزل ۲۲۰

از دیده خون دل همه بر روی ما رود
بر روی ما ز دیده چه گویم چه‌ها رود

ما در درون سینه هوایی نهفته‌ایم
بر باد اگر رود دل ما زان هوا رود

خورشید خاوری کند از رشک جامه چاک
گر ماه مهرپرور من در قبا رود

بر خاک راه یار نهادیم روی خویش
بر روی ما رواست اگر آشنا رود

سیل است آب دیده و هر کس که بگذرد

گر خود دلش ز سنگ بود هم ز جا رود

ما را به آب دیده شب و روز ماجراست
زان رهگذر که بر سر کویش چرا رود

حافظ به کوی میکده دایم به صدق دل
چون صوفیان صومعه دار از صفا رود

غزل ۲۲۱

چو دست بر سر زلفش زنم به تاب رود
ور آشتی طلبم با سر عتاب رود

چو ماه نو ره بیچارگان نظاره
زند به گوشه ابرو و در نقاب رود

شب شراب خرابم کند به بیداری
وگر به روز شکایت کنم به خواب رود

طریق عشق پرآشوب و فتنه است ای دل
بیفتد آن که در این راه با شتاب رود

گدایی در جانان به سلطنت مفروش
کسی ز سایه این در به آفتاب رود

سواد نامه موی سیاه چون طی شد
بیاض کم نشود گر صد انتخاب رود

حباب را چو فتد باد نخوت اندر سر
کلاه داریش اندر سر شراب رود

حجاب راه تویی حافظ از میان برخیز
خوشا کسی که در این راه بی حجاب رود

غزل ۲۲۲

از سر کوی تو هر کو به ملالت برود
نرود کارش و آخر به خجالت برود

کاروانی که بود بدرقه‌اش حفظ خدا
به تجمل بنشیند به جلالت برود

سالک از نور هدایت ببرد راه به دوست
که به جایی نرسد گر به ضلالت برود

کام خود آخر عمر از می و معشوق بگیر
حیف اوقات که یکسر به بطالت برود

ای دلیل دل گمگشته خدا را مددی
که غریب ار نبرد ره به دلالت برود

حکم مستوری و مستی همه بر خاتم تست
کس ندانست که آخر به چه حالت برود

حافظ از چشمه حکمت به کف آور جامی
بو که از لوح دلت نقش جهالت برود

غزل ۲۲۳

هرگزم نقش تو از لوح دل و جان نرود
هرگز از یاد من آن سرو خرامان نرود

از دماغ من سرگشته خیال دهنت
به جفای فلک و غصه دوران نرود

در ازل بست دلم با سر زلفت پیوند
تا ابد سر نکشد و از سر پیمان نرود

هر چه جز بار غمت بر دل مسکین من است
برود از دل من و از دل من آن نرود

آن چنان مهر توام در دل و جان جای گرفت
که اگر سر برود از دل و از جان نرود

گر رود از پی خوبان دل من معذور است
درد دارد چه کند کز پی درمان نرود

هر که خواهد که چو حافظ نشود سرگردان
دل به خوبان ندهد و از پی ایشان نرود

غزل ۲۲۴

خوشا دلی که مدام از پی نظر نرود
به هر درش که بخوانند بی‌خبر نرود

طمع در آن لب شیرین نکردنم اولی
ولی چگونه مگس از پی شکر نرود

سواد دیده غمدیده‌ام به اشک مشوی
که نقش خال توام هرگز از نظر نرود

ز من چو باد صبا بوی خود دریغ مدار

چرا که بی سر زلف توام به سر نرود

دلا مباش چنین هرزه گرد و هرجایی
که هیچ کار ز پیشت بدین هنر نرود

مکن به چشم حقارت نگاه در من مست
که آبروی شریعت بدین قدر نرود

من گدا هوس سروقامتی دارم
که دست در کمرش جز به سیم و زر نرود

تو کز مکارم اخلاق عالمی دگری
وفای عهد من از خاطرت به در نرود

سیاه نامه تر از خود کسی نمی بینم
چگونه چون قلمم دود دل به سر نرود

به تاج هدهدم از ره مبر که باز سفید
چو باشه در پی هر صید مختصر نرود

بیار باده و اول به دست حافظ ده
به شرط آن که ز مجلس سخن به در نرود

غزل ۲۲۵

ساقی حدیث سرو و گل و لاله می رود
وین بحث با ثلاثهٔ غساله می رود

می ده که نوعروس چمن حد حسن یافت
کار این زمان ز صنعت دلاله می رود

شکر شکن شوند همه طوطیان هند
زین قند پارسی که به بنگاله می رود

طی مکان ببین و زمان در سلوک شعر
کاین طفل یک شبه ره یک ساله می رود

آن چشم جادوانه عابدفریب بین
کش کاروان سحر ز دنباله می رود

از ره مرو به عشوه دنیا که این عجوز
مکاره می نشیند و محتاله می رود

باد بهار می وزد از گلستان شاه
وز ژاله باده در قدح لاله می رود

حافظ ز شوق مجلس سلطان غیاث دین
غافل مشو که کار تو از ناله می رود

غزل ۲۲۶

ترسم که اشک در غم ما پرده در شود
وین راز سر به مهر به عالم سمر شود

گویند سنگ لعل شود در مقام صبر
آری شود ولیک به خون جگر شود

خواهم شدن به میکده گریان و دادخواه
کز دست غم خلاص من آن جا مگر شود

از هر کرانه تیر دعا کرده ام روان
باشد کز آن میانه یکی کارگر شود

ای جان حدیث ما بر دلدار بازگو
لیکن چنان مگو که صبا را خبر شود

از کیمیای مهر تو زر گشت روی من
آری به یمن لطف شما خاک زر شود

در تنگنای حیرتم از نخوت رقیب
یا رب مباد آن که گدا معتبر شود

بس نکته غیر حسن بباید که تا کسی
مقبول طبع مردم صاحب نظر شود

این سرکشی که کنگره کاخ وصل راست
سرها بر آستانه او خاک در شود

حافظ چو نافه سر زلفش به دست توست
دم درکش ار نه باد صبا را خبر شود

غزل ۲۲۷

گر چه بر واعظ شهر این سخن آسان نشود
تا ریا ورزد و سالوس مسلمان نشود

رندی آموز و کرم کن که نه چندان هنر است
حیوانی که ننوشد می و انسان نشود

گوهر پاک بباید که شود قابل فیض
ور نه هر سنگ و گلی لؤلؤ و مرجان نشود

اسم اعظم بکند کار خود ای دل خوش باش

که به تلبیس و حیل دیو مسلمان نشود

عشق می‌ورزم و امید که این فن شریف
چون هنرهای دگر موجب حرمان نشود

دوش می‌گفت که فردا بدهم کام دلت
سببی ساز خدایا که پشیمان نشود

حسن خلقی ز خدا می‌طلبم خوی تو را
تا دگر خاطر ما از تو پریشان نشود

ذره را تا نبود همت عالی حافظ
طالب چشمه خورشید درخشان نشود

غزل ۲۲۸

گر من از باغ تو یک میوه بچینم چه شود
پیش پایی به چراغ تو ببینم چه شود

یا رب اندر کنف سایه آن سرو بلند
گر من سوخته یک دم بنشینم چه شود

آخر ای خاتم جمشید همایون آثار
گر فتد عکس تو بر نقش نگینم چه شود

واعظ شهر چو مهر ملک و شحنه گزید
من اگر مهر نگاری بگزینم چه شود

عقلم از خانه به در رفت و گر می این است
دیدم از پیش که در خانه دینم چه شود

صرف شد عمر گران مایه به معشوقه و می

تا از آنم چه به پیش آید از اینم چه شود

خواجه دانست که من عاشقم و هیچ نگفت

حافظ ار نیز بداند که چنینم چه شود

غزل ۲۲۹

بخت از دهان دوست نشانم نمی دهد

دولت خبر ز راز نهانم نمی دهد

از بهر بوسه ای ز لبش جان همی دهم

اینم همی ستاند و آنم نمی دهد

مردم در این فراق و در آن پرده راه نیست

یا هست و پرده دار نشانم نمی دهد

زلفش کشید باد صبا چرخ سفله بین

کانجا مجال باد وزانم نمی دهد

چندان که بر کنار چو پرگار می شدم

دوران چو نقطه ره به میانم نمی دهد

شکر به صبر دست دهد عاقبت ولی

بدعهدی زمانه زمانم نمی دهد

گفتم روم به خواب و ببینم جمال دوست

حافظ ز آه و ناله امانم نمی دهد

غزل ۲۳۰

اگر به باده مشکین دلم کشد شاید
که بوی خیر ز زهد ریا نمی‌آید

جهانیان همه گر منع من کنند از عشق
من آن کنم که خداوندگار فرماید

طمع ز فیض کرامت مبر که خلق کریم
گنه ببخشد و بر عاشقان ببخشاید

مقیم حلقه ذکر است دل بدان امید
که حلقه‌ای ز سر زلف یار بگشاید

تو را که حسن خداداده هست و حجله بخت
چه حاجت است که مشاطه‌ات بیاراید

چمن خوش است و هوا دلکش است و می بی‌غش
کنون بجز دل خوش هیچ در نمی‌باید

جمیله‌ایست عروس جهان ولی هش دار
که این مخدره در عقد کس نمی‌آید

به لابه گفتمش ای ماه رخ چه باشد اگر
به یک شکر ز تو دلخسته‌ای بیاساید

به خنده گفت که حافظ خدای را مپسند
که بوسه تو رخ ماه را بیالاید

غزل ۲۳۱

گفتم غم تو دارم گفتا غمت سرآید

گفتم که ماه من شو گفتا اگر برآید

گفتم ز مهرورزان رسم وفا بیاموز
گفتا ز خوبرویان این کار کمتر آید

گفتم که بر خیالت راه نظر ببندم
گفتا که شب رو است او از راه دیگر آید

گفتم که بوی زلفت گمراه عالمم کرد
گفتا اگر بدانی هم اوت رهبر آید

گفتم خوشا هوایی کز باد صبح خیزد
گفتا خنک نسیمی کز کوی دلبر آید

گفتم که نوش لعلت ما را به آرزو کشت
گفتا تو بندگی کن کو بنده پرور آید

گفتم دل رحیمت کی عزم صلح دارد
گفتا مگوی با کس تا وقت آن درآید

گفتم زمان عشرت دیدی که چون سر آمد
گفتا خموش حافظ کاین غصه هم سر آید

غزل ۲۳۲

بر سر آنم که گر ز دست برآید
دست به کاری زنم که غصه سرآید

خلوت دل نیست جای صحبت اضداد
دیو چو بیرون رود فرشته درآید

صحبت حکام ظلمت شب یلداست
نور ز خورشید جوی بو که برآید

بر در ارباب بی مروت دنیا
چند نشینی که خواجه کی به درآید

ترک گدایی مکن که گنج بیابی
از نظر ره روی که در گذر آید

صالح و طالح متاع خویش نمودند
تا که قبول افتد و که در نظر آید

بلبل عاشق تو عمر خواه که آخر
باغ شود سبز و شاخ گل به برآید

غفلت حافظ در این سراچه عجب نیست
هر که به میخانه رفت بی خبر آید

غزل ۲۳۳

دست از طلب ندارم تا کام من برآید
یا تن رسد به جانان یا جان ز تن برآید

بگشای تربتم را بعد از وفات و بنگر
کز آتش درونم دود از کفن برآید

بنمای رخ که خلقی واله شوند و حیران
بگشای لب که فریاد از مرد و زن برآید

جان بر لب است و حسرت در دل که از لبانش
نگرفته هیچ کامی جان از بدن برآید

از حسرت دهانش آمد به تنگ جانم
خود کام تنگدستان کی زان دهن برآید

گویند ذکر خیرش در خیل عشقبازان
هر جا که نام حافظ در انجمن برآید

غزل ۲۳۴

چو آفتاب می از مشرق پیاله برآید
ز باغ عارض ساقی هزار لاله برآید

نسیم در سر گل بشکند کلاله سنبل
چو از میان چمن بوی آن کلاله برآید

حکایت شب هجران نه آن حکایت حالیست
که شمه‌ای ز بیانش به صد رساله برآید

ز گرد خوان نگون فلک طمع نتوان داشت
که بی ملالت صد غصه یک نواله برآید

به سعی خود نتوان برد پی به گوهر مقصود
خیال باشد کاین کار بی حواله برآید

گرت چو نوح نبی صبر هست در غم طوفان
بلا بگردد و کام هزارساله برآید

نسیم زلف تو چون بگذرد به تربت حافظ
ز خاک کالبدش صد هزار لاله برآید

غزل ۲۳۵

زهی خجسته زمانی که یار باز آید
به کام غمزدگان غمگسار باز آید

به پیش خیل خیالش کشیدم ابلق چشم
بدان امید که آن شهسوار باز آید

اگر نه در خم چوگان او رود سر من
ز سر نگویم و سر خود چه کار باز آید

مقیم بر سر راهش نشسته‌ام چون گرد
بدان هوس که بدین رهگذار باز آید

دلی که با سر زلفین او قراری داد
گمان مبر که بدان دل قرار باز آید

چه جورها که کشیدند بلبلان از دی
به بوی آن که دگر نوبهار باز آید

ز نقش بند قضا هست امید آن حافظ
که همچو سرو به دستم نگار باز آید

غزل ۲۳۶

اگر آن طایر قدسی ز درم باز آید
عمر بگذشته به پیرانه سرم باز آید

دارم امید بر این اشک چو باران که دگر
برق دولت که برفت از نظرم باز آید

آن که تاج سر من خاک کف پایش بود
از خدا می طلبم تا به سرم بازآید

خواهم اندر عقبش رفت به یاران عزیز
شخصم ار بازنیاید خبرم بازآید

گر نثار قدم یار گرامی نکنم
گوهر جان به چه کار دگرم بازآید

کوس نودولتی از بام سعادت بزنم
گر ببینم که مه نوسفرم بازآید

مانعش غلغل چنگ است و شکرخواب صبوح
ورنه گر بشنود آه سحرم بازآید

آرزومند رخ شاه چو ماهم حافظ
همتی تا به سلامت ز درم بازآید

غزل ۲۳۷

نفس برآمد و کام از تو بر نمی آید
فغان که بخت من از خواب در نمی آید

صبا به چشم من انداخت خاکی از کویش
که آب زندگیم در نظر نمی آید

قد بلند تو را تا به بر نمی گیرم
درخت کام و مرادم به بر نمی آید

مگر به روی دلارای یار ما ورنی
به هیچ وجه دگر کار بر نمی آید

مقیم زلف تو شد دل که خوش سوادی دید
وز آن غریب بلاکش خبر نمی‌آید

ز شست صدق گشادم هزار تیر دعا
ولی چه سود یکی کارگر نمی‌آید

بسم حکایت دل هست با نسیم سحر
ولی به بخت من امشب سحر نمی‌آید

در این خیال به سر شد زمان عمر و هنوز
بلای زلف سیاهت به سر نمی‌آید

ز بس که شد دل حافظ رمیده از همه کس
کنون ز حلقه زلفت به در نمی‌آید

غزل ۲۳۸

جهان بر ابروی عید از هلال وسمه کشید
هلال عید در ابروی یار باید دید

شکسته گشت چو پشت هلال قامت من
کمان ابروی یارم چو وسمه بازکشید

مگر نسیم خطت صبح در چمن بگذشت
که گل به بوی تو بر تن چو صبح جامه درید

نبود چنگ و رباب و نبید و عود که بود
گل وجود من آغشته گلاب و نبید

بیا که با تو بگویم غم ملالت دل

چرا که بی تو ندارم مجال گفت و شنید

بهای وصل تو گر جان بود خریدارم
که جنس خوب مبصر به هر چه دید خرید

چو ماه روی تو در شام زلف می‌دیدم
شبم به روی تو روشن چو روز می‌گردید

به لب رسید مرا جان و بر نیامد کام
به سر رسید امید و طلب به سر نرسید

ز شوق روی تو حافظ نوشت حرفی چند
بخوان ز نظمش و در گوش کن چو مروارید

غزل ۲۳۹

رسید مژده که آمد بهار و سبزه دمید
وظیفه گر برسد مصرفش گل است و نبید

صفیر مرغ برآمد بط شراب کجاست
فغان فتاد به بلبل نقاب گل که کشید

ز میوه‌های بهشتی چه ذوق دریابد
هر آن که سیب زنخدان شاهدی نگزید

مکن ز غصه شکایت که در طریق طلب
به راحتی نرسید آن که زحمتی نکشید

ز روی ساقی مه‌وش گلی بچین امروز
که گرد عارض بستان خط بنفشه دمید

چنان کرشمه ساقی دلم ز دست ببرد
که با کسی دگرم نیست برگ گفت و شنید

من این مرقع رنگین چو گل بخواهم سوخت
که پیر باده فروشش به جرعه‌ای نخرید

بهار می‌گذرد دادگسترا دریاب
که رفت موسم و حافظ هنوز می نچشید

غزل ۲۴۰

ابر آذاری برآمد باد نوروزی وزید
وجه می می‌خواهم و مطرب که می‌گوید رسید

شاهدان در جلوه و من شرمسار کیسه‌ام
بار عشق و مفلسی صعب است می‌باید کشید

قحط جود است آبروی خود نمی‌باید فروخت
باده و گل از بهای خرقه می‌باید خرید

گوییا خواهد گشود از دولتم کاری که دوش
من همی‌کردم دعا و صبح صادق می‌دمید

با لبی و صد هزاران خنده آمد گل به باغ
از کریمی گوییا در گوشه‌ای بویی شنید

دامنی گر چاک شد در عالم رندی چه باک
جامه‌ای در نیک‌نامی نیز می‌باید درید

این لطایف کز لب لعل تو من گفتم که گفت
وین تطاول کز سر زلف تو من دیدم که دید

عدل سلطان گر نپرسد حال مظلومان عشق
گوشه گیران را ز آسایش طمع باید برید

تیر عاشق کش ندانم بر دل حافظ که زد
این قدر دانم که از شعر ترش خون می چکید

غزل ۲۴۱

معاشران ز حریف شبانه یاد آرید
حقوق بندگی مخلصانه یاد آرید

به وقت سرخوشی از آه و ناله عشاق
به صوت و نغمه چنگ و چغانه یاد آرید

چو لطف باده کند جلوه در رخ ساقی
ز عاشقان به سرود و ترانه یاد آرید

چو در میان مراد آورید دست امید
ز عهد صحبت ما در میانه یاد آرید

سمند دولت اگر چند سرکشیده رود
ز همرهان به سر تازیانه یاد آرید

نمی خورید زمانی غم وفاداران
ز بی وفایی دور زمانه یاد آرید

به وجه مرحمت ای ساکنان صدر جلال
ز روی حافظ و این آستانه یاد آرید

غزل ۲۴۲

بیا که رایت منصور پادشاه رسید
نوید فتح و بشارت به مهر و ماه رسید

جمال بخت ز روی ظفر نقاب انداخت
کمال عدل به فریاد دادخواه رسید

سپهر دور خوش اکنون کند که ماه آمد
جهان به کام دل اکنون رسد که شاه رسید

ز قاطعان طریق این زمان شوند ایمن
قوافل دل و دانش که مرد راه رسید

عزیز مصر به رغم برادران غیور
ز قعر چاه برآمد به اوج ماه رسید

کجاست صوفی دجال فعل ملحدشکل
بگو بسوز که مهدی دین پناه رسید

صبا بگو که چه‌ها بر سرم در این غم عشق
ز آتش دل سوزان و دود آه رسید

ز شوق روی تو شاها بدین اسیر فراق
همان رسید کز آتش به برگ کاه رسید

مرو به خواب که حافظ به بارگاه قبول
ز ورد نیم شب و درس صبحگاه رسید

غزل ۲۴۳

بوی خوش تو هر که ز باد صبا شنید
از یار آشنا سخن آشنا شنید

ای شاه حسن چشم به حال گدا فکن
کاین گوش بس حکایت شاه و گدا شنید

خوش می کنم به باده مشکین مشام جان
کز دلق پوش صومعه بوی ریا شنید

سر خدا که عارف سالک به کس نگفت
در حیرتم که باده فروش از کجا شنید

یا رب کجاست محرم رازی که یک زمان
دل شرح آن دهد که چه گفت و چه ها شنید

اینش سزا نبود دل حق گزار من
کز غمگسار خود سخن ناسزا شنید

محروم اگر شدم ز سر کوی او چه شد
از گلشن زمانه که بوی وفا شنید

ساقی بیا که عشق ندا می کند بلند
کان کس که گفت قصه ما هم ز ما شنید

ما باده زیر خرقه نه امروز می خوریم
صد بار پیر میکده این ماجرا شنید

ما می به بانگ چنگ نه امروز می کشیم
بس دور شد که گنبد چرخ این صدا شنید

پند حکیم محض صواب است و عین خیر
فرخنده آن کسی که به سمع رضا شنید

۲۱۴

www.rumispath.com

حافظ وظیفه تو دعا گفتن است و بس

در بند آن مباش که نشنید یا شنید

غزل ۲۴۴

معاشران گره از زلف یار باز کنید

شبی خوش است بدین قصه‌اش دراز کنید

حضور خلوت انس است و دوستان جمعند

وان یکاد بخوانید و در فراز کنید

رباب و چنگ به بانگ بلند می‌گویند

که گوش هوش به پیغام اهل راز کنید

به جان دوست که غم پرده بر شما ندرد

گر اعتماد بر الطاف کارساز کنید

میان عاشق و معشوق فرق بسیار است

چو یار ناز نماید شما نیاز کنید

نخست موعظه پیر صحبت این حرف است

که از مصاحب ناجنس احتراز کنید

هر آن کسی که در این حلقه نیست زنده به عشق

بر او نمرده به فتوای من نماز کنید

وگر طلب کند انعامی از شما حافظ

حوالتش به لب یار دلنواز کنید

غزل ۲۴۵

الا ای طوطی گویای اسرار
مبادا خالیت شکر ز منقار

سرت سبز و دلت خوش باد جاوید
که خوش نقشی نمودی از خط یار

سخن سربسته گفتی با حریفان
خدا را زین معما پرده بردار

به روی ما زن از ساغر گلابی
که خواب آلوده‌ایم ای بخت بیدار

چه ره بود این که زد در پرده مطرب
که می‌رقصند با هم مست و هشیار

از آن افیون که ساقی در می افکند
حریفان را نه سر ماند و نه دستار

سکندر را نمی‌بخشند آبی
به زور و زر میسر نیست این کار

بیا و حال اهل درد بشنو
به لفظ اندک و معنی بسیار

بت چینی عدوی دین و دل‌هاست
خداوندا دل و دینم نگه دار

به مستوران مگو اسرار مستی
حدیث جان مگو با نقش دیوار

به یمن دولت منصور شاهی
علم شد حافظ اندر نظم اشعار

خداوندی به جای بندگان کرد
خداوندا ز آفاتش نگه دار

غزل ۲۴۶

عید است و آخر گل و یاران در انتظار
ساقی به روی شاه ببین ماه و می بیار

دل برگرفته بودم از ایام گل ولی
کاری بکرد همت پاکان روزه دار

دل در جهان مبند و به مستی سؤال کن
از فیض جام و قصه جمشید کامکار

جز نقد جان به دست ندارم شراب کو
کان نیز بر کرشمه ساقی کنم نثار

خوش دولتیست خرم و خوش خسروی کریم
یا رب ز چشم زخم زمانش نگاه دار

می خور به شعر بنده که زیبی دگر دهد
جام مرصع تو بدین در شاهوار

گر فوت شد سحور چه نقصان صبوح هست
از می کنند روزه گشا طالبان یار

زان جا که پرده پوشی عفو کریم توست
بر قلب ما ببخش که نقدیست کم عیار

ترسم که روز حشر عنان بر عنان رود
تسبیح شیخ و خرقه رند شرابخوار

حافظ چو رفت روزه و گل نیز می رود
ناچار باده نوش که از دست رفت کار

غزل ۲۴۷

صبا ز منزل جانان گذر دریغ مدار
وز او به عاشق بی دل خبر دریغ مدار

به شکر آن که شکفتی به کام بخت ای گل
نسیم وصل ز مرغ سحر دریغ مدار

حریف عشق تو بودم چو ماه نو بودی
کنون که ماه تمامی نظر دریغ مدار

جهان و هر چه در او هست سهل و مختصر است
ز اهل معرفت این مختصر دریغ مدار

کنون که چشمه قند است لعل نوشینت
سخن بگوی و ز طوطی شکر دریغ مدار

مکارم تو به آفاق می برد شاعر
از او وظیفه و زاد سفر دریغ مدار

چو ذکر خیر طلب می کنی سخن این است
که در بهای سخن سیم و زر دریغ مدار

غبار غم برود حال خوش شود حافظ

۲۱۸

www.rumispath.com

تو آب دیده از این رهگذر دریغ مدار

غزل ۲۴۸

ای صبا نکهتی از کوی فلانی به من آر
زار و بیمار غمم راحت جانی به من آر

قلب بی حاصل ما را بزن اکسیر مراد
یعنی از خاک در دوست نشانی به من آر

در کمینگاه نظر با دل خویشم جنگ است
ز ابرو و غمزه او تیر و کمانی به من آر

در غریبی و فراق و غم دل پیر شدم
ساغر می ز کف تازه جوانی به من آر

منکران را هم از این می دو سه ساغر بچشان
وگر ایشان نستانند روانی به من آر

ساقیا عشرت امروز به فردا مفکن
یا ز دیوان قضا خط امانی به من آر

دلم از دست بشد دوش چو حافظ می‌گفت
کای صبا نکهتی از کوی فلانی به من آر

غزل ۲۴۹

ای صبا نکهتی از خاک ره یار بیار
ببر اندوه دل و مژده دلدار بیار

نکته‌ای روح فزا از دهن دوست بگو
نامه‌ای خوش خبر از عالم اسرار بیار

تا معطر کنم از لطف نسیم تو مشام
شمه‌ای از نفحات نفس یار بیار

به وفای تو که خاک ره آن یار عزیز
بی غباری که پدید آید از اغیار بیار

گردی از رهگذر دوست به کوری رقیب
بهر آسایش این دیده خونبار بیار

خامی و ساده دلی شیوه جانبازان نیست
خبری از بر آن دلبر عیار بیار

شکر آن را که تو در عشرتی ای مرغ چمن
به اسیران قفس مژده گلزار بیار

کام جان تلخ شد از صبر که کردم بی دوست
عشوه‌ای زان لب شیرین شکربار بیار

روزگاریست که دل چهره مقصود ندید
ساقیا آن قدح آینه کردار بیار

دلق حافظ به چه ارزد به می‌اش رنگین کن
وانگهش مست و خراب از سر بازار بیار

غزل ۲۵۰

روی بنمای و وجود خودم از یاد ببر
خرمن سوختگان را همه گو باد ببر

ما چو دادیم دل و دیده به طوفان بلا
گو بیا سیل غم و خانه ز بنیاد ببر

زلف چون عنبر خامش که ببوید هیهات
ای دل خام طمع این سخن از یاد ببر

سینه گو شعله آتشکده فارس بکش
دیده گو آب رخ دجله بغداد ببر

دولت پیر مغان باد که باقی سهل است
دیگری گو برو و نام من از یاد ببر

سعی نابرده در این راه به جایی نرسی
مزد اگر می‌طلبی طاعت استاد ببر

روز مرگم نفسی وعده دیدار بده
وان گهم تا به لحد فارغ و آزاد ببر

دوش می‌گفت به مژگان درازت بکشم
یا رب از خاطرش اندیشه بیداد ببر

حافظ اندیشه کن از نازکی خاطر یار
برو از درگهش این ناله و فریاد ببر

غزل ۲۵۱

شب وصل است و طی شد نامه هجر
سلام فیه حتی مطلع الفجر

دلا در عاشقی ثابت قدم باش

که در این ره نباشد کار بی اجر

من از رندی نخواهم کرد توبه
و لو آذیتنی بالهجر والحجر

برآی ای صبح روشن دل خدا را
که بس تاریک می‌بینم شب هجر

دلم رفت و ندیدم روی دلدار
فغان از این تطاول آه از این زجر

وفا خواهی جفاکش باش حافظ
فان الربح والخسران فی التجر

غزل ۲۵۲

گر بود عمر به میخانه رسم بار دگر
بجز از خدمت رندان نکنم کار دگر

خرم آن روز که با دیده گریان بروم
تا زنم آب در میکده یک بار دگر

معرفت نیست در این قوم خدا را سببی
تا برم گوهر خود را به خریدار دگر

یار اگر رفت و حق صحبت دیرین نشناخت
حاش لله که روم من ز پی یار دگر

گر مساعد شودم دایره چرخ کبود
هم به دست آورمش باز به پرگار دگر

عافیت می‌طلبد خاطرم ار بگذارند
غمزه شوخش و آن طره طرار دگر

راز سربسته ما بین که به دستان گفتند
هر زمان با دف و نی بر سر بازار دگر

هر دم از درد بنالم که فلک هر ساعت
کندم قصد دل ریش به آزار دگر

باز گویم نه در این واقعه حافظ تنهاست
غرقه گشتند در این بادیه بسیار دگر

غزل ۲۵۳

ای خرم از فروغ رخت لاله زار عمر
باز آ که ریخت بی گل رویت بهار عمر

از دیده گر سرشک چو باران چکد رواست
کاندر غمت چو برق بشد روزگار عمر

این یک دو دم که مهلت دیدار ممکن است
دریاب کار ما که نه پیداست کار عمر

تا کی می صبوح و شکرخواب بامداد
هشیار گرد هان که گذشت اختیار عمر

دی در گذار بود و نظر سوی ما نکرد
بیچاره دل که هیچ ندید از گذار عمر

اندیشه از محیط فنا نیست هر که را
بر نقطه دهان تو باشد مدار عمر

در هر طرف که ز خیل حوادث کمین گهیست
زان رو عنان گسسته دواند سوار عمر

بی عمر زنده‌ام من و این بس عجب مدار
روز فراق را که نهد در شمار عمر

حافظ سخن بگوی که بر صفحه جهان
این نقش ماند از قلمت یادگار عمر

غزل ۲۵٤

دیگر ز شاخ سرو سهی بلبل صبور
گلبانگ زد که چشم بد از روی گل به دور

ای گل بشکر آن که تویی پادشاه حسن
با بلبلان بی دل شیدا مکن غرور

از دست غیبت تو شکایت نمی کنم
تا نیست غیبتی نبود لذت حضور

گر دیگران به عیش و طرب خرمند و شاد
ما را غم نگار بود مایه سرور

زاهد اگر به حور و قصور است امیدوار
ما را شرابخانه قصور است و یار حور

می خور به بانگ چنگ و مخور غصه ور کسی
گوید تو را که باده مخور گو هوالغفور

حافظ شکایت از غم هجران چه می کنی

در هجر و وصل باشد و در ظلمت است نور

غزل ۲۵۵

یوسف گمگشته بازآید به کنعان غم مخور
کلبه احزان شود روزی گلستان غم مخور

ای دل غمدیده حالت به شود دل بد مکن
وین سر شوریده بازآید به سامان غم مخور

گر بهار عمر باشد باز بر تخت چمن
چتر گل در سر کشی ای مرغ خوشخوان غم مخور

دور گردون گر دو روزی بر مراد ما نرفت
دائما یکسان نباشد حال دوران غم مخور

هان مشو نومید چون واقف نه‌ای از سر غیب
باشد اندر پرده بازی‌های پنهان غم مخور

ای دل ار سیل فنا بنیاد هستی برکند
چون تو را نوح است کشتیبان ز طوفان غم مخور

در بیابان گر به شوق کعبه خواهی زد قدم
سرزنش‌ها گر کند خار مغیلان غم مخور

گر چه منزل بس خطرناک است و مقصد بس بعید
هیچ راهی نیست کان را نیست پایان غم مخور

حال ما در فرقت جانان و ابرام رقیب
جمله می‌داند خدای حال گردان غم مخور

حافظا در کنج فقر و خلوت شب‌های تار
تا بود وردت دعا و درس قرآن غم مخور

غزل ۲۵۶

نصیحتی کنمت بشنو و بهانه مگیر
هر آن چه ناصح مشفق بگویدت بپذیر

ز وصل روی جوانان تمتعی بردار
که در کمینگه عمر است مکر عالم پیر

نعیم هر دو جهان پیش عاشقان بجوی
که این متاع قلیل است و آن عطای کثیر

معاشری خوش و رودی بساز می‌خواهم
که درد خویش بگویم به ناله بم و زیر

بر آن سرم که ننوشم می و گنه نکنم
اگر موافق تدبیر من شود تقدیر

چو قسمت ازلی بی حضور ما کردند
گر اندکی نه به وفق رضاست خرده مگیر

چو لاله در قدحم ریز ساقیا می و مشک
که نقش خال نگارم نمی‌رود ز ضمیر

بیار ساغر در خوشاب ای ساقی
حسود گو کرم آصفی ببین و بمیر

به عزم توبه نهادم قدح ز کف صد بار
ولی کرشمه ساقی نمی‌کند تقصیر

می دوساله و محبوب چارده ساله
همین بس است مرا صحبت صغیر و کبیر

دل رمیده ما را که پیش می‌گیرد
خبر دهید به مجنون خسته از زنجیر

حدیث توبه در این بزمگه مگو حافظ
که ساقیان کمان ابرویت زنند به تیر

غزل ۲۵۷

روی بنما و مرا گو که ز جان دل برگیر
پیش شمع آتش پروانه به جان گو درگیر

در لب تشنه ما بین و مدار آب دریغ
بر سر کشته خویش آی و ز خاکش برگیر

ترک درویش مگیر ار نبود سیم و زرش
در غمت سیم شمار اشک و رخش را زر گیر

چنگ بنواز و بساز ار نبود عود چه باک
آتشم عشق و دلم عود و تنم مجمر گیر

در سماع آی و ز سر خرقه برانداز و برقص
ورنه با گوشه رو و خرقه ما در سر گیر

صوف برکش ز سر و باده صافی درکش
سیم درباز و به زر سیمبری در برگیر

دوست گو یار شو و هر دو جهان دشمن باش

بخت گو پشت مکن روی زمین لشکر گیر

میر رفتن مکن ای دوست دمی با ما باش

بر لب جوی طرب جوی و به کف ساغر گیر

رفته گیر از برم و ز آتش و آب دل و چشم

گونه‌ام زرد و لبم خشک و کنارم تر گیر

حافظ آراسته کن بزم و بگو واعظ را

که ببین مجلسم و ترک سر منبر گیر

غزل ۲۵۸

هزار شکر که دیدم به کام خویشت باز

ز روی صدق و صفا گشته با دلم دمساز

روندگان طریقت ره بلا سپرند

رفیق عشق چه غم دارد از نشیب و فراز

غم حبیب نهان به ز گفت و گوی رقیب

که نیست سینه ارباب کینه محرم راز

اگر چه حسن تو از عشق غیر مستغنیست

من آن نیم که از این عشقبازی آیم باز

چه گویمت که ز سوز درون چه می‌بینم

ز اشک پرس حکایت که من نیم غماز

چه فتنه بود که مشاطه قضا انگیخت

که کرد نرگس مستش سیه به سرمه ناز

بدین سپاس که مجلس منور است به دوست
گرت چو شمع جفایی رسد بسوز و بساز

غرض کرشمه حسن است ورنه حاجت نیست
جمال دولت محمود را به زلف ایاز

غزل سرایی ناهید صرفه‌ای نبرد
در آن مقام که حافظ برآورد آواز

غزل ۲۵۹

منم که دیده به دیدار دوست کردم باز
چه شکر گویمت ای کارساز بنده نواز

نیازمند بلا گو رخ از غبار مشوی
که کیمیای مراد است خاک کوی نیاز

ز مشکلات طریقت عنان متاب ای دل
که مرد راه نیندیشد از نشیب و فراز

طهارت ار نه به خون جگر کند عاشق
به قول مفتی عشقش درست نیست نماز

در این مقام مجازی بجز پیاله مگیر
در این سراچه بازیچه غیر عشق مباز

به نیم بوسه دعایی بخر ز اهل دلی
که کید دشمنت از جان و جسم دارد باز

فکند زمزمه عشق در حجاز و عراق
نوای بانگ غزل‌های حافظ از شیراز

غزل ۲۶۰

ای سرو ناز حسن که خوش می روی به ناز
عشاق را به ناز تو هر لحظه صد نیاز

فرخنده باد طلعت خوبت که در ازل
ببریده اند بر قد سروت قبای ناز

آن را که بوی عنبر زلف تو آرزوست
چون عود گو بر آتش سودا بسوز و ساز

پروانه را ز شمع بود سوز دل ولی
بی شمع عارض تو دلم را بود گداز

صوفی که بی تو توبه ز می کرده بود دوش
بشکست عهد چون در میخانه دید باز

از طعنه رقیب نگردد عیار من
چون زر اگر برند مرا در دهان گاز

دل کز طواف کعبه کویت وقوف یافت
از شوق آن حریم ندارد سر حجاز

هر دم به خون دیده چه حاجت وضو چو نیست
بی طاق ابروی تو نماز مرا جواز

چون باده باز بر سر خم رفت کف زنان
حافظ که دوش از لب ساقی شنید راز

غزل ۲۶۱

درآ که در دل خسته توان درآید باز
بیا که در تن مرده روان درآید باز

بیا که فرقت تو چشم من چنان دربست
که فتح باب وصالت مگر گشاید باز

غمی که چون سپه زنگ ملک دل بگرفت
ز خیل شادی روم رخت زداید باز

به پیش آینه دل هر آن چه می‌دارم
بجز خیال جمالت نمی‌نماید باز

بدان مثل که شب آبستن است روز از تو
ستاره می‌شمرم تا که شب چه زاید باز

بیا که بلبل مطبوع خاطر حافظ
به بوی گلبن وصل تو می‌سراید باز

غزل ۲۶۲

حال خونین دلان که گوید باز
واز فلک خون خم که جوید باز

شرمش از چشم می‌پرستان باد
نرگس مست اگر بروید باز

جز فلاطون خم نشین شراب
سر حکمت به ما که گوید باز

هر که چون لاله کاسه گردان شد
زین جفا رخ به خون بشوید باز

نگشاید دلم چو غنچه اگر
ساغری از لبش نبوید باز

بس که در پرده چنگ گفت سخن
ببرش موی تا نموید باز

گرد بیت الحرام خم حافظ
گر نمیرد به سر بپوید باز

غزل ۲۶۳

بیا و کشتی ما در شط شراب انداز
خروش و ولوله در جان شیخ و شاب انداز

مرا به کشتی باده درافکن ای ساقی
که گفته‌اند نکویی کن و در آب انداز

ز کوی میکده برگشته‌ام ز راه خطا
مرا دگر ز کرم با ره صواب انداز

بیار زان می گلرنگ مشکبو جامی
شرار رشک و حسد در دل گلاب انداز

اگر چه مست و خرابم تو نیز لطفی کن
نظر بر این دل سرگشته خراب انداز

به نیم شب اگرت آفتاب می‌باید
ز روی دختر گلچهر رز نقاب انداز

مهل که روز وفاتم به خاک بسپارند
مرا به میکده بر در خم شراب انداز

ز جور چرخ چو حافظ به جان رسید دلت
به سوی دیو محن ناوک شهاب انداز

غزل ۲۶۴

خیز و در کاسه زر آب طربناک انداز
پیشتر زان که شود کاسه سر خاک انداز

عاقبت منزل ما وادی خاموشان است
حالیا غلغله در گنبد افلاک انداز

چشم آلوده نظر از رخ جانان دور است
بر رخ او نظر از آینه پاک انداز

به سر سبز تو ای سرو که گر خاک شوم
ناز از سر بنه و سایه بر این خاک انداز

دل ما را که ز مار سر زلف تو بخست
از لب خود به شفاخانه تریاک انداز

ملک این مزرعه دانی که ثباتی ندهد
آتشی از جگر جام در املاک انداز

غسل در اشک زدم کاهل طریقت گویند
پاک شو اول و پس دیده بر آن پاک انداز

یا رب آن زاهد خودبین که بجز عیب ندید

دود آهیش در آینه ادراک انداز

چون گل از نکهت او جامه قبا کن حافظ
وین قبا در ره آن قامت چالاک انداز

غزل ۲۶۵

برنیامد از تمنای لبت کامم هنوز
بر امید جام لعلت دردی آشامم هنوز

روز اول رفت دینم در سر زلفین تو
تا چه خواهد شد در این سودا سرانجامم هنوز

ساقیا یک جرعه‌ای زان آب آتشگون که من
در میان پختگان عشق او خامم هنوز

از خطا گفتم شبی زلف تو را مشک ختن
می زند هر لحظه تیغی مو بر اندامم هنوز

پرتو روی تو تا در خلوتم دید آفتاب
می رود چون سایه هر دم بر در و بامم هنوز

نام من رفته‌ست روزی بر لب جانان به سهو
اهل دل را بوی جان می آید از نامم هنوز

در ازل داده‌ست ما را ساقی لعل لبت
جرعه جامی که من مدهوش آن جامم هنوز

ای که گفتی جان بده تا باشدت آرام جان
جان به غم‌هایش سپردم نیست آرامم هنوز

در قلم آورد حافظ قصه لعل لبش
آب حیوان می‌رود هر دم ز اقلامم هنوز

غزل ۲۶۶

دلم رمیده لولی وشیست شورانگیز
دروغ وعده و قتال وضع و رنگ آمیز

فدای پیرهن چاک ماه رویان باد
هزار جامه تقوا و خرقه پرهیز

خیال خال تو با خود به خاک خواهم برد
که تا ز خال تو خاکم شود عبیرآمیز

فرشته عشق نداند که چیست ای ساقی
بخواه جام و گلابی به خاک آدم ریز

پیاله بر کفنم بند تا سحرگه حشر
به می ز دل ببرم هول روز رستاخیز

فقیر و خسته به درگاهت آمدم رحمی
که جز ولای توام نیست هیچ دست آویز

بیا که هاتف میخانه دوش با من گفت
که در مقام رضا باش و از قضا مگریز

میان عاشق و معشوق هیچ حائل نیست
تو خود حجاب خودی حافظ از میان برخیز

غزل ۲۶۷

Khājeh Shams-od-Dīn Mohammad HāfeZ-e Shīrāzī

ای صبا گر بگذری بر ساحل رود ارس
بوسه زن بر خاک آن وادی و مشکین کن نفس

منزل سلمی که بادش هر دم از ما صد سلام
پر صدای ساربانان بینی و بانگ جرس

محمل جانان بوس آنگه به زاری عرضه دار
کز فراقت سوختم ای مهربان فریادرس

من که قول ناصحان را خواندمی قول رباب
گوشمالی دیدم از هجران که اینم پندبس

عشرت شبگیر کن می نوش کاندر راه عشق
شب روان را آشنایی هاست با میر عسس

عشقبازی کار بازی نیست ای دل سر بباز
زان که گوی عشق نتوان زد به چوگان هوس

دل به رغبت می سپارد جان به چشم مست یار
گر چه هشیاران ندادند اختیار خود به کس

طوطیان در شکرستان کامرانی می کنند
و از تحسّر دست بر سر می زند مسکین مگس

نام حافظ گر برآید بر زبان کلک دوست
از جناب حضرت شاهم بس است این ملتمس

غزل ۲۶۸

گلعذاری ز گلستان جهان ما را بس

۲۳۶

زین چمن سایه آن سرو روان ما را بس

من و همصحبتی اهل ریا دورم باد
از گرانان جهان رطل گران ما را بس

قصر فردوس به پاداش عمل می‌بخشند
ما که رندیم و گدا دیر مغان ما را بس

بنشین بر لب جوی و گذر عمر ببین
کاین اشارت ز جهان گذران ما را بس

نقد بازار جهان بنگر و آزار جهان
گر شما را نه بس این سود و زیان ما را بس

یار با ماست چه حاجت که زیادت طلبیم
دولت صحبت آن مونس جان ما را بس

از در خویش خدا را به بهشتم مفرست
که سر کوی تو از کون و مکان ما را بس

حافظ از مشرب قسمت گله ناانصافیست
طبع چون آب و غزل‌های روان ما را بس

غزل ۲۶۹

دلا رفیق سفر بخت نیکخواهت بس
نسیم روضه شیراز پیک راهت بس

دگر ز منزل جانان سفر مکن درویش
که سیر معنوی و کنج خانقاهت بس

Khājeh Shams-od-Dīn Mohammad HāfeZ-e Shīrāzī

وگر کمین بگشاید غمی ز گوشه دل

حریم درگه پیر مغان پناهت بس

به صدر مصطبه بنشین و ساغر می نوش

که این قدر ز جهان کسب مال و جاهت بس

زیادتی مطلب کار بر خود آسان کن

صراحی می لعل و بتی چو ماهت بس

فلک به مردم نادان دهد زمام مراد

تو اهل فضلی و دانش همین گناهت بس

هوای مسکن مألوف و عهد یار قدیم

ز ره روان سفرکرده عذرخواهت بس

به منت دگران خو مکن که در دو جهان

رضای ایزد و انعام پادشاهت بس

به هیچ ورد دگر نیست حاجت ای حافظ

دعای نیم شب و درس صبحگاهت بس

غزل ۲۷۰

درد عشقی کشیده‌ام که مپرس

زهر هجری چشیده‌ام که مپرس

گشته‌ام در جهان و آخر کار

دلبری برگزیده‌ام که مپرس

آن چنان در هوای خاک درش

می رود آب دیده‌ام که مپرس

من به گوش خود از دهانش دوش

سخنانی شنیده‌ام که مپرس

سوی من لب چه می‌گزی که مگوی

لب لعلی گزیده‌ام که مپرس

بی تو در کلبه گدایی خویش

رنج‌هایی کشیده‌ام که مپرس

همچو حافظ غریب در ره عشق

به مقامی رسیده‌ام که مپرس

غزل ۲۷۱

دارم از زلف سیاهش گله چندان که مپرس

که چنان زاو شده‌ام بی سر و سامان که مپرس

کس به امید وفا ترک دل و دین مکناد

که چنانم من از این کرده پشیمان که مپرس

به یکی جرعه که آزار کسش در پی نیست

زحمتی می‌کشم از مردم نادان که مپرس

زاهد از ما به سلامت بگذر کاین می لعل

دل و دین می‌برد از دست بدان سان که مپرس

گفت و گوهاست در این راه که جان بگدازد

هر کسی عربده‌ای این که مبین آن که مپرس

پارسایی و سلامت هوسم بود ولی

شیوه‌ای می‌کند آن نرگس فتان که مپرس

گفتم از گوی فلک صورت حالی پرسم
گفت آن می‌کشم اندر خم چوگان که مپرس

گفتمش زلف به خون که شکستی گفتا
حافظ این قصه دراز است به قرآن که مپرس

غزل ۲۷۲

باز آی و دل تنگ مرا مونس جان باش
وین سوخته را محرم اسرار نهان باش

زان باده که در میکده عشق فروشند
ما را دو سه ساغر بده و گو رمضان باش

در خرقه چو آتش زدی ای عارف سالک
جهدی کن و سرحلقه رندان جهان باش

دلدار که گفتا به توام دل نگران است
گو می‌رسم اینک به سلامت نگران باش

خون شد دلم از حسرت آن لعل روان‌بخش
ای درج محبت به همان مهر و نشان باش

تا بر دلش از غصه غباری ننشیند
ای سیل سرشک از عقب نامه روان باش

حافظ که هوس می‌کندش جام جهان‌بین
گو در نظر آصف جمشید مکان باش

غزل ۲۷۳

اگر رفیق شفیقی درست پیمان باش
حریف خانه و گرمابه و گلستان باش

شکنج زلف پریشان به دست باد مده
مگو که خاطر عشاق گو پریشان باش

گرت هواست که با خضر همنشین باشی
نهان ز چشم سکندر چو آب حیوان باش

زبور عشق نوازی نه کار هر مرغیست
بیا و نوگل این بلبل غزل خوان باش

طریق خدمت و آیین بندگی کردن
خدای را که رها کن به ما و سلطان باش

دگر به صید حرم تیغ برمکش زنهار
وز آن که با دل ما کردهای پشیمان باش

تو شمع انجمنی یک زبان و یک دل شو
خیال و کوشش پروانه بین و خندان باش

کمال دلبری و حسن در نظربازیست
به شیوه نظر از نادران دوران باش

خموش حافظ و از جور یار ناله مکن
تو را که گفت که در روی خوب حیران باش

غزل ۲۷٤

به دور لاله قدح گیر و بی ریا می باش
به بوی گل نفسی همدم صبا می باش

نگویمت که همه ساله می پرستی کن
سه ماه می خور و نه ماه پارسا می باش

چو پیر سالک عشقت به می حواله کند
بنوش و منتظر رحمت خدا می باش

گرت هواست که چون جم به سر غیب رسی
بیا و همدم جام جهان نما می باش

چو غنچه گر چه فروبستگیست کار جهان
تو همچو باد بهاری گره گشا می باش

وفا مجوی ز کس ور سخن نمی شنوی
به هرزه طالب سیمرغ و کیمیا می باش

مرید طاعت بیگانگان مشو حافظ
ولی معاشر رندان پارسا می باش

غزل ۲۷۵

صوفی گل بچین و مرقع به خار بخش
وین زهد خشک را به می خوشگوار بخش

طامات و شطح در ره آهنگ چنگ نه
تسبیح و طیلسان به می و میکسار بخش

زهد گران که شاهد و ساقی نمی خرند

در حلقهٔ چمن به نسیم بهار بخش

راهم شراب لعل زد ای میر عاشقان
خون مرا به چاه زنخدان یار بخش

یا رب به وقت گل گنه بنده عفو کن
وین ماجرا به سرو لب جویبار بخش

ای آن که ره به مشرب مقصود برده‌ای
زین بحر قطره‌ای به من خاکسار بخش

شکرانه را که چشم تو روی بتان ندید
ما را به عفو و لطف خداوندگار بخش

ساقی چو شاه نوش کند باده صبوح
گو جام زر به حافظ شب زنده‌دار بخش

غزل ۲۷۶

باغبان گر پنج روزی صحبت گل بایدش
بر جفای خار هجران صبر بلبل بایدش

ای دل اندر بند زلفش از پریشانی منال
مرغ زیرک چون به دام افتد تحمل بایدش

رند عالم سوز را با مصلحت بینی چه کار
کار ملک است آن که تدبیر و تامل بایدش

تکیه بر تقوا و دانش در طریقت کافریست
راهرو گر صد هنر دارد توکل بایدش

با چنین زلف و رخش باد نظربازی حرام
هر که روی یاسمین و جعد سنبل بایدش

نازها زان نرگس مستانه‌اش باید کشید
این دل شوریده تا آن جعد و کاکل بایدش

ساقیا در گردش ساغر تعلل تا به چند
دور چون با عاشقان افتد تسلسل بایدش

کیست حافظ تا ننوشد باده بی آواز رود
عاشق مسکین چرا چندین تجمل بایدش

غزل ۲۷۷

فکر بلبل همه آن است که گل شد یارش
گل در اندیشه که چون عشوه کند در کارش

دلربایی همه آن نیست که عاشق بکشند
خواجه آن است که باشد غم خدمتکارش

جای آن است که خون موج زند در دل لعل
زین تغابن که خزف می‌شکند بازارش

بلبل از فیض گل آموخت سخن ور نه نبود
این همه قول و غزل تعبیه در منقارش

ای که در کوچه معشوقه ما می‌گذری
بر حذر باش که سر می‌شکند دیوارش

آن سفرکرده که صد قافله دل همره اوست
هر کجا هست خدایا به سلامت دارش

صحبت عافیتت گرچه خوش افتاد ای دل
جانب عشق عزیز است فرو مگذارش

صوفی سرخوش از این دست که کج کرد کلاه
به دو جام دگر آشفته شود دستارش

دل حافظ که به دیدار تو خوگر شده بود
نازپرورد وصال است مجو آزارش

غزل ۲۷۸

شراب تلخ می خواهم که مردافکن بود زورش
که تا یک دم بیاسایم ز دنیا و شر و شورش

سماط دهر دون پرور ندارد شهد آسایش
مذاق حرص و آز ای دل بشو از تلخ و از شورش

بیاور می که نتوان شد ز مکر آسمان ایمن
به لعب زهره چنگی و مریخ سلحشورش

کمند صید بهرامی بیفکن جام جم بردار
که من پیمودم این صحرا نه بهرام است و نه گورش

بیا تا در می صافیت راز دهر بنمایم
به شرط آن که ننمایی به کج طبعان دل کورش

نظر کردن به درویشان منافی بزرگی نیست
سلیمان با چنان حشمت نظرها بود با مورش

کمان ابروی جانان نمی پیچد سر از حافظ

ولیکن خنده می آید بدین بازوی بی زورش

غزل ۲۷۹

خوشا شیراز و وضع بی مثالش
خداوندا نگه دار از زوالش

ز رکن آباد ما صد لوحش الله
که عمر خضر می بخشد زلالش

میان جعفرآباد و مصلا
عبیرآمیز می آید شمالش

به شیراز آی و فیض روح قدسی
بجوی از مردم صاحب کمالش

که نام قند مصری برد آن جا
که شیرینان ندادند انفعالش

صبا زان لولی شنگول سرمست
چه داری آگهی چون است حالش

گر آن شیرین پسر خونم بریزد
دلا چون شیر مادر کن حلالش

مکن از خواب بیدارم خدا را
که دارم خلوتی خوش با خیالش

چرا حافظ چو می ترسیدی از هجر
نکردی شکر ایام وصالش

غزل ۲۸۰

چو برشکست صبا زلف عنبرافشانش
به هر شکسته که پیوست تازه شد جانش

کجاست همنفسی تا به شرح عرضه دهم
که دل چه می‌کشد از روزگار هجرانش

زمانه از ورق گل مثال روی تو بست
ولی ز شرم تو در غنچه کرد پنهانش

تو خفته‌ای و نشد عشق را کرانه پدید
تبارک الله از این ره که نیست پایانش

جمال کعبه مگر عذر ره روان خواهد
که جان زنده دلان سوخت در بیابانش

بدین شکسته بیت الحزن که می‌آرد
نشان یوسف دل از چه زنخدانش

بگیرم آن سر زلف و به دست خواجه دهم
که سوخت حافظ بی‌دل ز مکر و دستانش

غزل ۲۸۱

یا رب این نوگل خندان که سپردی به منش
می‌سپارم به تو از چشم حسود چمنش

گر چه از کوی وفا گشت به صد مرحله دور
دور باد آفت دور فلک از جان و تنش

گر به سر منزل سلمی رسی ای باد صبا
چشم دارم که سلامی برسانی ز منش

به ادب نافه گشایی کن از آن زلف سیاه
جای دل های عزیز است به هم برمزنش

گو دلم حق وفا با خط و خالت دارد
محترم دار در آن طره عنبر شکنش

در مقامی که به یاد لب او می نوشند
سفله آن مست که باشد خبر از خویشتنش

عرض و مال از در میخانه نشاید اندوخت
هر که این آب خورد رخت به دریا فکنش

هر که ترسد ز ملال انده عشقش نه حلال
سر ما و قدمش یا لب ما و دهنش

شعر حافظ همه بیت الغزل معرفت است
آفرین بر نفس دلکش و لطف سخنش

غزل ۲۸۲

ببرد از من قرار و طاقت و هوش
بت سنگین دل سیمین بناگوش

نگاری چابکی شنگی کله‌دار
ظریفی مه وشی ترکی قباپوش

ز تاب آتش سودای عشقش

به سان چنگ دایم می زنم جوش

چو پیراهن شوم آسوده خاطر
گرش همچون قبا گیرم در آغوش

اگر پوسیده گردد استخوانم
نگردد مهرت از جانم فراموش

دل و دینم دل و دینم ببرده ست
بر و دوشش بر و دوشش بر و دوش

دوای تو دوای توست حافظ
لب نوشش لب نوشش لب نوش

غزل ۲۸۳

سحر ز هاتف غیبم رسید مژده به گوش
که دور شاه شجاع است می دلیر بنوش

شد آن که اهل نظر بر کناره می رفتند
هزار گونه سخن در دهان و لب خاموش

به صوت چنگ بگوییم آن حکایت ها
که از نهفتن آن دیگ سینه می زد جوش

شراب خانگی ترس محتسب خورده
به روی یار بنوشیم و بانگ نوشانوش

ز کوی میکده دوشش به دوش می بردند
امام شهر که سجاده می کشید به دوش

Khājeh Shams-od-Dīn Mohammad HāfeZ-e Shīrāzī

دلا دلالت خیرت کنم به راه نجات
مکن به فسق مباهات و زهد هم مفروش

محل نور تجلیست رای انور شاه
چو قرب او طلبی در صفای نیت کوش

بجز ثنای جلالش مساز ورد ضمیر
که هست گوش دلش محرم پیام سروش

رموز مصلحت ملک خسروان دانند
گدای گوشه نشینی تو حافظا مخروش

غزل ۲۸۴

هاتفی از گوشه میخانه دوش
گفت ببخشند گنه می بنوش

لطف الهی بکند کار خویش
مژده رحمت برساند سروش

این خرد خام به میخانه بر
تا می لعل آوردش خون به جوش

گر چه وصالش نه به کوشش دهند
هر قدر ای دل که توانی بکوش

لطف خدا بیشتر از جرم ماست
نکته سربسته چه دانی خموش

گوش من و حلقه گیسوی یار
روی من و خاک در می فروش

۲۵۰

رندی حافظ نه گناهیست صعب

با کرم پادشه عیب پوش

داور دین شاه شجاع آن که کرد

روح قدس حلقه امرش به گوش

ای ملک العرش مرادش بده

واز خطر چشم بدش دار گوش

غزل ۲۸۵

در عهد پادشاه خطابخش جرم پوش

حافظ قرابه کش شد و مفتی پیاله نوش

صوفی ز کنج صومعه با پای خم نشست

تا دید محتسب که سبو می‌کشد به دوش

احوال شیخ و قاضی و شرب الیهودشان

کردم سؤال صبحدم از پیر می فروش

گفتا نه گفتنیست سخن گر چه محرمی

درکش زبان و پرده نگه دار و می بنوش

ساقی بهار می رسد و وجه می نماند

فکری بکن که خون دل آمد ز غم به جوش

عشق است و مفلسی و جوانی و نوبهار

عذرم پذیر و جرم به ذیل کرم بپوش

تا چند همچو شمع زبان آوری کنی

پروانه مراد رسید ای محب خموش

ای پادشاه صورت و معنی که مثل تو
نادیده هیچ دیده و نشنیده هیچ گوش

چندان بمان که خرقه ازرق کند قبول
بخت جوانت از فلک پیر ژنده پوش

غزل ۲۸۶

دوش با من گفت پنهان کاردانی تیزهوش
وز شما پنهان نشاید کرد سر می فروش

گفت آسان گیر بر خود کارها کز روی طبع
سخت می گردد جهان بر مردمان سختکوش

وانگهم درداد جامی کز فروغش بر فلک
زهره در رقص آمد و بربط زنان می گفت نوش

با دل خونین لب خندان بیاور همچو جام
نی گرت زخمی رسد آیی چو چنگ اندر خروش

تا نگردی آشنا زین پرده رمزی نشنوی
گوش نامحرم نباشد جای پیغام سروش

گوش کن پند ای پسر وز بهر دنیا غم مخور
گفتمت چون در حدیثی گر توانی داشت هوش

در حریم عشق نتوان زد دم از گفت و شنید
زان که آن جا جمله اعضا چشم باید بود و گوش

بر بساط نکته‌دانان خودفروشی شرط نیست
یا سخن دانسته گو ای مرد عاقل یا خموش

ساقیا می ده که رندی‌های حافظ فهم کرد
آصف صاحب قران جرم بخش عیب پوش

غزل ۲۸۷

ای همه شکل تو مطبوع و همه جای تو خوش
دلم از عشوه شیرین شکرخای تو خوش

همچو گلبرگ طری هست وجود تو لطیف
همچو سرو چمن خلد سراپای تو خوش

شیوه و ناز تو شیرین خط و خال تو ملیح
چشم و ابروی تو زیبا قد و بالای تو خوش

هم گلستان خیالم ز تو پرنقش و نگار
هم مشام دلم از زلف سمن سای تو خوش

در ره عشق که از سیل بلا نیست گذار
کرده‌ام خاطر خود را به تمنای تو خوش

شکر چشم تو چه گویم که بدان بیماری
می‌کند درد مرا از رخ زیبای تو خوش

در بیابان طلب گر چه ز هر سو خطریست
می‌رود حافظ بی‌دل به تولای تو خوش

غزل ۲۸۸

کنار آب و پای بید و طبع شعر و یاری خوش
معاشر دلبری شیرین و ساقی گلعذاری خوش

الا ای دولتی طالع که قدر وقت می‌دانی
گوارا بادت این عشرت که داری روزگاری خوش

هر آن کس را که در خاطر ز عشق دلبری باریست
سپندی گو بر آتش نه که دارد کار و باری خوش

عروس طبع را زیور ز فکر بکر می‌بندم
بود کز دست ایامم به دست افتد نگاری خوش

شب صحبت غنیمت دان و داد خوشدلی بستان
که مهتابی دل‌افروز است و طرف لاله‌زاری خوش

می‌ای در کاسه چشم است ساقی را بنامیزد
که مستی می‌کند با عقل و می‌بخشد خماری خوش

به غفلت عمر شد حافظ بیا با ما به میخانه
که شنگولان خوش باشت بیاموزند کاری خوش

غزل ۲۸۹

مجمع خوبی و لطف است عذار چو مهش
لیکنش مهر و وفا نیست خدایا بدهش

دلبرم شاهد و طفل است و به بازی روزی
بکشد زارم و در شرع نباشد گنهش

من همان به که از او نیک نگه دارم دل

که بد و نیک ندیده ست و ندارد نگهش

بوی شیر از لب همچون شکرش می‌آید
گر چه خون می‌چکد از شیوه چشم سیهش

چارده ساله بتی چابک شیرین دارم
که به جان حلقه به گوش است مه چاردهش

از پی آن گل نورسته دل ما یا رب
خود کجا شد که ندیدیم در این چند گهش

یار دلدار من ار قلب بدین سان شکند
ببرد زود به جانداری خود پادشهش

جان به شکرانه کنم صرف گر آن دانه در
صدف سینه حافظ بود آرامگهش

غزل ۲۹۰

دلم رمیده شد و غافلم من درویش
که آن شکاری سرگشته را چه آمد پیش

چو بید بر سر ایمان خویش می‌لرزم
که دل به دست کمان ابرویی است کافرکیش

خیال حوصله بحر می‌پزد هیهات
چه‌هاست در سر این قطره محال اندیش

بنازم آن مژه شوخ عافیت کش را
که موج می‌زندش آب نوش بر سر نیش

Educational Code: RPI-QP-002

ز آستین طبیبان هزار خون بچکد
گرم به تجربه دستی نهند بر دل ریش

به کوی میکده گریان و سرفکنده روم
چرا که شرم همی آیدم ز حاصل خویش

نه عمر خضر بماند نه ملک اسکندر
نزاع بر سر دنیی دون مکن درویش

بدان کمر نرسد دست هر گدا حافظ
خزانه‌ای به کف آور ز گنج قارون بیش

غزل ۲۹۱

ما آزموده‌ایم در این شهر بخت خویش
بیرون کشید باید از این ورطه رخت خویش

از بس که دست می‌گزم و آه می‌کشم
آتش زدم چو گل به تن لخت لخت خویش

دوشم ز بلبلی چه خوش آمد که می‌سرود
گل گوش پهن کرده ز شاخ درخت خویش

کای دل تو شاد باش که آن یار تندخو
بسیار تندروی نشیند ز بخت خویش

خواهی که سخت و سست جهان بر تو بگذرد
بگذر ز عهد سست و سخن‌های سخت خویش

وقت است کز فراق تو وز سوز اندرون
آتش درافکنم به همه رخت و پخت خویش

ای حافظ ار مراد میسر شدی مدام
جمشید نیز دور نماندی ز تخت خویش

غزل ۲۹۲

قسم به حشمت و جاه و جلال شاه شجاع
که نیست با کسم از بهر مال و جاه نزاع

شراب خانگیم بس می مغانه بیار
حریف باده رسید ای رفیق توبه وداع

خدای را به می ام شست و شوی خرقه کنید
که من نمی شنوم بوی خیر از این اوضاع

ببین که رقص کنان می رود به ناله چنگ
کسی که رخصه نفرمودی استماع سماع

به عاشقان نظری کن به شکر این نعمت
که من غلام مطیعم تو پادشاه مطاع

به فیض جرعه جام تو تشنه‌ایم ولی
نمی کنیم دلیری نمی دهیم صداع

جبین و چهره حافظ خدا جدا مکناد
ز خاک بارگه کبریای شاه شجاع

غزل ۲۹۳

بامدادان که ز خلوتگه کاخ ابداع

شمع خاور فکند بر همه اطراف شعاع

برکشد آینه از جیب افق چرخ و در آن
بنماید رخ گیتی به هزاران انواع

در زوایای طربخانه جمشید فلک
ارغنون ساز کند زهره به آهنگ سماع

چنگ در غلغله آید که کجا شد منکر
جام در قهقهه آید که کجا شد مناع

وضع دوران بنگر ساغر عشرت برگیر
که به هر حالتی این است بهین اوضاع

طره شاهد دنیی همه بند است و فریب
عارفان بر سر این رشته نجویند نزاع

عمر خسرو طلب ار نفع جهان می خواهی
که وجودیست عطابخش کریم نفاع

مظهر لطف ازل روشنی چشم امل
جامع علم و عمل جان جهان شاه شجاع

غزل ۲۹۴

در وفای عشق تو مشهور خوبانم چو شمع
شب نشین کوی سربازان و رندانم چو شمع

روز و شب خوابم نمی آید به چشم غم پرست
بس که در بیماری هجر تو گریانم چو شمع

رشته صبرم به مقراض غمت ببریده شد
همچنان در آتش مهر تو سوزانم چو شمع

گر کمیت اشک گلگونم نبودی گرم رو
کی شدی روشن به گیتی راز پنهانم چو شمع

در میان آب و آتش همچنان سرگرم توست
این دل زار نزار اشک بارانم چو شمع

در شب هجران مرا پروانه وصلی فرست
ور نه از دردت جهانی را بسوزانم چو شمع

بی جمال عالم آرای تو روزم چون شب است
با کمال عشق تو در عین نقصانم چو شمع

کوه صبرم نرم شد چون موم در دست غمت
تا در آب و آتش عشقت گدازانم چو شمع

همچو صبحم یک نفس باقیست با دیدار تو
چهره بنما دلبرا تا جان برافشانم چو شمع

سرفرازم کن شبی از وصل خود ای نازنین
تا منور گردد از دیدارت ایوانم چو شمع

آتش مهر تو را حافظ عجب در سر گرفت
آتش دل کی به آب دیده بنشانم چو شمع

غزل ۲۹۵

سحر به بوی گلستان دمی شدم در باغ
که تا چو بلبل بی دل کنم علاج دماغ

به جلوه گل سوری نگاه می کردم
که بود در شب تیره به روشنی چو چراغ

چنان به حسن و جوانی خویشتن مغرور
که داشت از دل بلبل هزار گونه فراغ

گشاده نرگس رعنا ز حسرت آب از چشم
نهاده لاله ز سودا به جان و دل صد داغ

زبان کشیده چو تیغی به سرزنش سوسن
دهان گشاده شقایق چو مردم ایغاغ

یکی چو باده پرستان صراحی اندر دست
یکی چو ساقی مستان به کف گرفته ایاغ

نشاط و عیش و جوانی چو گل غنیمت دان
که حافظا نبود بر رسول غیر بلاغ

غزل ۲۹۶

طالع اگر مدد دهد دامنش آورم به کف
گر بکشم زهی طرب ور بکشد زهی شرف

طرف کرم ز کس نبست این دل پرامید من
گر چه سخن همی برد قصه من به هر طرف

از خم ابروی توام هیچ گشایشی نشد
وه که در این خیال کج عمر عزیز شد تلف

ابروی دوست کی شود دستکش خیال من

کس نزده‌ست از این کمان تیر مراد بر هدف

چند به ناز پرورم مهر بتان سنگدل
یاد پدر نمی‌کنند این پسران ناخلف

من به خیال زاهدی گوشه‌نشین و طرفه آنک
مغبچه‌ای ز هر طرف می‌زندم به چنگ و دف

بی‌خبرند زاهدان نقش بخوان و لاتقل
مست ریاست محتسب باده بده و لاتخف

صوفی شهر بین که چون لقمه شبهه می‌خورد
پاردمش دراز باد آن حیوان خوش علف

حافظ اگر قدم زنی در ره خاندان به صدق
بدرقه رهت شود همت شحنه نجف

غزل ۲۹۷

زبان خامه ندارد سر بیان فراق
وگرنه شرح دهم با تو داستان فراق

دریغ مدت عمرم که بر امید وصال
به سر رسید و نیامد به سر زمان فراق

سری که بر سر گردون به فخر می‌سودم
به راستان که نهادم بر آستان فراق

چگونه باز کنم بال در هوای وصال
که ریخت مرغ دلم پر در آشیان فراق

کنون چه چاره که در بحر غم به گردابی
فتاد زورق صبرم ز بادبان فراق

بسی نماند که کشتی عمر غرقه شود
ز موج شوق تو در بحر بی‌کران فراق

اگر به دست من افتد فراق را بکشم
که روز هجر سیه باد و خان و مان فراق

رفیق خیل خیالیم و همنشین شکیب
قرین آتش هجران و هم قران فراق

چگونه دعوی وصلت کنم به جان که شده ست
تنم وکیل قضا و دلم ضمان فراق

ز سوز شوق دلم شد کباب دور از یار
مدام خون جگر می‌خورم ز خوان فراق

فلک چو دید سرم را اسیر چنبر عشق
ببست گردن صبرم به ریسمان فراق

به پای شوق گر این ره به سر شدی حافظ
به دست هجر ندادی کسی عنان فراق

غزل ۲۹۸

مقام امن و می بی‌غش و رفیق شفیق
گرت مدام میسر شود زهی توفیق

جهان و کار جهان جمله هیچ بر هیچ است
هزار بار من این نکته کرده‌ام تحقیق

دریغ و درد که تا این زمان ندانستم
که کیمیای سعادت رفیق بود رفیق

به می روی و فرصت شمر غنیمت وقت
که در کمینگه عمرند قاطعان طریق

بیا که توبه ز لعل نگار و خنده جام
حکایتیست که عقلش نمی‌کند تصدیق

اگر چه موی میانت به چون منی نرسد
خوش است خاطرم از فکر این خیال دقیق

حلاوتی که تو را در چه زنخدان است
به کنه آن نرسد صد هزار فکر عمیق

اگر به رنگ عقیقی شد اشک من چه عجب
که مهر خاتم لعل تو هست همچو عقیق

به خنده گفت که حافظ غلام طبع توام
ببین که تا به چه حدم همی‌کند تحمیق

غزل ۲۹۹

اگر شراب خوری جرعه‌ای فشان بر خاک
از آن گناه که نفعی رسد به غیر چه باک

برو به هر چه تو داری بخور دریغ مخور
که بی دریغ زند روزگار تیغ هلاک

به خاکپای تو ای سرو نازپرور من

Khājeh Shams-od-Dīn Mohammad HāfeZ-e Shīrāzī

که روز واقعه پا وا کشیم از سر خاک

چه دوزخی چه بهشتی چه آدمی چه پری
به مذهب همه کفر طریقت است امساک

مهندس فلکی راه دیر شش جهتی
چنان ببست که ره نیست زیر دیر مغاک

فریب دختر رز طرفه می‌زند ره عقل
مبادا تا به قیامت خراب طارم تاک

به راه میکده حافظ خوش از جهان رفتی
دعای اهل دلت باد مونس دل پاک

هزار دشمنم ار می‌کنند قصد هلاک
گرم تو دوستی از دشمنان ندارم باک

مرا امید وصال تو زنده می‌دارد
و گر نه هر دمم از هجر توست بیم هلاک

نفس نفس اگر از باد نشنوم بویش
زمان زمان چو گل از غم کنم گریبان چاک

رود به خواب دو چشم از خیال تو هیهات
بود صبور دل اندر فراق تو حاشاک

اگر تو زخم زنی به که دیگری مرهم
و گر تو زهر دهی به که دیگری تریاک

غزل ۳۰۰

۲۶۴

بضرب سیفک قتلی حیاتنا ابدا
لان روحی قد طاب ان یکون فداک

عنان مپیچ که گر می زنی به شمشیرم
سپر کنم سر و دستت ندارم از فتراک

تو را چنان که تویی هر نظر کجا بیند
به قدر دانش خود هر کسی کند ادراک

به چشم خلق عزیز جهان شود حافظ
که بر در تو نهد روی مسکنت بر خاک

غزل ۳۰۱

ای دل ریش مرا با لب تو حق نمک
حق نگه دار که من می روم الله معک

تویی آن گوهر پاکیزه که در عالم قدس
ذکر خیر تو بود حاصل تسبیح ملک

در خلوص منت ار هست شکی تجربه کن
کس عیار زر خالص نشناسد چو محک

گفته بودی که شوم مست و دو بوسه بدهم
وعده از حد بشد و ما نه دو دیدیم و نه یک

بگشا پسته خندان و شکرریزی کن
خلق را از دهن خویش مینداز به شک

چرخ برهم زنم ار غیر مرادم گردد
من نه آنم که زبونی کشم از چرخ فلک

چون بر حافظ خویشش نگذاری باری

ای رقیب از بر او یک دو قدم دورترک

غزل ۳۰۲

خوش خبر باشی ای نسیم شمال

که به ما می رسد زمان وصال

قصه العشق لا انفصام لها

فصمت ها هنا لسان القال

ما لسلمی و من بذی سلم

این جیراننا و کیف الحال

عفت الدار بعد عافیه

فاسالوا حالها عن الاطلال

فی جمال الکمال نلت منی

صرف الله عنک عین کمال

یا برید الحمی حماک الله

مرحبا مرحبا تعال تعال

عرصه بزمگاه خالی ماند

از حریفان و جام مالامال

سایه افکند حالیا شب هجر

تا چه بازند شب روان خیال

ترک ما سوی کس نمی نگرد

آه از این کبریا و جاه و جلال

حافظا عشق و صابری تا چند
ناله عاشقان خوش است بنال

غزل ۳۰۳

شممت روح وداد و شمت برق وصال
بیا که بوی تو را میرم ای نسیم شمال

احادیا بجمال الحبیب قف وانزل
که نیست صبر جمیلم ز اشتیاق جمال

حکایت شب هجران فروگذاشته به
به شکر آن که برافکند پرده روز وصال

بیا که پرده گلریز هفت خانه چشم
کشیده‌ایم به تحریر کارگاه خیال

چو یار بر سر صلح است و عذر می‌طلبد
توان گذشت ز جور رقیب در همه حال

بجز خیال دهان تو نیست در دل تنگ
که کس مباد چو من در پی خیال محال

قتیل عشق تو شد حافظ غریب ولی
به خاک ما گذری کن که خون مات حلال

غزل ۳۰۴

دارای جهان نصرت دین خسرو کامل

یحیی بن مظفر ملک عالم عادل

ای درگه اسلام پناه تو گشاده

بر روی زمین روزنهٔ جان و در دل

تعظیم تو بر جان و خرد واجب و لازم

انعام تو بر کون و مکان فایض و شامل

روز ازل از کلک تو یک قطره سیاهی

بر روی مه افتاد که شد حل مسائل

خورشید چو آن خال سیه دید به دل گفت

ای کاج که من بودمی آن هندوی مقبل

شاها فلک از بزم تو در رقص و سماع است

دست طرب از دامن این زمزمه مگسل

می نوش و جهان بخش که از زلف کمندت

شد گردن بدخواه گرفتار سلاسل

دور فلکی یکسره بر منهج عدل است

خوش باش که ظالم نبرد راه به منزل

حافظ قلم شاه جهان مقسم رزق است

از بهر معیشت مکن اندیشهٔ باطل

غزل ۳۰۵

به وقت گل شدم از توبه شراب خجل

که کس مباد ز کردار ناصواب خجل

صلاح ما همه دام ره است و من زین بحث
نیم ز شاهد و ساقی به هیچ باب خجل

بود که یار نرنجد ز ما به خلق کریم
که از سؤال ملولیم و از جواب خجل

ز خون که رفت شب دوش از سراچه چشم
شدیم در نظر ره روان خواب خجل

رواست نرگس مست ار فکند سر در پیش
که شد ز شیوه آن چشم پرعتاب خجل

تویی که خوبتری ز آفتاب و شکر خدا
که نیستم ز تو در روی آفتاب خجل

حجاب ظلمت از آن بست آب خضر که گشت
ز شعر حافظ و آن طبع همچو آب خجل

غزل ۳۰۶

اگر به کوی تو باشد مرا مجال وصول
رسد به دولت وصل تو کار من به اصول

قرار برده ز من آن دو نرگس رعنا
فراغ برده ز من آن دو جادوی مکحول

چو بر در تو من بی نوای بی زر و زور
به هیچ باب ندارم ره خروج و دخول

کجا روم چه کنم چاره از کجا جویم

که گشته‌ام ز غم و جور روزگار ملول

من شکسته بدحال زندگی یابم
در آن زمان که به تیغ غمت شوم مقتول

خراب‌تر ز دل من غم تو جای نیافت
که ساخت در دل تنگم قرارگاه نزول

دل از جواهر مهرت چو صیقلی دارد
بود ز زنگ حوادث هر آینه مصقول

چه جرم کرده‌ام ای جان و دل به حضرت تو
که طاعت من بی‌دل نمی‌شود مقبول

به درد عشق بساز و خموش کن حافظ
رموز عشق مکن فاش پیش اهل عقول

غزل ۳۰۷

هر نکته‌ای که گفتم در وصف آن شمایل
هر کو شنید گفتا لله در قایل

تحصیل عشق و رندی آسان نمود اول
آخر بسوخت جانم در کسب این فضایل

حلاج بر سر دار این نکته خوش سراید
از شافعی نپرسند امثال این مسایل

گفتم که کی ببخشی بر جان ناتوانم
گفت آن زمان که نبود جان در میانه حال

دل داده‌ام به یاری شوخی کشی نگاری

مرضیة السجایا محمودة الخصال

در عین گوشه گیری بودم چو چشم مستت

و اکنون شدم به مستان چون ابروی تو مایل

از آب دیده صد ره طوفان نوح دیدم

و از لوح سینه نقشت هرگز نگشت زایل

ای دوست دست حافظ تعویذ چشم زخم است

یا رب ببینم آن را در گردنت حمایل

غزل ۳۰۸

ای رخت چون خلد و لعلت سلسبیل

سلسبیلت کرده جان و دل سبیل

سبزپوشان خطت بر گرد لب

همچو مورانند گرد سلسبیل

ناوک چشم تو در هر گوشه‌ای

همچو من افتاده دارد صد قتیل

یا رب این آتش که در جان من است

سرد کن زان سان که کردی بر خلیل

من نمی‌یابم مجال ای دوستان

گر چه دارد او جمالی بس جمیل

پای ما لنگ است و منزل بس دراز

دست ما کوتاه و خرما بر نخیل

حافظ از سرپنجه عشق نگار
همچو مور افتاده شد در پای پیل

شاه عالم را بقا و عز و ناز
باد و هر چیزی که باشد زین قبیل

غزل ۳۰۹

عشقبازی و جوانی و شراب لعل فام
مجلس انس و حریف همدم و شرب مدام

ساقی شکردهان و مطرب شیرین سخن
همنشینی نیک کردار و ندیمی نیک نام

شاهدی از لطف و پاکی رشک آب زندگی
دلبری در حسن و خوبی غیرت ماه تمام

بزمگاهی دل نشان چون قصر فردوس برین
گلشنی پیرامنش چون روضه دارالسلام

صف نشینان نیکخواه و پیشکاران با ادب
دوستداران صاحب اسرار و حریفان دوستکام

باده گلرنگ تلخ تیز خوش خوار سبک
نقلش از لعل نگار و نقلش از یاقوت خام

غمزه ساقی به یغمای خرد آهخته تیغ
زلف جانان از برای صید دل گسترده دام

نکته دانی بذله گو چون حافظ شیرین سخن

بخشش آموزی جهان افروز چون حاجی قوام

هر که این عشرت نخواهد خوشدلی بر وی تباه
وان که این مجلس نجوید زندگی بر وی حرام

غزل ۳۱۰

مرحبا طایر فرخ پی فرخنده پیام
خیر مقدم چه خبر دوست کجا راه کدام

یا رب این قافله را لطف ازل بدرقه باد
که از او خصم به دام آمد و معشوقه به کام

ماجرای من و معشوق مرا پایان نیست
هر چه آغاز ندارد نپذیرد انجام

گل ز حد برد تنعم نفسی رخ بنما
سرو می‌نازد و خوش نیست خدا را بخرام

زلف دلدار چو زنار همی فرماید
برو ای شیخ که شد بر تن ما خرقه حرام

مرغ روحم که همی زد ز سر سدره صفیر
عاقبت دانه خال تو فکندش در دام

چشم بیمار مرا خواب نه در خور باشد
من له یقتل داء دنف کیف ینام

تو ترحم نکنی بر من مخلص گفتم
ذاک دعوای وها انت و تلک الایام

Educational Code: RPI-QP-002

حافظ از میل به ابروی تو دارد شاید

جای در گوشه محراب کنند اهل کلام

غزل ۳۱۱

عاشق روی جوانی خوش نوخاسته‌ام

وز خدا دولت این غم به دعا خواسته‌ام

عاشق و رند و نظربازم و می‌گویم فاش

تا بدانی که به چندین هنر آراسته‌ام

شرمم از خرقه آلوده خود می‌آید

که بر او وصله به صد شعبده پیراسته‌ام

خوش بسوز از غمش ای شمع که اینک من نیز

هم بدین کار کمربسته و برخاسته‌ام

با چنین حیرتم از دست بشد صرفه کار

در غم افزوده‌ام آنچ از دل و جان کاسته‌ام

همچو حافظ به خرابات روم جامه قبا

بو که در بر کشد آن دلبر نوخاسته‌ام

غزل ۳۱۲

بشری اذ السلامه حلت بذی سلم

لله حمد معترف غایه النعم

آن خوش خبر کجاست که این فتح مژده داد

تا جان فشانمش چو زر و سیم در قدم

از بازگشت شاه در این طرفه منزل است
آهنگ خصم او به سراپرده عدم

پیمان شکن هر آینه گردد شکسته حال
ان العهود عند ملیک النهی ذمم

می جست از سحاب امل رحمتی ولی
جز دیده‌اش معاینه بیرون نداد نم

در نیل غم فتاد سپهرش به طنز گفت
ان قد ندمت و ما ینفع الندم

ساقی چو یار مه رخ و از اهل راز بود
حافظ بخورد باده و شیخ و فقیه هم

غزل ۳۱۳

باز آی ساقیا که هواخواه خدمتم
مشتاق بندگی و دعاگوی دولتم

زان جا که فیض جام سعادت فروغ توست
بیرون شدی نمای ز ظلمات حیرتم

هر چند غرق بحر گناهم ز صد جهت
تا آشنای عشق شدم ز اهل رحمتم

عیبم مکن به رندی و بدنامی ای حکیم
کاین بود سرنوشت ز دیوان قسمتم

می خور که عاشقی نه به کسب است و اختیار

Educational Code: RPI-QP-002

این موهبت رسید ز میراث فطرتم

من کز وطن سفر نگزیدم به عمر خویش
در عشق دیدن تو هواخواه غربتم

دریا و کوه در ره و من خسته و ضعیف
ای خضر پی خجسته مدد کن به همتم

دورم به صورت از در دولتسرای تو
لیکن به جان و دل ز مقیمان حضرتم

حافظ به پیش چشم تو خواهد سپرد جان
در این خیالم ار بدهد عمر مهلتم

غزل ۳۱۴

دوش بیماری چشم تو ببرد از دستم
لیکن از لطف لبت صورت جان می‌بستم

عشق من با خط مشکین تو امروزی نیست
دیرگاه است کز این جام هلالی مستم

از ثبات خودم این نکته خوش آمد که به جور
در سر کوی تو از پای طلب ننشستم

عافیت چشم مدار از من میخانه نشین
که دم از خدمت رندان زده‌ام تا هستم

در ره عشق از آن سوی فنا صد خطر است
تا نگویی که چو عمرم به سر آمد رستم

بعد از اینم چه غم از تیر کج انداز حسود

چون به محبوب کمان ابروی خود پیوستم

بوسه بر درج عقیق تو حلال است مرا

که به افسوس و جفا مهر وفا نشکستم

صنمی لشکریم غارت دل کرد و برفت

آه اگر عاطفت شاه نگیرد دستم

رتبت دانش حافظ به فلک بر شده بود

کرد غمخواری شمشاد بلندت پستم

غزل ۳۱۵

به غیر از آن که بشد دین و دانش از دستم

بیا بگو که ز عشقت چه طرف بربستم

اگر چه خرمن عمرم غم تو داد به باد

به خاک پای عزیزت که عهد نشکستم

چو ذره گر چه حقیرم ببین به دولت عشق

که در هوای رخت چون به مهر پیوستم

بیار باده که عمریست تا من از سر امن

به کنج عافیت از بهر عیش ننشستم

اگر ز مردم هشیاری ای نصیحتگو

سخن به خاک میفکن چرا که من مستم

چگونه سر ز خجالت برآورم بر دوست

که خدمتی به سزا برنیامد از دستم

بسوخت حافظ و آن یار دلنواز نگفت
که مرهمی بفرستم که خاطرش خستم

غزل ۳۱۶

زلف بر باد مده تا ندهی بر بادم
ناز بنیاد مکن تا نکنی بنیادم

می مخور با همه کس تا نخورم خون جگر
سر مکش تا نکشد سر به فلک فریادم

زلف را حلقه مکن تا نکنی دربندم
طره را تاب مده تا ندهی بر بادم

یار بیگانه مشو تا نبری از خویشم
غم اغیار مخور تا نکنی ناشادم

رخ برافروز که فارغ کنی از برگ گلم
قد برافراز که از سرو کنی آزادم

شمع هر جمع مشو ور نه بسوزی ما را
یاد هر قوم مکن تا نروی از یادم

شهره شهر مشو تا ننهم سر در کوه
شور شیرین منما تا نکنی فرهادم

رحم کن بر من مسکین و به فریادم رس
تا به خاک در آصف نرسد فریادم

حافظ از جور تو حاشا که بگرداند روی

من از آن روز که در بند توام آزادم

غزل ۳۱۷

فاش می گویم و از گفته خود دلشادم
بنده عشقم و از هر دو جهان آزادم

طایر گلشن قدسم چه دهم شرح فراق
که در این دامگه حادثه چون افتادم

من ملک بودم و فردوس برین جایم بود
آدم آورد در این دیر خراب آبادم

سایه طوبی و دلجویی حور و لب حوض
به هوای سر کوی تو برفت از یادم

نیست بر لوح دلم جز الف قامت دوست
چه کنم حرف دگر یاد نداد استادم

کوکب بخت مرا هیچ منجم نشناخت
یا رب از مادر گیتی به چه طالع زادم

تا شدم حلقه به گوش در میخانه عشق
هر دم آید غمی از نو به مبارکبادم

می خورد خون دلم مردمک دیده سزاست
که چرا دل به جگرگوشه مردم دادم

پاک کن چهره حافظ به سر زلف ز اشک
ور نه این سیل دمادم ببرد بنیادم

غزل ۳۱۸

مرا می بینی و هر دم زیادت می کنی دردم
تو را می بینم و میلم زیادت می شود هر دم

به سامانم نمی پرسی نمی دانم چه سر داری
به درمانم نمی کوشی نمی دانی مگر دردم

نه راه است این که بگذاری مرا بر خاک و بگریزی
گذاری آر و بازم پرس تا خاک رهت گردم

ندارم دستت از دامن بجز در خاک و آن دم هم
که بر خاکم روان گردی به گرد دامنت گردم

فرو رفت از غم عشقت دمم دم می دهی تا کی
دمار از من برآوردی نمی گویی برآوردم

شبی دل را به تاریکی ز زلفت باز می جستم
رخت می دیدم و جامی هلالی باز می خوردم

کشیدم در برت ناگاه و شد در تاب گیسویت
نهادم بر لبت لب را و جان و دل فدا کردم

تو خوش می باش با حافظ برو گو خصم جان می ده
چو گرمی از تو می بینم چه باک از خصم دم سردم

غزل ۳۱۹

سال ها پیروی مذهب رندان کردم
تا به فتوی خرد حرص به زندان کردم

من به سر منزل عنقا نه به خود بردم راه
قطع این مرحله با مرغ سلیمان کردم

سایه‌ای بر دل ریشم فکن ای گنج روان
که من این خانه به سودای تو ویران کردم

توبه کردم که نبوسم لب ساقی و کنون
می گزم لب که چرا گوش به نادان کردم

در خلاف آمد عادت بطلب کام که من
کسب جمعیت از آن زلف پریشان کردم

نقش مستوری و مستی نه به دست من و توست
آن چه سلطان ازل گفت بکن آن کردم

دارم از لطف ازل جنت فردوس طمع
گر چه دربانی میخانه فراوان کردم

این که پیرانه سرم صحبت یوسف بنواخت
اجر صبریست که در کلبه احزان کردم

صبح خیزی و سلامت طلبی چون حافظ
هر چه کردم همه از دولت قرآن کردم

گر به دیوان غزل صدر نشینم چه عجب
سال‌ها بندگی صاحب دیوان کردم

غزل ۳۲۰

دیشب به سیل اشک ره خواب می زدم

نقشی به یاد خط تو بر آب می زدم

ابروی یار در نظر و خرقه سوخته
جامی به یاد گوشه محراب می زدم

هر مرغ فکر کز سر شاخ سخن بجست
بازش ز طره تو به مضراب می زدم

روی نگار در نظرم جلوه می نمود
وز دور بوسه بر رخ مهتاب می زدم

چشمم به روی ساقی و گوشم به قول چنگ
فالی به چشم و گوش در این باب می زدم

نقش خیال روی تو تا وقت صبحدم
بر کارگاه دیده بی خواب می زدم

ساقی به صوت این غزلم کاسه می گرفت
می گفتم این سرود و می ناب می زدم

خوش بود وقت حافظ و فال مراد و کام
بر نام عمر و دولت احباب می زدم

غزل ۳۲۱

هر چند پیر و خسته دل و ناتوان شدم
هر گه که یاد روی تو کردم جوان شدم

شکر خدا که هر چه طلب کردم از خدا
بر منتهای همت خود کامران شدم

ای گلبن جوان بر دولت بخور که من
در سایه تو بلبل باغ جهان شدم

اول ز تحت و فوق وجودم خبر نبود
در مکتب غم تو چنین نکته دان شدم

قسمت حوالتم به خرابات می کند
هر چند کاین چنین شدم و آن چنان شدم

آن روز بر دلم در معنی گشوده شد
کز ساکنان درگه پیر مغان شدم

در شاهراه دولت سرمد به تخت بخت
با جام می به کام دل دوستان شدم

از آن زمان که فتنه چشمت به من رسید
ایمن ز شر فتنه آخرزمان شدم

من پیر سال و ماه نیم یار بی وفاست
بر من چو عمر می گذرد پیر از آن شدم

دوشم نوید داد عنایت که حافظا
بازآ که من به عفو گناهت ضمان شدم

غزل ۳۲۲

خیال نقش تو در کارگاه دیده کشیدم
به صورت تو نگاری ندیدم و نشنیدم

اگر چه در طلبت همعنان باد شمالم
به گرد سرو خرامان قامتت نرسیدم

امید در شب زلفت به روز عمر نبستم
طمع به دور دهانت ز کام دل ببریدم

به شوق چشمه نوشت چه قطره‌ها که فشاندم
ز لعل باده فروشت چه عشوه‌ها که خریدم

ز غمزه بر دل ریشم چه تیرها که گشادی
ز غصه بر سر کویت چه بارها که کشیدم

ز کوی یار بیار ای نسیم صبح غباری
که بوی خون دل ریش از آن تراب شنیدم

گناه چشم سیاه تو بود و گردن دلخواه
که من چو آهوی وحشی ز آدمی برمیدم

چو غنچه بر سرم از کوی او گذشت نسیمی
که پرده بر دل خونین به بوی او بدریدم

به خاک پای تو سوگند و نور دیده حافظ
که بی رخ تو فروغ از چراغ دیده ندیدم

غزل ۳۲۳

ز دست کوته خود زیر بارم
که از بالابلندان شرمسارم

مگر زنجیر مویی گیردم دست
وگر نه سر به شیدایی برآرم

ز چشم من بپرس اوضاع گردون

که شب تا روز اختر می شمارم

بدین شکرانه می بوسم لب جام
که کرد آگه ز راز روزگارم

اگر گفتم دعای می فروشان
چه باشد حق نعمت می گزارم

من از بازوی خود دارم بسی شکر
که زور مردم آزاری ندارم

سری دارم چو حافظ مست لیکن
به لطف آن سری امیدوارم

غزل ۳۲۴

گر چه افتاد ز زلفش گرهی در کارم
همچنان چشم گشاد از کرمش می دارم

به طرب حمل مکن سرخی رویم که چو جام
خون دل عکس برون می دهد از رخسارم

پرده مطربم از دست برون خواهد برد
آه اگر زان که در این پرده نباشد بارم

پاسبان حرم دل شده‌ام شب همه شب
تا در این پرده جز اندیشه او نگذارم

منم آن شاعر ساحر که به افسون سخن
از نی کلک همه قند و شکر می بارم

دیده بخت به افسانه او شد در خواب
کو نسیمی ز عنایت که کند بیدارم

چون تو را در گذر ای یار نمی یارم دید
با که گویم که بگوید سخنی با یارم

دوش می گفت که حافظ همه روی است و ریا
بجز از خاک درش با که بود بازارم

غزل ۳۲۵

گر دست دهد خاک کف پای نگارم
بر لوح بصر خط غباری بنگارم

بر بوی کنار تو شدم غرق و امید است
از موج سرشکم که رساند به کنارم

پروانه او گر رسدم در طلب جان
چون شمع همان دم به دمی جان بسپارم

امروز مکش سر ز وفای من و اندیش
زان شب که من از غم به دعا دست برآرم

زلفین سیاه تو به دلداری عشاق
دادند قراری و ببردند قرارم

ای باد از آن باده نسیمی به من آور
کان بوی شفابخش بود دفع خمارم

گر قلب دلم را ننهد دوست عیاری
من نقد روان در دمش از دیده شمارم

دامن مفشان از من خاکی که پس از من
زین در نتواند که برد باد غبارم

حافظ لب لعلش چو مرا جان عزیز است
عمری بود آن لحظه که جان را به لب آرم

غزل ۳۲۶

در نهانخانه عشرت صنمی خوش دارم
کز سر زلف و رخش نعل در آتش دارم

عاشق و رندم و میخواره به آواز بلند
وین همه منصب از آن حور پریوش دارم

گر تو زین دست مرا بی سر و سامان داری
من به آه سحرت زلف مشوش دارم

گر چنین چهره گشاید خط زنگاری دوست
من رخ زرد به خونابه منقش دارم

گر به کاشانه رندان قدمی خواهی زد
نقل شعر شکرین و می بی غش دارم

ناوک غمزه بیار و رسن زلف که من
جنگ‌ها با دل مجروح بلاکش دارم

حافظا چون غم و شادی جهان در گذر است
بهتر آن است که من خاطر خود خوش دارم

غزل ٣٢٧

مرا عهدیست با جانان که تا جان در بدن دارم
هواداران کویش را چو جان خویشتن دارم

صفای خلوت خاطر از آن شمع چگل جویم
فروغ چشم و نور دل از آن ماه ختن دارم

به کام و آرزوی دل چو دارم خلوتی حاصل
چه فکر از خبث بدگویان میان انجمن دارم

مرا در خانه سروی هست کاندر سایه قدش
فراغ از سرو بستانی و شمشاد چمن دارم

گرم صد لشکر از خوبان به قصد دل کمین سازند
بحمدالله والمنه بتی لشکرشکن دارم

سزد کز خاتم لعلش زنم لاف سلیمانی
چو اسم اعظمم باشد چه باک از اهرمن دارم

الا ای پیر فرزانه مکن عیبم ز میخانه
که من در ترک پیمانه دلی پیمان شکن دارم

خدا را ای رقیب امشب زمانی دیده بر هم نه
که من با لعل خاموشش نهانی صد سخن دارم

چو در گلزار اقبالش خرامانم بحمدالله
نه میل لاله و نسرین نه برگ نسترن دارم

به رندی شهره شد حافظ میان همدمان لیکن
چه غم دارم که در عالم قوام الدین حسن دارم

غزل ۳۲۸

من که باشم که بر آن خاطر عاطر گذرم
لطف‌ها می‌کنی ای خاک درت تاج سرم

دلبرا بنده نوازیت که آموخت بگو
که من این ظن به رقیبان تو هرگز نبرم

همتم بدرقه راه کن ای طایر قدس
که دراز است ره مقصد و من نوسفرم

ای نسیم سحری بندگی من برسان
که فراموش مکن وقت دعای سحرم

خرم آن روز کز این مرحله بربندم بار
وز سر کوی تو پرسند رفیقان خبرم

حافظا شاید اگر در طلب گوهر وصل
دیده دریا کنم از اشک و در او غوطه خورم

پایه نظم بلند است و جهان گیر بگو
تا کند پادشه بحر دهان پر گهرم

غزل ۳۲۹

جوزا سحر نهاد حمایل برابرم
یعنی غلام شاهم و سوگند می‌خورم

ساقی بیا که از مدد بخت کارساز
کامی که خواستم ز خدا شد میسرم

جامی بده که باز به شادی روی شاه
پیرانه سر هوای جوانیست در سرم

راهم مزن به وصف زلال خضر که من
از جام شاه جرعه کش حوض کوثرم

شاها اگر به عرش رسانم سریر فضل
مملوک این جنابم و مسکین این درم

من جرعه نوش بزم تو بودم هزار سال
کی ترک آبخورد کند طبع خوگرم

ور باورت نمی‌کند از بنده این حدیث
از گفته کمال دلیلی بیاورم

گر برکنم دل از تو و بردارم از تو مهر
آن مهر بر که افکنم آن دل کجا برم

منصور بن مظفر غازیست حرز من
واز این خجسته نام بر اعدا مظفرم

عهد الست من همه با عشق شاه بود
واز شاهراه عمر بدین عهد بگذرم

گردون چو کرد نظم ثریا به نام شاه
من نظم در چرا نکنم از که کمترم

شاهین صفت چو طعمه چشیدم ز دست شاه
کی باشد التفات به صید کبوترم

ای شاه شیرگیر چه کم گردد ار شود

در سایه تو ملک فراغت میسرم

شعرم به یمن مدح تو صد ملک دل گشاد
گویی که تیغ توست زبان سخنورم

بر گلشنی اگر بگذشتم چو باد صبح
نی عشق سرو بود و نه شوق صنوبرم

بوی تو می شنیدم و بر یاد روی تو
دادند ساقیان طرب یک دو ساغرم

مستی به آب یک دو عنب وضع بنده نیست
من سالخورده پیر خرابات پرورم

با سیر اختر فلکم داوری بسیست
انصاف شاه باد در این قصه یاورم

شکر خدا که باز در این اوج بارگاه
طاووس عرش می شنود صیت شهپرم

نامم ز کارخانه عشاق محو باد
گر جز محبت تو بود شغل دیگرم

شبل الاسد به صید دلم حمله کرد و من
گر لاغرم وگرنه شکار غضنفرم

ای عاشقان روی تو از ذره بیشتر
من کی رسم به وصل تو کز ذره کمترم

بنما به من که منکر حسن رخ تو کیست
تا دیده اش به گزلک غیرت برآورم

بر من فتاد سایه خورشید سلطنت

واکنون فراغت است ز خورشید خاورم

مقصود از این معامله بازارتیزی است

نی جلوه می‌فروشم و نی عشوه می‌خرم

غزل ۳۳۰

تو همچو صبحی و من شمع خلوت سحرم

تبسمی کن و جان بین که چون همی سپرم

چنین که در دل من داغ زلف سرکش توست

بنفشه زار شود تربتم چو درگذرم

بر آستان مرادت گشاده‌ام در چشم

که یک نظر فکنی خود فکندی از نظرم

چه شکر گویمت ای خیل غم عفاک الله

که روز بی‌کسی آخر نمی‌روی ز سرم

غلام مردم چشمم که با سیاه دلی

هزار قطره ببارد چو درد دل شمرم

به هر نظر بت ما جلوه می‌کند لیکن

کس این کرشمه نبیند که من همی نگرم

به خاک حافظ اگر یار بگذرد چون باد

ز شوق در دل آن تنگنا کفن بدرم

غزل ۳۳۱

به تیغم گر کشد دستش نگیرم
وگر تیرم زند منت پذیرم

کمان ابرویت را گو بزن تیر
که پیش دست و بازویت بمیرم

غم گیتی گر از پایم درآرد
بجز ساغر که باشد دستگیرم

برآی ای آفتاب صبح امید
که در دست شب هجران اسیرم

به فریادم رس ای پیر خرابات
به یک جرعه جوانم کن که پیرم

به گیسوی تو خوردم دوش سوگند
که من از پای تو سر برنگیرم

بسوز این خرقه تقوا تو حافظ
که گر آتش شوم در وی نگیرم

غزل ۳۳۲

مزن بر دل ز نوک غمزه تیرم
که پیش چشم بیمارت بمیرم

نصاب حسن در حد کمال است
زکاتم ده که مسکین و فقیرم

چو طفلان تا کی ای زاهد فریبی

Khājeh Shams-od-Dīn Mohammad HāfeZ-e Shīrāzī

به سیب بوستان و شهد و شیرم

چنان پر شد فضای سینه از دوست
که فکر خویش گم شد از ضمیرم

قدح پر کن که من در دولت عشق
جوان بخت جهانم گر چه پیرم

قراری بسته‌ام با می فروشان
که روز غم بجز ساغر نگیرم

مبادا جز حساب مطرب و می
اگر نقشی کشد کلک دبیرم

در این غوغا که کس کس را نپرسد
من از پیر مغان منت پذیرم

خوشا آن دم کز استغنای مستی
فراغت باشد از شاه و وزیرم

من آن مرغم که هر شام و سحرگاه
ز بام عرش می آید صفیرم

چو حافظ گنج او در سینه دارم
اگر چه مدعی بیند حقیرم

غزل ۳۳۳

نماز شام غریبان چو گریه آغازم
به مویه‌های غریبانه قصه پردازم

به یاد یار و دیار آن چنان بگریم زار
که از جهان ره و رسم سفر براندازم

من از دیار حبیبم نه از بلاد غریب
مهیمنا به رفیقان خود رسان بازم

خدای را مددی ای رفیق ره تا من
به کوی میکده دیگر علم برافرازم

خرد ز پیری من کی حساب برگیرد
که باز با صنمی طفل عشق می بازم

بجز صبا و شمالم نمی شناسد کس
عزیز من که بجز باد نیست دمسازم

هوای منزل یار آب زندگانی ماست
صبا بیار نسیمی ز خاک شیرازم

سرشکم آمد و عیبم بگفت روی به روی
شکایت از که کنم خانگیست غمازم

ز چنگ زهره شنیدم که صبحدم می گفت
غلام حافظ خوش لهجه خوش آوازم

غزل ۳۳۴

گر دست رسد در سر زلفین تو بازم
چون گوی چه سرها که به چوگان تو بازم

زلف تو مرا عمر دراز است ولی نیست
در دست سر مویی از آن عمر درازم

پروانه راحت بده ای شمع که امشب
از آتش دل پیش تو چون شمع گدازم

آن دم که به یک خنده دهم جان چو صراحی
مستان تو خواهم که گزارند نمازم

چون نیست نماز من آلوده نمازی
در میکده زان کم نشود سوز و گدازم

در مسجد و میخانه خیالت اگر آید
محراب و کمانچه ز دو ابروی تو سازم

گر خلوت ما را شبی از رخ بفروزی
چون صبح بر آفاق جهان سر بفرازم

محمود بود عاقبت کار در این راه
گر سر برود در سر سودای ایازم

حافظ غم دل با که بگویم که در این دور
جز جام نشاید که بود محرم رازم

غزل ۳۳۵

در خرابات مغان گر گذر افتد بازم
حاصل خرقه و سجاده روان دربازم

حلقه توبه گر امروز چو زهاد زنم
خازن میکده فردا نکند در بازم

ور چو پروانه دهد دست فراغ بالی

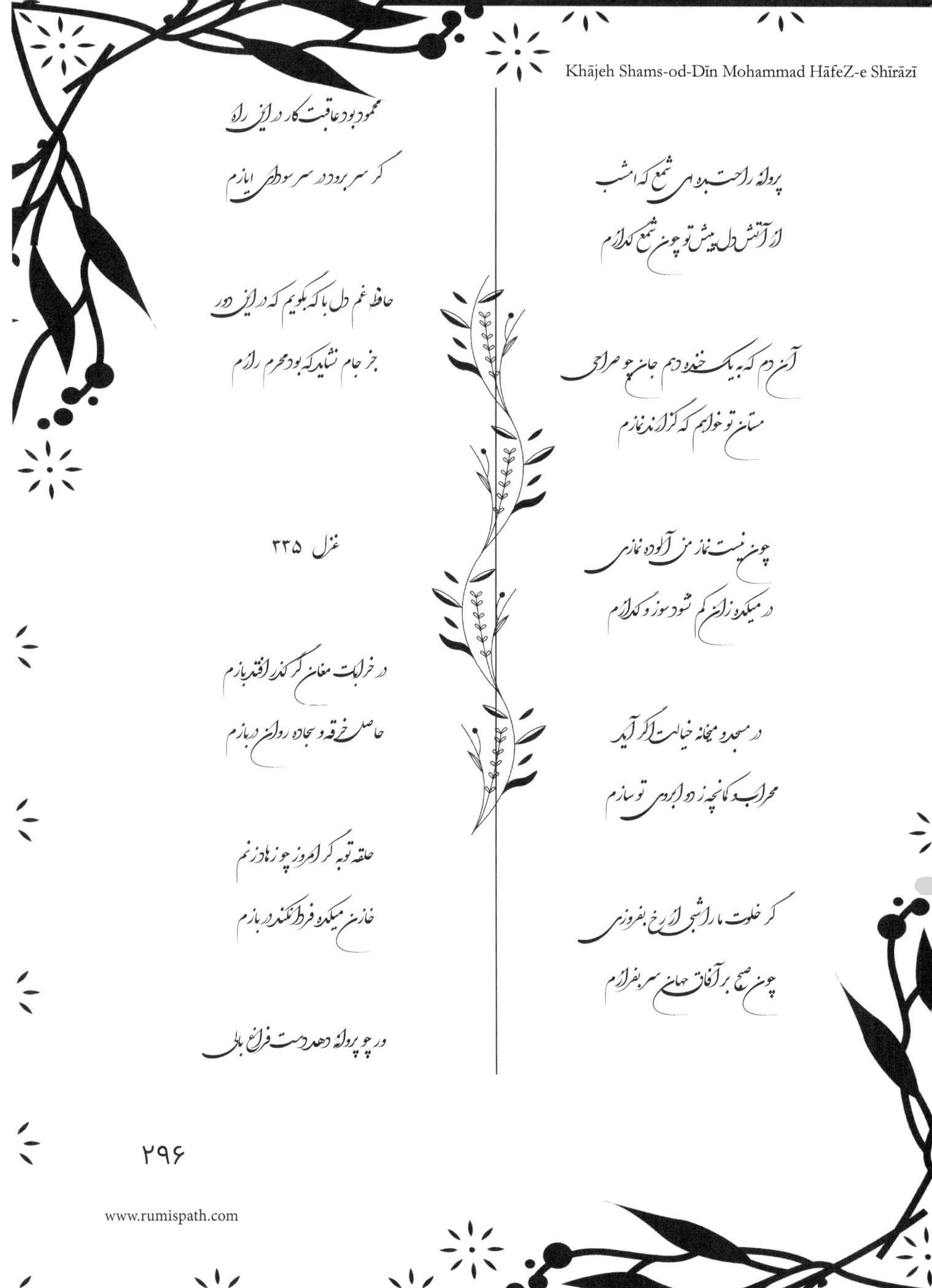

جز بدان عارض شمعی نبود پروانم

صحبت حور نخواهم که بود عین قصور
با خیال تو اگر با دگری پردازم

سر سودای تو در سینه بماندی پنهان
چشم تردامن اگر فاش نکردی رازم

مرغ سان از قفس خاک هوایی گشتم
به هوایی که مگر صید کند شهبازم

همچو چنگ ار به کناری ندهی کام دلم
از لب خویش چو نی یک نفسی بنوازم

ماجرای دل خون گشته نگویم با کس
زان که جز تیغ غمت نیست کسی دمسازم

گر به هر موی سری بر تن حافظ باشد
همچو زلفت همه را در قدمت اندازم

غزل ۳۳۶

مژده وصل تو کو کز سر جان برخیزم
طایر قدسم و از دام جهان برخیزم

به ولای تو که گر بنده خویشم خوانی
از سر خواجگی کون و مکان برخیزم

یا رب از ابر هدایت برسان بارانی
پیشتر زان که چو گردی ز میان برخیزم

بر سر تربت من با می و مطرب بنشین

تا به بویت ز لحد رقص کنان برخیزم

خیز و بالا بنما ای بت شیرین حرکات

کز سر جان و جهان دست فشان برخیزم

گر چه پیرم تو شبی تنگ در آغوشم کش

تا سحرگه ز کنار تو جوان برخیزم

روز مرگم نفسی مهلت دیدار بده

تا چو حافظ ز سر جان و جهان برخیزم

غزل ۳۳۷

چرا نه در پی عزم دیار خود باشم

چرا نه خاک سر کوی یار خود باشم

غم غریبی و غربت چو بر نمی‌تابم

به شهر خود روم و شهریار خود باشم

ز محرمان سراپرده وصال شوم

ز بندگان خداوندگار خود باشم

چو کار عمر نه پیداست باری آن اولی

که روز واقعه پیش نگار خود باشم

ز دست بخت گران خواب و کار بی سامان

گرم بود گله‌ای رازدار خود باشم

همیشه پیشه من عاشقی و رندی بود

دگر بکوشم و مشغول کار خود باشم

بود که لطف ازل رهنمون شود حافظ
وگرنه تا به ابد شرمسار خود باشم

غزل ۳۳۸

من دوستدار روی خوش و موی دلکشم
مدهوش چشم مست و می صاف بی غشم

گفتی ز سر عهد ازل یک سخن بگو
آن گه بگویمت که دو پیمانه درکشم

من آدم بهشتیم اما در این سفر
حالی اسیر عشق جوانان مه وشم

در عاشقی گزیر نباشد ز ساز و سوز
استاده‌ام چو شمع مترسان ز آتشم

شیراز معدن لب لعل است و کان حسن
من جوهری مفلسم ایرا مشوشم

از بس که چشم مست در این شهر دیده‌ام
حقا که می نمی‌خورم اکنون و سرخوشم

شهریست پر کرشمه حوران ز شش جهت
چیزیم نیست ور نه خریدار هر ششم

بخت ار مدد دهد که کشم رخت سوی دوست
گیسوی حور گرد فشاند ز مفرشم

حافظ عروس طبع مرا جلوه آرزوست

Khājeh Shams-od-Dīn Mohammad HāfeZ-e Shīrāzī

آیینه‌ای ندارم از آن آه می‌کشم

غزل ۳۳۹

خیال روی تو چون بگذرد به گلشن چشم
دل از پی نظر آید به سوی روزن چشم

سزای تکیه‌گهت منظری نمی‌بینم
منم ز عالم و این گوشه معین چشم

بیا که لعل و گهر در نثار مقدم تو
ز گنج خانه دل می‌کشم به روزن چشم

سحر سرشک روانم سر خرابی داشت
گرم نه خون جگر می‌گرفت دامن چشم

نخست روز که دیدم رخ تو دل می‌گفت
اگر رسد خللی خون من به گردن چشم

به بوی مژده وصل تو تا سحر شب دوش
به راه باد نهادم چراغ روشن چشم

به مردمی که دل دردمند حافظ را
مزن به ناوک دلدوز مردم افکن چشم

غزل ۳۴۰

من که از آتش دل چون خم می در جوشم
مهر بر لب زده خون می‌خورم و خاموشم

قصد جان است طمع در لب جانان کردن
تو مرا بین که در این کار به جان می‌کوشم

من کی آزاد شوم از غم دل چون هر دم
هندوی زلف بتی حلقه کند در گوشم

حاش لله که نیم معتقد طاعت خویش
این قدر هست که گه گه قدحی می‌نوشم

هست امیدم که علیرغم عدو روز جزا
فیض عفوش ننهد بار گنه بر دوشم

پدرم روضه رضوان به دو گندم بفروخت
من چرا ملک جهان را به جوی نفروشم

خرقه پوشی من از غایت دین داری نیست
پرده‌ای بر سر صد عیب نهان می‌پوشم

من که خواهم که ننوشم بجز از راوق خم
چه کنم گر سخن پیر مغان ننیوشم

گر از این دست زند مطرب مجلس ره عشق
شعر حافظ ببرد وقت سماع از هوشم

غزل ۳۴۱

گر من از سرزنش مدعیان اندیشم
شیوه مستی و رندی نرود از پیشم

زهد رندان نوآموخته راهی بدهیست
من که بدنام جهانم چه صلاح اندیشم

شاه شوریده سران خوان من بی سامان را
زان که در کم خردی از همه عالم بیشم

بر جبین نقش کن از خون دل من خالی
تا بدانند که قربان تو کافر کیشم

اعتقادی بنما و بگذر بهر خدا
تا در این خرقه ندانی که چه نادرویشم

شعر خونبار من ای باد بدان یار رسان
که ز مژگان سیه بر رگ جان زد نیشم

من اگر باده خورم ور نه چه کارم با کس
حافظ راز خود و عارف وقت خویشم

غزل ۳۴۲

حجاب چهره جان می‌شود غبار تنم
خوشا دمی که از آن چهره پرده برفکنم

چنین قفس نه سزای چو من خوش الحانیست
روم به گلشن رضوان که مرغ آن چمنم

عیان نشد که چرا آمدم کجا رفتم
دریغ و درد که غافل ز کار خویشتنم

چگونه طوف کنم در فضای عالم قدس
که در سراچه ترکیب تخته بند تنم

اگر ز خون دلم بوی شوق می‌آید

عجب مدار که همدرد نافه ختنم

طراز پیرهن زرکشم مبین چون شمع
که سوزهاست نهانی درون پیرهنم

بیا و هستی حافظ ز پیش او بردار
که با وجود تو کس نشنود ز من که منم

غزل ۳۴۳

چل سال بیش رفت که من لاف می زنم
کز چاکران پیر مغان کمترین منم

هرگز به یمن عاطفت پیر می فروش
ساغر تهی نشد ز می صاف روشنم

از جاه عشق و دولت رندان پاکباز
پیوسته صدر مصطبه‌ها بود مسکنم

در شان من به دردکشی ظن بد مبر
کلوده گشت جامه ولی پاکدامنم

شهباز دست پادشهم این چه حالت است
کز یاد برده‌اند هوای نشیمنم

حیف است بلبلی چو من اکنون در این قفس
با این لسان عذب که خامش چو سوسنم

آب و هوای فارس عجب سفله پرور است
کو همرهی که خیمه از این خاک برکنم

حافظ به زیر خرقه قدح تا به کی کشی
در بزم خواجه پرده ز کارت برافکنم

تورانشه خجسته که در من یزید فضل
شد منت مواهب او طوق گردنم

غزل ۳۴۴

عمریست تا من در طلب هر روز گامی می زنم
دست شفاعت هر زمان در نیک نامی می زنم

بی ماه مهرافروز خود تا بگذرانم روز خود
دامی به راهی می نهم مرغی به دامی می زنم

اورنگ کو گلچهر کو نقش وفا و مهر کو
حالی من اندر عاشقی داو تمامی می زنم

تا بو که یابم آگهی از سایه سرو سهی
گلبانگ عشق از هر طرف بر خوش خرامی می زنم

هر چند کان آرام دل دانم نبخشد کام دل
نقش خیالی می کشم فال دوامی می زنم

دانم سرآرد غصه را رنگین برآرد قصه را
این آه خون افشان که من هر صبح و شامی می زنم

با آن که از وی غایبم وز می چو حافظ تائبم
در مجلس روحانیان گه گاه جامی می زنم

غزل ۳۴۵

بی تو ای سرو روان با گل و گلشن چه کنم
زلف سنبل چه کشم عارض سوسن چه کنم

آه کز طعنه بدخواه ندیدم رویت
نیست چون آینه‌ام روی ز آهن چه کنم

برو ای ناصح و بر دردکشان خرده مگیر
کارفرمای قدر می‌کند این من چه کنم

برق غیرت چو چنین می‌جهد از مکمن غیب
تو بفرما که من سوخته خرمن چه کنم

شاه ترکان چو پسندید و به چاهم انداخت
دستگیر ار نشود لطف تهمتن چه کنم

مددی گر به چراغی نکند آتش طور
چاره تیره شب وادی ایمن چه کنم

حافظا خلد برین خانه موروث من است
اندر این منزل ویرانه نشیمن چه کنم

غزل ۳۴۶

من نه آن رندم که ترک شاهد و ساغر کنم
محتسب داند که من این کارها کمتر کنم

من که عیب توبه کاران کرده باشم بارها
توبه از می وقت گل دیوانه باشم گر کنم

عشق دردانه‌ست و من غواص و دریا میکده

سر فرو بردم در آن جا تا کجا سر بر کنم

لاله ساغرگیر و نرگس مست و بر ما نام فسق
داوری دارم بسی یارب که را داور کنم

باز کش یک دم عنان ای ترک شهرآشوب من
تا ز اشک و چهره راهت پر زر و گوهر کنم

من که از یاقوت و لعل اشک دارم گنج‌ها
کی نظر در فیض خورشید بلند اختر کنم

چون صبا مجموعه گل را به آب لطف شست
کجدلم خوان گر نظر بر صفحه دفتر کنم

عهد و پیمان فلک را نیست چندان اعتبار
عهد با پیمانه بندم شرط با ساغر کنم

من که دارم در گدایی گنج سلطانی به دست
کی طمع در گردش گردون دون پرور کنم

گر چه گرد آلود فقرم شرم باد از همتم
گر به آب چشمه خورشید دامن تر کنم

عاشقان را گر در آتش می‌پسندد لطف دوست
تنگ چشمم گر نظر در چشمه کوثر کنم

دوش لعلش عشوه‌ای می‌داد حافظ را ولی
من نه آنم کز وی این افسانه‌ها باور کنم

غزل ۳۴۷

صنما با غم عشق تو چه تدبیر کنم
تا به کی در غم تو ناله شبگیر کنم

دل دیوانه از آن شد که نصیحت شنود
مگرش هم ز سر زلف تو زنجیر کنم

آن چه در مدت هجر تو کشیدم هیهات
در یکی نامه محال است که تحریر کنم

با سر زلف تو مجموع پریشانی خود
کو مجالی که سراسر همه تقریر کنم

آن زمان کآرزوی دیدن جانم باشد
در نظر نقش رخ خوب تو تصویر کنم

گر بدانم که وصال تو بدین دست دهد
دین و دل را همه دربازم و توفیر کنم

دور شو از برم ای واعظ و بیهوده مگوی
من نه آنم که دگر گوش به تزویر کنم

نیست امید صلاحی ز فساد حافظ
چون که تقدیر چنین است چه تدبیر کنم

غزل ۳۴۸

دیده دریا کنم و صبر به صحرا فکنم
واندر این کار دل خویش به دریا فکنم

از دل تنگ گنهکار برآرم آهی
کآتش اندر گنه آدم و حوا فکنم

مایه خوشدلی آن جاست که دلدار آن جاست
می‌کنم جهد که خود را مگر آن جا فکنم

بگشا بند قبای مه خورشیدکلاه
تا چو زلفت سر سودازده در پا فکنم

خورده‌ام تیر فلک باده بده تا سرمست
عقده در بند کمر ترکش جوزا فکنم

جرعه جام بر این تخت روان افشانم
غلغل چنگ در این گنبد مینا فکنم

حافظا تکیه بر ایام چو سهو است و خطا
من چرا عشرت امروز به فردا فکنم

غزل ۳۴۹

دوش سودای رخش گفتم ز سر بیرون کنم
گفت کو زنجیر تا تدبیر این مجنون کنم

قامتش را سرو گفتم سر کشید از من به خشم
دوستان از راست می‌رنجد نگارم چون کنم

نکته ناسنجیده گفتم دلبرا معذور دار
عشوه‌ای فرما که تا من طبع را موزون کنم

زردرویی می‌کشم زان طبع نازک بی‌گناه
ساقیا جامی بده تا چهره را گلگون کنم

ای نسیم منزل لیلی خدا را تا به کی

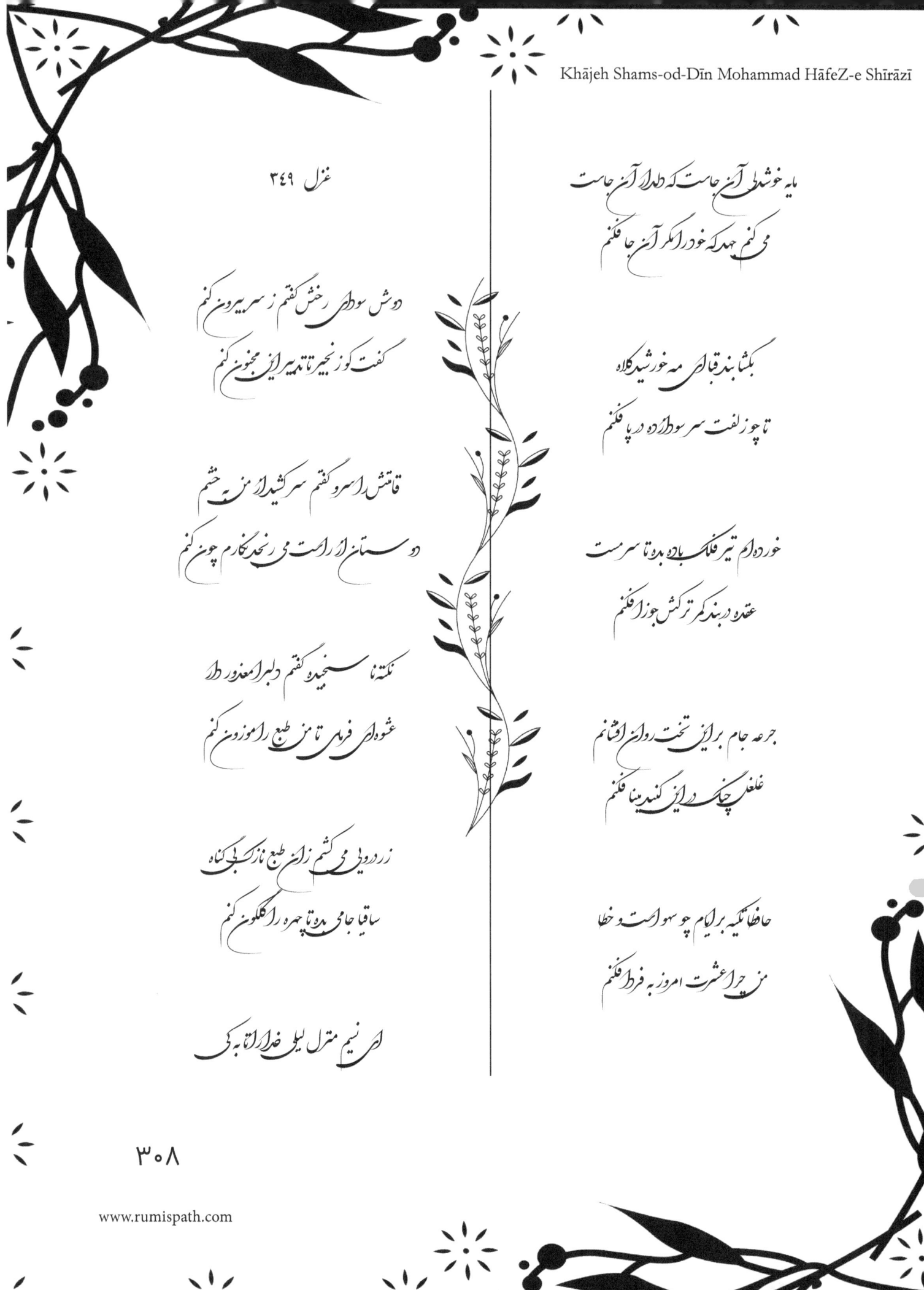

ربع را برهم زنم اطلال را جیحون کنم

من که ره بردم به گنج حسن بی پایان دوست
صد گدای همچو خود را بعد از این قارون کنم

ای مه صاحب قران از بنده حافظ یاد کن
تا دعای دولت آن حسن روزافزون کنم

غزل ۳۵۰

به عزم توبه سحر گفتم استخاره کنم
بهار توبه شکن می رسد چه چاره کنم

سخن درست بگویم نمی توانم دید
که می خورند حریفان و من نظاره کنم

چو غنچه با لب خندان به یاد مجلس شاه
پیاله گیرم و از شوق جامه پاره کنم

به دور لاله دماغ مرا علاج کنید
گر از میانه بزم طرب کناره کنم

ز روی دوست مرا چون گل مراد شکفت
حواله سر دشمن به سنگ خاره کنم

گدای میکده‌ام لیک وقت مستی بین
که ناز بر فلک و حکم بر ستاره کنم

مرا که نیست ره و رسم لقمه پرهیزی
چرا ملامت رند شرابخواره کنم

به تخت گل بنشانم بتی چو سلطانی
ز سنبل و سمنش ساز طوق و یاره کنم

ز باده خوردن پنهان ملول شد حافظ
به بانگ بربط و نی رازش آشکاره کنم

غزل ۳۵۱

حاشا که من به موسم گل ترک می کنم
من لاف عقل می زنم این کار کی کنم

مطرب کجاست تا همه محصول زهد و علم
در کار چنگ و بربط و آواز نی کنم

از قیل و قال مدرسه حالی دلم گرفت
یک چند نیز خدمت معشوق و می کنم

کی بود در زمانه وفا جام می بیار
تا من حکایت جم و کاووس کی کنم

از نامه سیاه نترسم که روز حشر
با فیض لطف او صد از این نامه طی کنم

کو پیک صبح تا گله‌های شب فراق
با آن خجسته طالع فرخنده پی کنم

این جان عاریت که به حافظ سپرد دوست
روزی رخش ببینم و تسلیم وی کنم

غزل ۳۵۲

۳۱۰

www.rumispath.com

روزگاری شد که در میخانه خدمت می کنم

در لباس فقر کار اهل دولت می کنم

تا کی اندر دام وصل آرم تذروی خوش خرام

در کمینم و انتظار وقت فرصت می کنم

واعظ ما بوی حق نشنید بشنو کاین سخن

در حضورش نیز می گویم نه غیبت می کنم

با صبا افتان و خیزان می روم تا کوی دوست

وز رفیقان ره استمداد همت می کنم

خاک کویت زحمت ما برنتابد بیش از این

لطف ها کردی بتا تخفیف زحمت می کنم

زلف دلبر دام راه و غمزه اش تیر بلاست

یاد دار ای دل که چندینت نصیحت می کنم

دیده بدبین بپوشان ای کریم عیب پوش

زین دلیری ها که من در کنج خلوت می کنم

حافظم در مجلسی دردی کشم در محفلی

بنگر این شوخی که چون با خلق صنعت می کنم

غزل ۳۵۳

من ترک عشق شاهد و ساغر نمی کنم

صد بار توبه کردم و دیگر نمی کنم

باغ بهشت و سایه طوبی و قصر و حور

با خاک کوی دوست برابر نمی‌کنم

تلقین و درس اهل نظر یک اشارت است
گفتم کنایتی و مکرر نمی‌کنم

هرگز نمی‌شود ز سر خود خبر مرا
تا در میان میکده سر بر نمی‌کنم

ناصح به طعن گفت که رو ترک عشق کن
محتاج جنگ نیست برادر نمی‌کنم

این تقوام تمام که با شاهدان شهر
ناز و کرشمه بر سر منبر نمی‌کنم

حافظ جناب پیر مغان جای دولت است
من ترک خاک بوسی این در نمی‌کنم

غزل ۳۵۴

به مژگان سیه کردی هزاران رخنه در دینم
بیا کز چشم بیمارت هزاران درد برچینم

الا ای همنشین دل که یارانت برفت از یاد
مرا روزی مباد آن دم که بی یاد تو بنشینم

جهان پیر است و بی بنیاد از این فرهادکش فریاد
که کرد افسون و نیرنگش ملول از جان شیرینم

ز تاب آتش دوری شدم غرق عرق چون گل
بیار ای باد شبگیری نسیمی زان عرق چینم

جهان فانی و باقی فدای شاهد و ساقی
که سلطانی عالم را طفیل عشق می‌بینم

اگر بر جای من غیری گزیند دوست حاکم اوست
حرامم باد اگر من جان به جای دوست بگزینم

صباح الخیر زد بلبل کجایی ساقیا برخیز
که غوغا می‌کند در سر خیال خواب دوشینم

شب رحلت هم از بستر روم در قصر حورالعین
اگر در وقت جان دادن تو باشی شمع بالینم

حدیث آرزومندی که در این نامه ثبت افتاد
همانا بی‌غلط باشد که حافظ داد تلقینم

غزل ۳۵۵

حالیا مصلحت وقت در آن می‌بینم
که کشم رخت به میخانه و خوش بنشینم

جام می گیرم و از اهل ریا دور شوم
یعنی از اهل جهان پاکدلی بگزینم

جز صراحی و کتابم نبود یار و ندیم
تا حریفان دغا را به جهان کم بینم

سر به آزادگی از خلق برآرم چون سرو
گر دهد دست که دامن ز جهان درچینم

بس که در خرقه آلوده زدم لاف صلاح
شرمسار از رخ ساقی و می رنگینم

سینه تنگ من و بار غم او هیهات
مرد این بار گران نیست دل مسکینم

من اگر رند خراباتم و گر زاهد شهر
این متاعم که همی بینی و کمتر زینم

بنده آصف عهدم دلم از راه مبر
که اگر دم زنم از چرخ بخواهد کینم

بر دلم گرد ستم‌هاست خدایا مپسند
که مکدر شود آیینه مهرآیینم

غزل ۳۵۶

گرم از دست برخیزد که با دلدار بنشینم
ز جام وصل می نوشم ز باغ عیش گل چینم

شراب تلخ صوفی سوز بنیادم بخواهد برد
لبم بر لب نه ای ساقی و بستان جان شیرینم

مگر دیوانه خواهم شد در این سودا که شب تا روز
سخن با ماه می‌گویم پری در خواب می‌بینم

لبت شکر به مستان داد و چشمت می به میخواران
منم کز غایت حرمان نه با آنم نه با اینم

چو هر خاکی که باد آورد فیضی برد از انعامت
ز حال بنده یاد آور که خدمتگار دیرینم

نه هر کو نقش نظمی زد کلامش دلپذیر افتد

تذرو طرفه من گیرم که چالاک است شاهینم

اگر باور نمی داری رو از صورتگر چین پرس
که مانی نسخه می خواهد ز نوک کلک مشکینم

وفاداری و حق گویی نه کار هر کسی باشد
غلام آصف ثانی جلال الحق والدینم

رموز مستی و رندی ز من بشنو نه از واعظ
که با جام و قدح هر دم ندیم ماه و پروینم

غزل ۳۵۷

در خرابات مغان نور خدا می بینم
این عجب بین که چه نوری ز کجا می بینم

جلوه بر من مفروش ای ملک الحاج که تو
خانه می بینی و من خانه خدا می بینم

خواهم از زلف بتان نافه گشایی کردن
فکر دور است همانا که خطا می بینم

سوز دل اشک روان آه سحر ناله شب
این همه از نظر لطف شما می بینم

هر دم از روی تو نقشی زندم راه خیال
با که گویم که در این پرده چه ها می بینم

کس ندیده ست ز مشک ختن و نافه چین
آن چه من هر سحر از باد صبا می بینم

دوستان عیب نظربازی حافظ مکنید
که من او را ز محبان شما می‌بینم

غزل ۳۵۸

غم زمانه که هیچش کران نمی‌بینم
دواش جز می چون ارغوان نمی‌بینم

به ترک خدمت پیر مغان نخواهم گفت
چرا که مصلحت خود در آن نمی‌بینم

ز آفتاب قدح ارتفاع عیش بگیر
چرا که طالع وقت آن چنان نمی‌بینم

نشان اهل خدا عاشقیست با خود دار
که در مشایخ شهر این نشان نمی‌بینم

بدین دو دیده حیران من هزار افسوس
که با دو آینه رویش عیان نمی‌بینم

قد تو تا بشد از جویبار دیده من
به جای سرو جز آب روان نمی‌بینم

در این خمار کسم جرعه‌ای نمی‌بخشد
ببین که اهل دلی در میان نمی‌بینم

نشان موی میانش که دل در او بستم
ز من مپرس که خود در میان نمی‌بینم

من و سفینه حافظ که جز در این دریا
بضاعت سخن درفشان نمی‌بینم

غزل ۳۵۹

خرم آن روز کز این منزل ویران بروم
راحت جان طلبم و از پی جانان بروم

گر چه دانم که به جایی نبرد راه غریب
من به بوی سر آن زلف پریشان بروم

دلم از وحشت زندان سکندر بگرفت
رخت بربندم و تا ملک سلیمان بروم

چون صبا با تن بیمار و دل بی طاقت
به هواداری آن سرو خرامان بروم

در ره او چو قلم گر به سرم باید رفت
با دل زخم کش و دیده گریان بروم

نذر کردم گر از این غم به در آیم روزی
تا در میکده شادان و غزل خوان بروم

به هواداری او ذره صفت رقص کنان
تا لب چشمه خورشید درخشان بروم

تازیان را غم احوال گران باران نیست
پارسایان مددی تا خوش و آسان بروم

ور چو حافظ ز بیابان نبرم ره بیرون
همره کوکبه آصف دوران بروم

غزل ۳۶۰

گر از این منزل ویران به سوی خانه روم
دگر آن جا که روم عاقل و فرزانه روم

زین سفر گر به سلامت به وطن باز رسم
نذر کردم که هم از راه به میخانه روم

تا بگویم که چه کشفم شد از این سیر و سلوک
به در صومعه با بربط و پیمانه روم

آشنایان ره عشق گرم خون بخورند
ناکسم گر به شکایت سوی بیگانه روم

بعد از این دست من و زلف چو زنجیر نگار
چند و چند از پی کام دل دیوانه روم

گر ببینم خم ابروی چو محرابش باز
سجده شکر کنم و از پی شکرانه روم

خرم آن دم که چو حافظ به تولای وزیر
سرخوش از میکده با دوست به کاشانه روم

غزل ۳۶۱

آن که پامال جفا کرد چو خاک راهم
خاک می بوسم و عذر قدمش می خواهم

من نه آنم که ز جور تو بنالم حاشا
بنده معتقد و چاکر دولتخواهم

بسته‌ام در خم گیسوی تو امید دراز
آن مبادا که کند دست طلب کوتاهم

ذره خاکم و در کوی توام جای خوش است
ترسم ای دوست که بادی ببرد ناگاهم

پیر میخانه سحر جام جهان‌بینم داد
واندر آن آینه از حسن تو کرد آگاهم

صوفی صومعه عالم قدسم لیکن
حالیا دیر مغان است حوالتگاهم

با من راه‌نشین خیز و سوی میکده آی
تا در آن حلقه ببینی که چه صاحب جاهم

مست بگذشتی و از حافظت اندیشه نبود
آه اگر دامن حسن تو بگیرد آهم

خوشم آمد که سحر خسرو خاور می‌گفت
با همه پادشهی بنده توران‌شاهم

غزل ۳۶۲

دیدار شد میسر و بوس و کنار هم
از بخت شکر دارم و از روزگار هم

زاهد برو که طالع اگر طالع من است
جامم به دست باشد و زلف نگار هم

ما عیب کس به مستی و رندی نمی‌کنیم
لعل بتان خوش است و می خوشگوار هم

ای دل بشارتی دهمت محتسب نماند
واز می جهان پر است و بت میگسار هم

خاطر به دست تفرقه دادن نه زیرکیست
مجموعه‌ای بخواه و صراحی بیار هم

بر خاکیان عشق فشان جرعه لبش
تا خاک لعل‌گون شود و مشکبار هم

آن شد که چشم بدنگران بودی از کمین
خصم از میان برفت و سرشک از کنار هم

چون کائنات جمله به بوی تو زنده‌اند
ای آفتاب سایه ز ما برمدار هم

چون آب روی لاله و گل فیض حسن توست
ای ابر لطف بر من خاکی ببار هم

حافظ اسیر زلف تو شد از خدا بترس
واز انتصاف آصف جم اقتدار هم

برهان ملک و دین که ز دست وزارتش
ایام کان یمین شد و دریا یسار هم

بر یاد رای انور او آسمان به صبح
جان می‌کند فدا و کواکب نثار هم

گوی زمین ربوده چوگان عدل اوست
وین برکشیده گنبد نیلی حصار هم

عزم سبک عنان تو در جنبش آورد

این پایدار مرکز عالی مدار هم

تا از نتیجه فلک و طور دور اوست
تبدیل ماه و سال و خزان و بهار هم

خالی مباد کاخ جلالش ز سروران
وز ساقیان سروقد گلعذار هم

غزل ۳۶۳

دردم از یار است و درمان نیز هم
دل فدای او شد و جان نیز هم

این که می‌گویند آن خوشتر ز حسن
یار ما این دارد و آن نیز هم

یاد باد آن کو به قصد خون ما
عهد را بشکست و پیمان نیز هم

دوستان در پرده می‌گویم سخن
گفته خواهد شد به دستان نیز هم

چون سر آمد دولت شب‌های وصل
بگذرد ایام هجران نیز هم

هر دو عالم یک فروغ روی اوست
گفتمت پیدا و پنهان نیز هم

اعتمادی نیست بر کار جهان
بلکه بر گردون گردان نیز هم

عاشق از قاضی نترسد می بیار

بلکه از یرغوی دیوان نیز هم

محتسب داند که حافظ عاشق است

و آصف ملک سلیمان نیز هم

غزل ۳۶۴

ما بی غمان مست دل از دست داده ایم

همراز عشق و همنفس جام باده ایم

بر ما بسی کمان ملامت کشیده اند

تا کار خود ز ابروی جانان گشاده ایم

ای گل تو دوش داغ صبوحی کشیده ای

ما آن شقایقیم که با داغ زاده ایم

پیر مغان ز توبه ما گر ملول شد

گو باده صاف کن که به عذر ایستاده ایم

کار از تو می رود مددی ای دلیل راه

کانصاف می دهیم و ز راه اوفتاده ایم

چون لاله می مبین و قدح در میان کار

این داغ بین که بر دل خونین نهاده ایم

گفتی که حافظ این همه رنگ و خیال چیست

نقش غلط مبین که همان لوح ساده ایم

غزل ۳۶۵

عمریست تا به راه غمت رو نهاده‌ایم
روی و ریای خلق به یکسو نهاده‌ایم

طاق و رواق مدرسه و قال و قیل علم
در راه جام و ساقی مه‌رو نهاده‌ایم

هم جان بدان دو نرگس جادو سپرده‌ایم
هم دل بدان دو سنبل هندو نهاده‌ایم

عمری گذشت تا به امید اشارتی
چشمی بدان دو گوشه ابرو نهاده‌ایم

ما ملک عافیت نه به لشکر گرفته‌ایم
ما تخت سلطنت نه به بازو نهاده‌ایم

تا سحر چشم یار چه بازی کند که باز
بنیاد بر کرشمه جادو نهاده‌ایم

بی زلف سرکشش سر سودایی از ملال
همچون بنفشه بر سر زانو نهاده‌ایم

در گوشه امید چو نظارگان ماه
چشم طلب بر آن خم ابرو نهاده‌ایم

گفتی که حافظا دل سرگشته‌ات کجاست
در حلقه‌های آن خم گیسو نهاده‌ایم

غزل ۳۶۶

ما بدین در نه پی حشمت و جاه آمده‌ایم

از بد حادثه این جا به پناه آمده‌ایم

ره رو منزل عشقیم و ز سرحد عدم
تا به اقلیم وجود این همه راه آمده‌ایم

سبزه خط تو دیدیم و ز بستان بهشت
به طلبکاری این مهرگیاه آمده‌ایم

با چنین گنج که شد خازن او روح امین
به گدایی به در خانه شاه آمده‌ایم

لنگر حلم تو ای کشتی توفیق کجاست
که در این بحر کرم غرق گناه آمده‌ایم

آبرو می‌رود ای ابر خطاپوش ببار
که به دیوان عمل نامه سیاه آمده‌ایم

حافظ این خرقه پشمینه بینداز که ما
از پی قافله با آتش آه آمده‌ایم

غزل ۳۶۷

فتوی پیر مغان دارم و قولیست قدیم
که حرام است می آن جا که نه یار است ندیم

چاک خواهم زدن این دلق ریایی چه کنم
روح را صحبت ناجنس عذابیست الیم

تا مگر جرعه فشاند لب جانان بر من
سال‌ها شد که منم بر در میخانه مقیم

مگرش خدمت دیرین من از یاد برفت

ای نسیم سحری یاد دهش عهد قدیم

بعد صد سال اگر بر سر خاکم گذری

سر برآرد ز گلم رقص کنان عظم رمیم

دلبر از ما به صد امید ستد اول دل

ظاهرا عهد فرامش نکند خلق کریم

غنچه گو تنگ دل از کار فروبسته مباش

کز دم صبح مدد یابی و انفاس نسیم

فکر بهبود خود ای دل ز دری دیگر کن

درد عاشق نشود به به مداوای حکیم

گوهر معرفت آموز که با خود ببری

که نصیب دگران است نصاب زر و سیم

دام سخت است مگر یار شود لطف خدا

ور نه آدم نبرد صرفه ز شیطان رجیم

حافظ ار سیم و زرت نیست چه شد شاکر باش

چه به از دولت لطف سخن و طبع سلیم

غزل ۳۶۸

خیز تا از در میخانه گشادی طلبیم

به ره دوست نشینیم و مرادی طلبیم

زاد راه حرم وصل نداریم مگر

به گدایی ز در میکده زادی طلبیم

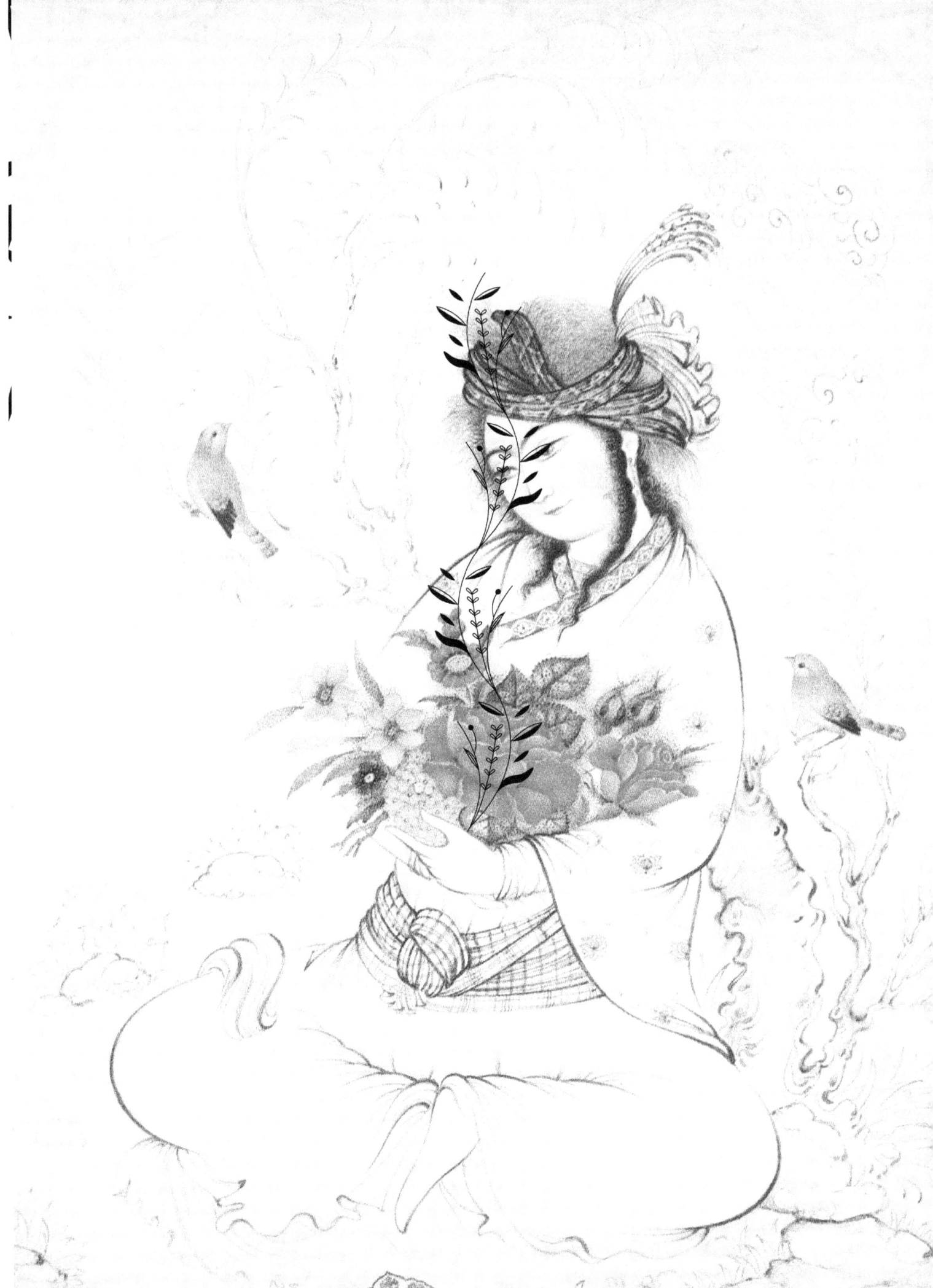

اشک آلوده ما گر چه روان است ولی
به رسالت سوی او پاک نهادی طلبیم

لذت داغ غمت بر دل ما باد حرام
اگر از جور غم عشق تو دادی طلبیم

نقطه خال تو بر لوح بصر نتوان زد
مگر از مردمک دیده مدادی طلبیم

عشوه‌ای از لب شیرین تو دل خواست به جان
به شکرخنده لبت گفت مزادی طلبیم

تا بود نسخه عطری دل سودازده را
از خط غالیه سای تو سوادی طلبیم

چون غمت را نتوان یافت مگر در دل شاد
ما به امید غمت خاطر شادی طلبیم

بر در مدرسه تا چند نشینی حافظ
خیز تا از در میخانه گشادی طلبیم

غزل ۳۶۹

ما ز یاران چشم یاری داشتیم
خود غلط بود آن چه ما پنداشتیم

تا درخت دوستی برگی دهد
حالیا رفتیم و تخمی کاشتیم

گفت و گو آیین درویشی نبود

ورنه با تو ماجراها داشتیم

شیوه چشمت فریب جنگ داشت

ما غلط کردیم و صلح انگاشتیم

گلبن حسنت نه خود شد دلفروز

ما دم همت بر او بگماشتیم

نکته‌ها رفت و شکایت کس نکرد

جانب حرمت فرونگذاشتیم

گفت خود دادی به ما دل حافظا

ما محصل بر کسی نگماشتیم

غزل ۳۷۰

صلاح از ما چه می‌جویی که مستان را صلا گفتیم

به دور نرگس مستت سلامت را دعا گفتیم

در میخانه‌ام بگشا که هیچ از خانقه نگشود

گرت باور بود ور نه سخن این بود و ما گفتیم

من از چشم تو ای ساقی خراب افتاده‌ام لیکن

بلایی کز حبیب آید هزارش مرحبا گفتیم

اگر بر من نبخشایی پشیمانی خوری آخر

به خاطر دار این معنی که در خدمت کجا گفتیم

قدت گفتم که شمشاد است بس خجلت به بار آورد

که این نسبت چرا کردیم و این بهتان چرا گفتیم

جگر چون نافه‌ام خون گشت کم زینم نمی‌باید
جزای آن که با زلفت سخن از چین خطا گفتیم

تو آتش گشتی ای حافظ ولی با یار درنگرفت
ز بدعهدی گل گویی حکایت با صبا گفتیم

غزل ۳۷۱

ما درس سحر در ره میخانه نهادیم
محصول دعا در ره جانانه نهادیم

در خرمن صد زاهد عاقل زند آتش
این داغ که ما بر دل دیوانه نهادیم

سلطان ازل گنج غم عشق به ما داد
تا روی در این منزل ویرانه نهادیم

در دل ندهم ره پس از این مهر بتان را
مهر لب او بر در این خانه نهادیم

در خرقه از این بیش منافق نتوان بود
بنیاد از این شیوه رندانه نهادیم

چون می‌رود این کشتی سرگشته که آخر
جان در سر آن گوهر یک‌دانه نهادیم

المنة لله که چو ما بی‌دل و دین بود
آن را که لقب عاقل و فرزانه نهادیم

قانع به خیالی ز تو بودیم چو حافظ
یا رب چه گداهمت و بیگانه نهادیم

Educational Code: RPI-QP-002

غزل ۳۷۲

بگذار تا ز شارع میخانه بگذریم
کز بهر جرعه‌ای همه محتاج این دریم

روز نخست چون دم رندی زدیم و عشق
شرط آن بود که جز ره آن شیوه نسپریم

جایی که تخت و مسند جم می‌رود به باد
گر غم خوریم خوش نبود به که می خوریم

تا بو که دست در کمر او توان زدن
در خون دل نشسته چو یاقوت احمریم

واعظ مکن نصیحت شوریدگان که ما
با خاک کوی دوست به فردوس ننگریم

چون صوفیان به حالت و رقصند مقتدا
ما نیز هم به شعبده دستی برآوریم

از جرعه تو خاک زمین در و لعل یافت
بیچاره ما که پیش تو از خاک کمتریم

حافظ چو ره به کنگره کاخ وصل نیست
با خاک آستانه این در به سر بریم

غزل ۳۷۳

خیز تا خرقه صوفی به خرابات بریم

شطح و طامات به بازار خرافات بریم

ور نهد در ره ما خار ملامت زاهد
از گلستانش به زندان مکافات بریم

سوی رندان قلندر به ره آورد سفر
دلق بسطامی و سجاده طامات بریم

شرممان باد ز پشمینه آلوده خویش
گر بدین فضل و هنر نام کرامات بریم

تا همه خلوتیان جام صبوحی گیرند
چنگ صبحی به در پیر مناجات بریم

قدر وقت ار نشناسد دل و کاری نکند
بس خجالت که از این حاصل اوقات بریم

با تو آن عهد که در وادی ایمن بستیم
همچو موسی ارنی گوی به میقات بریم

فتنه می بارد از این سقف مقرنس برخیز
تا به میخانه پناه از همه آفات بریم

کوس ناموس تو بر کنگره عرش زنیم
علم عشق تو بر بام سماوات بریم

در بیابان فنا گم شدن آخر تا کی
ره بپرسیم مگر پی به مهمات بریم

خاک کوی تو به صحرای قیامت فردا
همه بر فرق سر از بهر مباهات بریم

حافظ آب رخ خود بر در هر سفله مریز

حاجت آن به که بر قاضی حاجات بریم

غزل ۳۷۴

بیا تا گل برافشانیم و می در ساغر اندازیم

فلک را سقف بشکافیم و طرحی نو دراندازیم

اگر غم لشکر انگیزد که خون عاشقان ریزد

من و ساقی به هم تازیم و بنیادش براندازیم

شراب ارغوانی را گلاب اندر قدح ریزیم

نسیم عطرگردان را شکر در مجمر اندازیم

چو در دست است رودی خوش بزن مطرب سرودی خوش

که دست افشان غزل خوانیم و پاکوبان سر اندازیم

صبا خاک وجود ما بدان عالی جناب انداز

بود کان شاه خوبان را نظر بر منظر اندازیم

یکی از عقل می‌لافد یکی طامات می‌بافد

بیا کاین داوری‌ها را به پیش داور اندازیم

بهشت عدن اگر خواهی بیا با ما به میخانه

که از پای خمت روزی به حوض کوثر اندازیم

سخندانی و خوشخوانی نمی‌ورزند در شیراز

بیا حافظ که تا خود را به ملکی دیگر اندازیم

غزل ۳۷۵

صوفی بیا که خرقه سالوس برکشیم

وین نقش زرق را خط بطلان به سر کشیم

نذر و فتوح صومعه در وجه می نهیم

دلق ریا به آب خرابات برکشیم

فردا اگر نه روضه رضوان به ما دهند

غلمان ز روضه حور ز جنت به در کشیم

بیرون جهیم سرخوش و از بزم صوفیان

غارت کنیم باده و شاهد به بر کشیم

عشرت کنیم ور نه به حسرت کشندمان

روزی که رخت جان به جهانی دگر کشیم

سر خدا که در تتق غیب منزویست

مستانه‌اش نقاب ز رخسار برکشیم

کو جلوه‌ای ز ابروی او تا چو ماه نو

گوی سپهر در خم چوگان زر کشیم

حافظ نه حد ماست چنین لاف‌ها زدن

پای از گلیم خویش چرا بیشتر کشیم

غزل ۳۷۶

دوستان وقت گل آن به که به عشرت کوشیم

سخن اهل دل است این و به جان بنیوشیم

نیست در کس کرم و وقت طرب می‌گذرد

چاره آن است که سجاده به می بفروشیم

خوش هواییست فرح بخش خدایا بفرست
نازنینی که به رویش می گلگون نوشیم

ارغنون ساز فلک رهزن اهل هنر است
چون از این غصه ننالیم و چرا نخروشیم

گل به جوش آمد و از می نزدیمش آبی
لاجرم ز آتش حرمان و هوس می جوشیم

می کشیم از قدح لاله شرابی موهوم
چشم بد دور که بی مطرب و می مدهوشیم

حافظ این حال عجب با که توان گفت که ما
بلبلانیم که در موسم گل خاموشیم

غزل ۳۷۷

ما شبی دست برآریم و دعایی بکنیم
غم هجران تو را چاره ز جایی بکنیم

دل بیمار شد از دست رفیقان مددی
تا طبیبش به سر آریم و دوایی بکنیم

آن که بی جرم برنجید و به تیغم زد و رفت
بازش آرید خدا را که صفایی بکنیم

خشک شد بیخ طرب راه خرابات کجاست
تا در آن آب و هوا نشو و نمایی بکنیم

مدد از خاطر رندان طلب ای دل ور نه
کار صعب است مبادا که خطایی بکنیم

سایه طایر کم حوصله کاری نکند
طلب از سایه میمون همایی بکنیم

دلم از پرده بشد حافظ خوشگوی کجاست
تا به قول و غزلش ساز نوایی بکنیم

غزل ۳۷۸

ما نگوییم بد و میل به ناحق نکنیم
جامه کس سیه و دلق خود ازرق نکنیم

عیب درویش و توانگر به کم و بیش بد است
کار بد مصلحت آن است که مطلق نکنیم

رقم مغلطه بر دفتر دانش نزنیم
سر حق بر ورق شعبده ملحق نکنیم

شاه اگر جرعه رندان نه به حرمت نوشد
التفاتش به می صاف مروق نکنیم

خوش برانیم جهان در نظر راهروان
فکر اسب سیه و زین مغرق نکنیم

آسمان کشتی ارباب هنر می‌شکند
تکیه آن به که بر این بحر معلق نکنیم

گر بدی گفت حسودی و رفیقی رنجید
گو تو خوش باش که ما گوش به احمق نکنیم

حافظ ار خصم خطا گفت نگیریم بر او
ور به حق گفت جدل با سخن حق نکنیم

غزل ۳۷۹

سرم خوش است و به بانگ بلند می‌گویم
که من نسیم حیات از پیاله می‌جویم

عبوس زهد به وجه خمار ننشیند
مرید خرقه دردی‌کشان خوشخویم

شدم فسانه به سرگشتگی و ابروی دوست
کشید در خم چوگان خویش چون گویم

گرم نه پیر مغان در به روی بگشاید
کدام در بزنم چاره از کجا جویم

مکن در این چمنم سرزنش به خودرویی
چنان که پرورشم می‌دهند می‌رویم

تو خانقاه و خرابات در میانه مبین
خدا گواه که هر جا که هست با اویم

غبار راه طلب کیمیای بهروزیست
غلام دولت آن خاک عنبرین بویم

ز شوق نرگس مست بلندبالایی
چو لاله با قدح افتاده بر لب جویم

بیار می که به فتوی حافظ از دل پاک

غبار زرق به فیض قدح فروشویم

غزل ۳۸۰

بارها گفته‌ام و بار دگر می‌گویم
که من دلشده این ره نه به خود می‌پویم

در پس آینه طوطی صفتم داشته‌اند
آن چه استاد ازل گفت بگو می‌گویم

من اگر خارم و گر گل چمن آرایی هست
که از آن دست که او می‌کشدم می‌رویم

دوستان عیب من بیدل حیران مکنید
گوهری دارم و صاحب نظری می‌جویم

گر چه با دلق ملمع می گلگون عیب است
مکنم عیب کز او رنگ ریا می‌شویم

خنده و گریه عشاق ز جایی دگر است
می‌سرایم به شب و وقت سحر می‌مویم

حافظم گفت که خاک در میخانه مبوی
گو مکن عیب که من مشک ختن می‌بویم

غزل ۳۸۱

گر چه ما بندگان پادشهیم
پادشاهان ملک صبحگهیم

گنج در آستین و کیسه تهی
جام گیتی نما و خاک رهیم

هوشیار حضور و مست غرور
بحر توحید و غرقه گنهیم

شاهد بخت چون کرشمه کند
ماش آیینه رخ چو مهیم

شاه بیدار بخت را هر شب
ما نگهبان افسر و کلهیم

گو غنیمت شمار صحبت ما
که تو در خوابی و ما به دیده گهیم

شاه منصور واقف است که ما
روی همت به هر کجا که نهیم

دشمنان را ز خون کفن سازیم
دوستان را قبای فتح دهیم

رنگ تزویر پیش ما نبود
شیر سرخیم و افعی سیهیم

وام حافظ بگو که باز دهند
کرده‌ای اعترافی و ما گوهیم

غزل ۳۸۲

فاتحه‌ای چو آمدی بر سر خسته‌ای بخوان
لب بگشا که می‌دهد لعل لبت به مرده جان

آن که به پرسش آمد و فاتحه خواند و می رود

گو نفسی که روح را می کنم از پی اش روان

ای که طبیب خسته ای روی زبان من ببین

کاین دم و دود سینه ام بار دل است بر زبان

گر چه تب استخوان من کرد ز مهر گرم و رفت

همچو تبم نمی رود آتش مهر از استخوان

حال دلم ز خال تو هست در آتشش وطن

چشمم از آن دو چشم تو خسته شده ست و ناتوان

باز نشان حرارتم ز آب دو دیده و ببین

نبض مرا که می دهد هیچ ز زندگی نشان

آن که مدام شیشه ام از پی عیش داده است

شیشه ام از چه می برد پیش طبیب هر زمان

حافظ از آب زندگی شعر تو داد شربتم

ترک طبیب کن بیا نسخه شربتم بخوان

غزل ۳۸۳

چندان که گفتم غم با طبیبان

درمان نکردند مسکین غریبان

آن گل که هر دم در دست بادیست

گو شرم بادش از عندلیبان

یا رب امان ده تا باز بیند

چشم محبان روی حبیبان

درج محبت بر مهر خود نیست

یارب مبادا کام رقیبان

ای منعم آخر بر خوان جودت

تا چند باشیم از بی نصیبان

حافظ نگشتی شیدای گیتی

گر می شنیدی پند ادیبان

غزل ۳۸٤

می سوزم از فراقت روی از جفا بگردان

هجران بلای ما شد یارب بلا بگردان

مه جلوه می نماید بر سبز خنگ گردون

تا او به سر درآید بر رخش پا بگردان

مرغول را برافشان یعنی به رغم سنبل

گرد چمن بخوری همچون صبا بگردان

یغمای عقل و دین را بیرون خرام سرمست

در سر کلاه بشکن در بر قبا بگردان

ای نور چشم مستان در عین انتظارم

چنگ حزین و جامی بنواز یا بگردان

دوران همی نویسد بر عارضش خطی خوش

یارب نوشته بد از یار ما بگردان

حافظ ز خوبرویان بختت جز این قدر نیست
گر نیستت رضایی حکم قضا بگردان

غزل ۳۸۵

یارب آن آهوی مشکین به ختن بازرسان
وان سهی سرو خرامان به چمن بازرسان

دل آزرده ما را به نسیمی بنواز
یعنی آن جان ز تن رفته به تن بازرسان

ماه و خورشید به منزل چو به امر تو رسند
یار مه روی مرا نیز به من بازرسان

دیده‌ها در طلب لعل یمانی خون شد
یارب آن کوکب رخشان به یمن بازرسان

بروای طایر میمون همایون آثار
پیش عنقا سخن زاغ و زغن بازرسان

سخن این است که ما بی تو نخواهیم حیات
بشنو ای پیک خبرگیر و سخن بازرسان

آن که بودی وطنش دیده حافظ یارب
به مرادش ز غریبی به وطن بازرسان

غزل ۳۸۶

خدا را کم نشین با خرقه پوشان
رخ از رندان بی سامان مپوشان

در این خرقه بسی آلودگی هست
خوشا وقت قبای می‌فروشان

در این صوفی‌وشان دردی ندیدم
که صافی باد عیش دردنوشان

تو نازک طبعی و طاقت نیاری
گرانی‌های مشتی دلق‌پوشان

چو مستم کرده‌ای مستور منشین
چو نوشم داده‌ای زهرم منوشان

بیا و از غبن این سالوسیان بین
صراحی خون دل و بربط خروشان

ز دلگرمی حافظ بر حذر باش
که دارد سینه‌ای چون دیگ جوشان

غزل ۳۸۷

شاه شمشادقدان خسرو شیرین‌دهنان
که به مژگان شکند قلب همه صف‌شکنان

مست بگذشت و نظر بر من درویش انداخت
گفت ای چشم و چراغ همه شیرین‌سخنان

تا کی از سیم و زرت کیسه تهی خواهد بود
بنده من شو و برخور ز همه سیمتنان

کمتر از ذره نه‌ای پست مشو مهر بورز

تا به خلوتگه خورشید رسی چرخ زنان

بر جهان تکیه مکن ور قدحی می داری
شادی زهره جبینان خور و نازک بدنان

پیر پیمانه کش من که روانش خوش باد
گفت پرهیز کن از صحبت پیمان شکنان

دامن دوست به دست آر و ز دشمن بگسل
مرد یزدان شو و فارغ گذر از اهرمنان

با صبا در چمن لاله سحر می گفتم
که شهیدان که‌اند این همه خونین کفنان

گفت حافظ من و تو محرم این راز نه‌ایم
از می لعل حکایت کن و شیرین دهنان

غزل ۳۸۸

بهار و گل طرب انگیز گشت و توبه شکن
به شادی رخ گل بیخ غم ز دل برکن

رسید باد صبا غنچه در هواداری
ز خود برون شد و بر خود درید پیراهن

طریق صدق بیاموز از آب صافی دل
به راستی طلب آزادگی ز سرو چمن

ز دستبرد صبا گرد گل کلاله نگر
شکنج گیسوی سنبل ببین به روی سمن

Educational Code: RPI-QP-002

عروس غنچه رسید از حرم به طالع سعد

به عینه دل و دین می برد به وجه حسن

صفیر بلبل شوریده و نفیر هزار

برای وصل گل آمد برون ز بیت حزن

حدیث صحبت خوبان و جام باده بگو

به قول حافظ و فتوی پیر صاحب فن

غزل ۳۸۹

چو گل هر دم به بویت جامه در تن

کنم چاک از گریبان تا به دامن

تنت را دید گل گویی که در باغ

چو مستان جامه را بدرید بر تن

من از دست غمت مشکل برم جان

ولی دل را تو آسان بردی از من

به قول دشمنان برگشتی از دوست

نگردد هیچ کس دوست دشمن

تنت در جامه چون در جام باده

دلت در سینه چون در سیم آهن

ببار ای شمع اشک از چشم خونین

که شد سوز دلت بر خلق روشن

مکن کز سینه‌ام آه جگرسوز

برآید همچو دود از راه روزن

دلم را مشکن و در پا مینداز
که دارد در سر زلف تو مسکن

چو دل در زلف تو بسته‌ست حافظ
بدین سان کار او در پا میفکن

غزل ۳۹۰

افسر سلطان گل پیدا شد از طرف چمن
مقدمش یا رب مبارک باد بر سرو و سمن

خوش به جای خویشتن بود این نشست خسروی
تا نشیند هر کسی اکنون به جای خویشتن

خاتم جم را بشارت ده به حسن خاتمت
کاسم اعظم کرد از او کوتاه دست اهرمن

تا ابد معمور باد این خانه کز خاک درش
هر نفس با بوی رحمان می‌وزد باد یمن

شوکت پور پشنگ و تیغ عالمگیر او
در همه شهنامه‌ها شد داستان انجمن

خنگ چوگانی چرخت رام شد در زیر زین
شهسوارا چون به میدان آمدی گویی بزن

جویبار ملک را آب روان شمشیر توست
تو درخت عدل بنشان بیخ بدخواهان بکن

بعد از این نشگفت اگر با نکهت خلق خوشت

خیزد از صحرای ایذج نافه مشک ختن

گوشه گیران انتظار جلوه خوش می کنند
برشکن طرف کلاه و برقع از رخ برفکن

مشورت با عقل کردم گفت حافظ می بنوش
ساقیا می ده به قول مستشار مؤتمن

ای صبا بر ساقی بزم اتابک عرضه دار
تا از آن جام زرافشان جرعه ای بخشد به من

غزل ۳۹۱

خوشتر از فکر می و جام چه خواهد بودن
تا ببینیم که سرانجام چه خواهد بودن

غم دل چند توان خورد که ایام نماند
گو نه دل باش و نه ایام چه خواهد بودن

مرغ کم حوصله را گو غم خود خور که بر او
رحم آن کس که نهد دام چه خواهد بودن

باده خور غم مخور و پند مقلد منیوش
اعتبار سخن عام چه خواهد بودن

دست رنج تو همان به که شود صرف به کام
دانی آخر که به ناکام چه خواهد بودن

پیر میخانه همی خواند معمایی دوش
از خط جام که فرجام چه خواهد بودن

بردم از ره دل حافظ به دف و چنگ و غزل
تا جزای من بدنام چه خواهد بودن

غزل ۳۹۲

دانی که چیست دولت دیدار یار دیدن
در کوی او گدایی بر خسروی گزیدن

از جان طمع بریدن آسان بود ولیکن
از دوستان جانی مشکل توان بریدن

خواهم شدن به بستان چون غنچه با دل تنگ
وان جا به نیک نامی پیراهنی دریدن

گه چون نسیم با گل راز نهفته گفتن
که سر عشقبازی از بلبلان شنیدن

بوسیدن لب یار اول ز دست مگذار
کآخر ملول گردی از دست و لب گزیدن

فرصت شمار صحبت کز این دوراهه منزل
چون بگذریم دیگر نتوان به هم رسیدن

گویی برفت حافظ از یاد شاه یحیی
یا رب به یادش آور درویش پروریدن

غزل ۳۹۳

منم که شهره شهرم به عشق ورزیدن
منم که دیده نیالودم به بد دیدن

وفا کنیم و ملامت کشیم و خوش باشیم
که در طریقت ما کافریست رنجیدن

به پیر میکده گفتم که چیست راه نجات
بخواست جام می و گفت عیب پوشیدن

مراد دل ز تماشای باغ عالم چیست
به دست مردم چشم از رخ تو گل چیدن

به می پرستی از آن نقش خود زدم بر آب
که تا خراب کنم نقش خودپرستیدن

به رحمت سر زلف تو واثقم ورنه
کشش چو نبود از آن سو چه سود کوشیدن

عنان به میکده خواهیم تافت زین مجلس
که وعظ بی عملان واجب است نشنیدن

ز خط یار بیاموز مهر با رخ خوب
که گرد عارض خوبان خوش است گردیدن

مبوس جز لب ساقی و جام می حافظ
که دست زهدفروشان خطاست بوسیدن

غزل ۳۹٤

ای روی ماه منظر تو نوبهار حسن
خال و خط تو مرکز حسن و مدار حسن

در چشم پرخمار تو پنهان فسون سحر

در زلف بی قرار تو پیدا قرار حسن

ماهی نتافت همچو تو از برج نیکویی
سروی نخاست چون قدت از جویبار حسن

خرم شد از ملاحت تو عهد دلبری
فرخ شد از لطافت تو روزگار حسن

از دام زلف و دانه خال تو در جهان
یک مرغ دل نماند نگشته شکار حسن

دایم به لطف دایه طبع از میان جان
می پرورد به ناز تو را در کنار حسن

گرد لبت بنفشه از آن تازه و تر است
کب حیات می خورد از جویبار حسن

حافظ طمع برید که بیند نظیر تو
دیار نیست جز رخت اندر دیار حسن

غزل ۳۹۵

گلبرگ را ز سنبل مشکین نقاب کن
یعنی که رخ بپوش و جهانی خراب کن

بفشان عرق ز چهره و اطراف باغ را
چون شیشه‌های دیده ما پرگلاب کن

ایام گل چو عمر به رفتن شتاب کرد
ساقی به دور باده گلگون شتاب کن

غزل ۳۹۶

بکشا به شیوه نرکس پرخواب مست را
وز رشک چشم نرگس عنا به خواب کن

بوی بنفشه بشنو و زلف نگار گیر
بنگر به رنگ لاله و عزم شراب کن

زان جا که رسم و عادت عاشق کشی توست
با دشمنان قدح کش و با ما عتاب کن

همچون حباب دیده به روی قدح کش
وین خانه را قیاس اساس از حباب کن

حافظ وصال می طلبد از ره دعا
یا رب دعای خسته دلان مستجاب کن

صبح است ساقیا قدحی پر شراب کن
دور فلک درنگ ندارد شتاب کن

زان پیشتر که عالم فانی شود خراب
ما را ز جام باده گلگون خراب کن

خورشید می ز مشرق ساغر طلوع کرد
گر برگ عیش می طلبی ترک خواب کن

روزی که چرخ از گل ما کوزه ها کند
زنهار کاسه سر ما پر شراب کن

ما مرد زهد و توبه و طامات نیستیم
با ما به جام باده صافی خطاب کن

کار صواب باده پرستیست حافظا
برخیز و عزم جزم به کار صواب کن

غزل ۳۹۷

ز در درآ و شبستان ما منور کن
هوای مجلس روحانیان معطر کن

اگر فقیه نصیحت کند که عشق مباز
پیاله‌ای بدهش گو دماغ را تر کن

به چشم و ابروی جانان سپرده‌ام دل و جان
بیا بیا و تماشای طاق و منظر کن

ستاره شب هجران نمی‌فشاند نور
به بام قصر برآ و چراغ مه برکن

بگو به خازن جنت که خاک این مجلس
به تحفه بر سوی فردوس و عود مجمر کن

از این مزوجه و خرقه نیک در تنگم
به یک کرشمه صوفی وشم قلندر کن

چو شاهدان چمن زیردست حسن تواند
کرشمه بر سمن و جلوه بر صنوبر کن

فضول نفس حکایت بسی کند ساقی
تو کار خود مده از دست و می به ساغر کن

حجاب دیده ادراک شد شعاع جمال

Khājeh Shams-od-Dīn Mohammad HāfeZ-e Shīrāzī

بیا و خرگه خورشید را منور کن

طمع به قند وصال تو حد ما نبود
حوالتم به لب لعل همچو شکر کن

لب پیاله ببوس آنگهی به مستان ده
بدین دقیقه دماغ معاشران تر کن

پس از ملازمت عیش و عشق مه رویان
ز کارها که کنی شعر حافظ از بر کن

غزل ۳۹۸

ای نور چشم من سخنی هست گوش کن
چون ساغرت پر است بنوشان و نوش کن

در راه عشق وسوسه اهرمن بسیست
پیش آی و گوش دل به پیام سروش کن

برگ نوا تبه شد و ساز طرب نماند
ای چنگ ناله برکش و ای دف خروش کن

تسبیح و خرقه لذت مستی نبخشدت
همت در این عمل طلب از می فروش کن

پیران سخن ز تجربه گویند گفتمت
هان ای پسر که پیر شوی پند گوش کن

بر هوشمند سلسله ننهاد دست عشق
خواهی که زلف یار کشی ترک هوش کن

با دوستان مضایقه در عمر و مال نیست
صد جان فدای یار نصیحت نیوش کن

ساقی که جامت از می صافی تهی مباد
چشم عنایتی به من دردنوش کن

سرمست در قبای زرافشان چو بگذری
یک بوسه نذر حافظ پشمینه پوش کن

غزل ۳۹۹

کرشمه‌ای کن و بازار ساحری بشکن
به غمزه رونق و ناموس سامری بشکن

به باد ده سر و دستار عالمی یعنی
کلاه گوشه به آیین سروری بشکن

به زلف گوی که آیین دلبری بگذار
به غمزه گوی که قلب ستمگری بشکن

برون خرام و ببر گوی خوبی از همه کس
سزای حور بده رونق پری بشکن

به آهوان نظر شیر آفتاب بگیر
به ابروان دوتا قوس مشتری بشکن

چو عطرسای شود زلف سنبل از دم باد
تو قیمتش به سر زلف عنبری بشکن

چو عندلیب فصاحت فروشد ای حافظ
تو قدر او به سخن گفتن دری بشکن

غزل ۴۰۰

بالابلند عشوه‌گر نقش باز من
کوتاه کرد قصه زهد دراز من

دیدی دلا که آخر پیری و زهد و علم
با من چه کرد دیده معشوقه باز من

می‌ترسم از خرابی ایمان که می‌برد
محراب ابروی تو حضور نماز من

گفتم به دلق زرق بپوشم نشان عشق
غماز بود اشک و عیان کرد راز من

مست است یار و یاد حریفان نمی‌کند
ذکرش به خیر ساقی مسکین نواز من

یا رب کی آن صبا بوزد کز نسیم آن
گردد شمامه کرمش کارساز من

نقشی بر آب می‌زنم از گریه حالیا
تا کی شود قرین حقیقت مجاز من

بر خود چو شمع خنده زنان گریه می‌کنم
تا با تو سنگدل چه کند سوز و ساز من

زاهد چو از نماز تو کاری نمی‌رود
هم مستی شبانه و راز و نیاز من

حافظ ز گریه سوخت بگو حالش ای صبا

با شاه دوست پرور دشمن گداز من

غزل ۴۰۱

چون شوم خاک رهش دامن بیفشاند ز من
ور بگویم دل بگردان رو بگرداند ز من

روی رنگین را به هر کس می‌نماید همچو گل
ور بگویم بازپوشان بازپوشاند ز من

چشم خود را گفتم آخر یک نظر سیرش ببین
گفت می‌خواهی مگر تا جوی خون راند ز من

او به خونم تشنه و من بر لبش تا چون شود
کام بستانم از او یا داد بستاند ز من

گر چو فرهادم به تلخی جان برآید باک نیست
بس حکایت‌های شیرین باز می‌ماند ز من

گر چو شمعش پیش میرم بر غمم خندان شود
ور برنجم خاطر نازک برنجاند ز من

دوستان جان داده‌ام بهر دهانش بنگرید
کو به چیزی مختصر چون باز می‌ماند ز من

صبر کن حافظ که گر زین دست باشد درس غم
عشق در هر گوشه‌ای افسانه‌ای خواند ز من

غزل ۴۰۲

نکته‌ای دلکش بگویم خال آن مه رو ببین

عقل و جان را بسته زنجیر آن گیسو ببین

عیب دل کردم که وحشی وضع و هرجایی مباش

گفت چشم شیرگیر و غنج آن آهو ببین

حلقه زلفش تماشاخانه باد صباست

جان صد صاحب دل آن جا بسته یک مو ببین

عابدان آفتاب از دلبر ما غافلند

ای ملامتگو خدا را رو مبین آن رو ببین

زلف دل دزدش صبا را بند بر گردن نهاد

با هواداران ره رو حیله هندو ببین

این که من در جست و جوی او ز خود فارغ شدم

کس ندیده‌ست و نبیند مثلش از هر سو ببین

حافظ ار در گوشه محراب می‌نالد رواست

ای نصیحتگو خدا را آن خم ابرو ببین

از مراد شاه منصور ای فلک سر بر متاب

تیزی شمشیر بنگر قوت بازو ببین

غزل ۴۰۳

شراب لعل کش و روی مه جبینان بین

خلاف مذهب آنان جمال اینان بین

به زیر دلق ملمع کمندها دارند

دراز دستی این کوته آستینان بین

به خرمن دو جهان سر فرو نمی آرند
دماغ و کبر گدایان و خوشه چینان بین

بهای نیم کرشمه هزار جان طلبند
نیاز اهل دل و ناز نازنینان بین

حقوق صحبت ما را به باد داد و برفت
وفای صحبت یاران و همنشینان بین

اسیر عشق شدن چاره خلاص من است
ضمیر عاقبت اندیش پیش بینان بین

کدورت از دل حافظ ببرد صحبت دوست
صفای همت پاکان و پاکدینان بین

غزل ٤٠٤

می فکن بر صف رندان نظری بهتر از این
بر در میکده می کن گذری بهتر از این

در حق من لبت این لطف که می فرماید
سخت خوب است ولیکن قدری بهتر از این

آن که فکرش گره از کار جهان بگشاید
گو در این کار بفرما نظری بهتر از این

ناصحم گفت که جز غم چه هنر دارد عشق
برو ای خواجه عاقل هنری بهتر از این

دل بدان رود گرامی چه کنم گر ندهم

مادر دهر ندارد پسری بهتر از این

من چه گویم که قدح نوش و لب ساقی بوس
بشنو از من که نگوید دگری بهتر از این

کلک حافظ شکرین میوه نباتیست به چین
که در این باغ نبینی ثمری بهتر از این

غزل ۴۰۵

به جان پیر خرابات و حق صحبت او
که نیست در سر من جز هوای خدمت او

بهشت اگر چه نه جای گناهکاران است
بیار باده که مستظهرم به همت او

چراغ صاعقه آن سحاب روشن باد
که زد به خرمن ما آتش محبت او

بر آستانه میخانه گر سری بینی
مزن به پای که معلوم نیست نیت او

بیا که دوش به مستی سروش عالم غیب
نوید داد که عام است فیض رحمت او

مکن به چشم حقارت نگاه در من مست
که نیست معصیت و زهد بی مشیت او

نمی‌کند دل من میل زهد و توبه ولی
به نام خواجه بکوشیم و فر دولت او

مدام خرقه حافظ به باده در گرو است
مگر ز خاک خرابات بود فطرت او

غزل ۴۰۶

گفتا برون شدی به تماشای ماه نو
از ماه ابروان منت شرم باد رو

عمریست تا دلت ز اسیران زلف ماست
غافل ز حفظ جانب یاران خود مشو

مفروش عطر عقل به هندوی زلف ما
کان جا هزار نافه مشکین به نیم جو

تخم وفا و مهر در این کهنه کشته زار
آن گه عیان شود که بود موسم درو

ساقی بیار باده که رمزی بگویمت
از سر اختران کهن سیر و ماه نو

شکل هلال هر سر مه می‌دهد نشان
از افسر سیامک و ترک کلاه زو

حافظ جناب پیر مغان مامن وفاست
درس حدیث عشق بر او خوان و ز او شنو

غزل ۴۰۷

مزرع سبز فلک دیدم و داس مه نو
یادم از کشته خویش آمد و هنگام درو

گفتم ای بخت بخفتیدی و خورشید دمید / گفت با این همه از سابقه نومید مشو

گر روی پاک و مجرد چو مسیحا به فلک / از چراغ تو به خورشید رسد صد پرتو

تکیه بر اختر شب دزد مکن کاین عیار / تاج کاووس ببرد و کمر کیخسرو

گوشوار زر و لعل ار چه گران دارد گوش / دور خوبی گذران است نصیحت بشنو

چشم بد دور ز خال تو که در عرصه حسن / بیدقی راند که برد از مه و خورشید گرو

آسمان گو مفروش این عظمت کاندر عشق / خرمن مه به جوی خوشه پروین به دو جو

آتش زهد و ریا خرمن دین خواهد سوخت / حافظ این خرقه پشمینه بینداز و برو

غزل ۴۰۸

ای آفتاب آینه دار جمال تو / مشک سیاه مجمره گردان خال تو

صحن سرای دیده بشستم ولی چه سود / کاین گوشه نیست درخور خیل خیال تو

در اوج ناز و نعمتی ای پادشاه حسن

یا رب مباد تا به قیامت زوال تو

مطبوع‌تر ز نقش تو صورت نبست باز
طغرانویس ابروی مشکین مثال تو

در چین زلفش ای دل مسکین چگونه‌ای
آشفته گفت باد صبا شرح حال تو

برخاست بوی گل ز در آشتی درآی
ای نوبهار ما رخ فرخنده فال تو

تا آسمان ز حلقه به گوشان ما شود
کو عشوه‌ای ز ابروی همچون هلال تو

تا پیش بخت باز روم تهنیت کنان
کو مژده‌ای ز مقدم عید وصال تو

این نقطه سیاه که آمد مدار نور
عکسیست در حدیقه بینش ز خال تو

در پیش شاه عرض کدامین جفا کنم
شرح نیازمندی خود یا ملال تو

حافظ در این کمند سر سرکشان بسیست
سودای کج مپز که نباشد مجال تو

غزل ۴۰۹

ای خونبهای نافه چین خاک راه تو
خورشید سایه پرور طرف کلاه تو

نرگس کرشمه می‌برد از حد برون خرام
ای من فدای شیوه چشم سیاه تو

خونم بخور که هیچ ملک با چنان جمال
از دل نیایدش که نویسد گناه تو

آرام و خواب خلق جهان را سبب تویی
زان شد کنار دیده و دل تکیه گاه تو

با هر ستاره‌ای سر و کار است هر شبم
از حسرت فروغ رخ همچو ماه تو

یاران همنشین همه از هم جدا شدند
ماییم و آستانه دولت پناه تو

حافظ طمع مبر ز عنایت که عاقبت
آتش زند به خرمن غم دود آه تو

غزل ۴۱۰

ای قبای پادشاهی راست بر بالای تو
زینت تاج و نگین از گوهر والای تو

آفتاب فتح را هر دم طلوعی می‌دهد
از کلاه خسروی رخسار مه سیمای تو

جلوه گاه طایر اقبال باشد هر کجا
سایه اندازد همای چتر گردون سای تو

از رسوم شرع و حکمت با هزاران اختلاف
نکته‌ای هرگز نشد فوت از دل دانای تو

آب حیوانش ز منقار بلاغت می‌چکد
طوطی خوش لهجه یعنی کلک شکرخای تو

گرچه خورشید فلک چشم و چراغ عالم است
روشنایی بخش چشم اوست خاک پای تو

آنچه اسکندر طلب کرد و ندادش روزگار
جرعه‌ای بود از زلال جام جان‌افزای تو

عرض حاجت در حریم حضرتت محتاج نیست
راز کس مخفی نماند با فروغ رای تو

خسروا پیرانه سر حافظ جوانی می‌کند
بر امید عفو جان‌بخش گنه‌فرسای تو

غزل ۴۱۱

تاب بنفشه می‌دهد طره مشک‌سای تو
پرده غنچه می‌درد خنده دلگشای تو

ای گل خوش نسیم من بلبل خویش را مسوز
کز سر صدق می‌کند شب همه شب دعای تو

من که ملول گشتمی از نفس فرشتگان
قال و مقال عالمی می‌کشم از برای تو

دولت عشق بین که چون از سر فقر و افتخار
گوشه تاج سلطنت می‌شکند گدای تو

خرقه زهد و جام می گرچه نه درخور همند

این همه نقش می‌زنم از جهت رضای تو

شور شراب عشق تو آن نفسم رود ز سر
کاین سر پرهوس شود خاک در سرای تو

شاه‌نشین چشم من تکیه گه خیال توست
جای دعاست شاه من بی تو مباد جای تو

خوش چمنیست عارضت خاصه که در بهار حسن
حافظ خوش کلام شد مرغ سخنسرای تو

غزل ۴۱۲

مرا چشمیست خون افشان ز دست آن کمان ابرو
جهان بس فتنه خواهد دید از آن چشم و از آن ابرو

غلام چشم آن ترکم که در خواب خوش مستی
نگارین گلشنش روی است و مشکین سایبان ابرو

هلالی شد تنم زین غم که با طغرای ابرویش
که باشد مه که بنماید ز طاق آسمان ابرو

رقیبان غافل و ما را از آن چشم و جبین هر دم
هزاران گونه پیغام است و حاجب در میان ابرو

روان گوشه گیران را جبینش طرفه گلزاریست
که بر طرف سمن زارش همی گردد چمان ابرو

دگر حور و پری را کس نگوید با چنین حسنی
که این را این چنین چشم است و آن را آن چنان ابرو

تو کافر دل نمی بندی نقاب زلف و می ترسم
که محرابم بگرداند خم آن دلستان ابرو

اگر چه مرغ زیرک بود حافظ در هواداری
به تیر غمزه صیدش کرد چشم آن کمان ابرو

غزل ۴۱۳

خط عذار یار که بگرفت ماه از او
خوش حلقه‌ایست لیک به در نیست راه از او

ابروی دوست گوشه محراب دولت است
آن جا بمال چهره و حاجت بخواه از او

ای جرعه نوش مجلس جم سینه پاک دار
کینه ایست جام جهان بین که آه از او

کردار اهل صومعه‌ام کرد می پرست
این دود بین که نامه من شد سیاه از او

سلطان غم هر آن چه تواند بگو بکن
من برده‌ام به باده فروشان پناه از او

ساقی چراغ می به ره آفتاب دار
گو برفروز مشعله صبحگاه از او

آبی به روزنامه اعمال ما فشان
باشد توان سترد حروف گناه از او

حافظ که ساز مطرب عشاق ساز کرد
خالی مباد عرصه این بزمگاه از او

آیا در این خیال که دارد گدای شهر

روزی بود که یاد کند پادشاه از او

غزل ۴۱۴

گلبن عیش می دمد ساقی گلعذار کو

باد بهار می وزد باده خوشگوار کو

هر گل نو ز گلرخی یاد همی کند ولی

گوش سخن شنو کجا دیده اعتبار کو

مجلس بزم عیش را غالیه مراد نیست

ای دم صبح خوش نفس نافه زلف یار کو

حسن فروشی گلم نیست تحمل ای صبا

دست زدم به خون دل بهر خدا نگار کو

شمع سحرگهی اگر لاف ز عارض تو زد

خصم زبان دراز شد خنجر آبدار کو

گفت مگر ز لعل من بوسه نداری آرزو

مردم از این هوس ولی قدرت و اختیار کو

حافظ اگر چه در سخن خازن گنج حکمت است

از غم روزگار دون طبع سخن گزار کو

غزل ۴۱۵

ای پیک راستان خبر یار ما بگو

احوال گل به بلبل دستان سرا بگو

ما محرمان خلوت انسیم غم مخور
با یار آشنا سخن آشنا بگو

برهم چو می‌زد آن سر زلفین مشکبار
با ما سر چه داشت ز بهر خدا بگو

هر کس که گفت خاک در دوست توتیاست
گو این سخن معاینه در چشم ما بگو

آن کس که منع ما ز خرابات می‌کند
گو در حضور پیر من این ماجرا بگو

گر دیگرت بر آن در دولت گذر بود
بعد از ادای خدمت و عرض دعا بگو

هر چند ما بدیم تو ما را بدان مگیر
شاهانه ماجرای گناه گدا بگو

بر این فقیر نامه آن محتشم بخوان
با این گدا حکایت آن پادشا بگو

جان‌ها ز دام زلف چو بر خاک می‌فشاند
بر آن غریب ما چه گذشت ای صبا بگو

جان پرور است قصه ارباب معرفت
رمزی برو بپرس حدیثی بیا بگو

حافظ گرت به مجلس او راه می‌دهند
می نوش و ترک زرق ز بهر خدا بگو

غزل ۴۱۶

خنک نسیم معنبر شمامه‌ای دلخواه
که در هوای تو برخاست بامداد پگاه

دلیل راه شو ای طایر خجسته لقا
که دیده آب شد از شوق خاک آن درگاه

به یاد شخص نزارم که غرق خون دل است
هلال را ز کنار افق کنید نگاه

منم که بی تو نفس می‌کشم زهی خجلت
مگر تو عفو کنی ورنه چیست عذر گناه

ز دوستان تو آموخت در طریقت مهر
سپیده دم که صبا چاک زد شعار سیاه

به عشق روی تو روزی که از جهان بروم
ز تربتم بدمد سرخ گل به جای گیاه

مده به خاطر نازک ملالت از من زود
که حافظ تو خود این لحظه گفت بسم الله

غزل ۴۱۷

عیشم مدام است از لعل دلخواه
کارم به کام است الحمدلله

ای بخت سرکش تنگش به بر کش
گه جام زر کش گه لعل دلخواه

غزل ۴۱۸

ما را به رندی افسانه کردند
پیران جاهل شیخان گمراه

از دست زاهد کردیم توبه
واز فعل عابد استغفرالله

جانا چه گویم شرح فراقت
چشمی و صد نم جانی و صد آه

کافر مبیناد این غم که دیده‌ست
از قامتت سرو از عارضت ماه

شوق لبت برد از یاد حافظ
درس شبانه ورد سحرگاه

گر تیغ بارد در کوی آن ماه
گردن نهادیم الحکم لله

آیین تقوا ما نیز دانیم
لیکن چه چاره با بخت گمراه

ما شیخ و واعظ کمتر شناسیم
یا جام باده یا قصه کوتاه

من رند و عاشق در موسم گل
آن گاه توبه استغفرالله

مهر تو عکسی بر ما نیفکند

Educational Code: RPI-QP-002

آینه رویا آه از دلت آه

الصبر مر والعمر فان
یا لیت شعری حتام القاه

حافظ چه نالی گر وصل خواهی
خون بایدت خورد در گاه و بی گاه

غزل ۴۱۹

وصال او ز عمر جاودان به
خداوندا مرا آن ده که آن به

به شمشیرم زد و با کس نگفتم
که راز دوست از دشمن نهان به

به داغ بندگی مردن بر این در
به جان او که از ملک جهان به

خدا را از طبیب من بپرسید
که آخر کی شود این ناتوان به

گل کان پایمال سرو ما گشت
بود خاکش ز خون ارغوان به

به خلدم دعوت ای زاهد مفرما
که این سیب زنخ زان بوستان به

دلا دایم گدای کوی او باش
به حکم آن که دولت جاودان به

جوانا سر متاب از پند پیران
که رای پیر از بخت جوان به

شبی می‌گفت چشم کس ندیده‌ست
ز مروارید گوشم در جهان به

اگر چه زنده رود آب حیات است
ولی شیراز ما از اصفهان به

سخن اندر دهان دوست شکر
ولیکن گفته حافظ از آن به

غزل ۴۲۰

ناگهان پرده برانداخته‌ای یعنی چه
مست از خانه برون تاخته‌ای یعنی چه

زلف در دست صبا گوش به فرمان رقیب
این چنین با همه درساخته‌ای یعنی چه

شاه خوبانی و منظور گدایان شده‌ای
قدر این مرتبه نشناخته‌ای یعنی چه

نه سر زلف خود اول تو به دستم دادی
بازم از پای درانداخته‌ای یعنی چه

سخنت رمز دهان گفت و کمر سر میان
وز میان تیغ به ما آخته‌ای یعنی چه

هر کس از مهره مهر تو به نقشی مشغول
عاقبت با همه کج باخته‌ای یعنی چه

حافظا در دل تنگت چو فرود آمد یار
خانه از غیر نپرداخته‌ای یعنی چه

غزل ۴۲۱

در سرای مغان رفته بود و آب زده
نشسته پیر و صلایی به شیخ و شاب زده

سبوکشان همه در بندگیش بسته کمر
ولی ز ترک کله چتر بر سحاب زده

شعاع جام و قدح نور ماه پوشیده
عذار مغبچگان راه آفتاب زده

عروس بخت در آن حجله با هزاران ناز
شکسته کسمه و بر برگ گل گلاب زده

گرفته ساغر عشرت فرشته رحمت
ز جرعه بر رخ حور و پری گلاب زده

ز شور و عربده شاهدان شیرین کار
شکر شکسته سمن ریخته رباب زده

سلام کردم و با من به روی خندان گفت
که ای خمارکش مفلس شراب زده

که این کند که تو کردی به ضعف همت و رای
ز گنج خانه شده خیمه بر خراب زده

وصال دولت بیدار ترسمت ندهند

که خفته‌ای تو در آغوش بخت خواب‌زده

بیا به میکده حافظ که بر تو عرضه کنم
هزار صف ز دعاهای مستجاب‌زده

فلک جنیبه‌کش شاه نصره الدین است
بیا ببین ملکش دست در رکاب‌زده

خرد که ملهم غیب است بهر کسب شرف
ز بام عرش صدش بوسه بر جناب‌زده

غزل ۴۲۲

ای که با سلسله زلف دراز آمده‌ای
فرصتت باد که دیوانه نواز آمده‌ای

ساعتی ناز مفرما و بگردان عادت
چون به پرسیدن ارباب نیاز آمده‌ای

پیش بالای تو میرم چه به صلح و چه به جنگ
چون به هر حال برازنده ناز آمده‌ای

آب و آتش به هم آمیخته‌ای از لب لعل
چشم بد دور که بس شعبده باز آمده‌ای

آفرین بر دل نرم تو که از بهر ثواب
کشته غمزه خود را به نماز آمده‌ای

زهد من با تو چه سنجد که به یغمای دلم
مست و آشفته به خلوتگه راز آمده‌ای

گفت حافظ دگرت خرقه شراب آلوده ست
مگر از مذهب این طایفه باز آمده ای

غزل ۴۲۳

دوش رفتم به در میکده خواب آلوده
خرقه تردامن و سجاده شراب آلوده

آمد افسوس کنان مغبچه باده فروش
گفت بیدار شو ای ره رو خواب آلوده

شست و شویی کن و آنگه به خرابات خرام
تا نگردد ز تو این دیر خراب آلوده

به هوای لب شیرین پسران چند کنی
جوهر روح به یاقوت مذاب آلوده

به طهارت گذران منزل پیری و مکن
خلعت شیب چو تشریف شباب آلوده

پاک و صافی شو و از چاه طبیعت به درآی
که صفایی ندهد آب تراب آلوده

گفتم ای جان جهان دفتر گل عیبی نیست
که شود فصل بهار از می ناب آلوده

آشنایان ره عشق در این بحر عمیق
غرقه گشتند و نگشتند به آب آلوده

گفت حافظ لغز و نکته به یاران مفروش
آه از این لطف به انواع عتاب آلوده

آن سرزنش که کرد تو را دوست حافظا

بیش از گلیم خویش مگر پا کشیده‌ای

غزل ۴۲۴

از من جدا مشو که توام نور دیده‌ای

آرام جان و مونس قلب رمیده‌ای

از دامن تو دست ندارند عاشقان

پیراهن صبوری ایشان دریده‌ای

از چشم بخت خویش مبادت گزند از آنک

در دلبری به غایت خوبی رسیده‌ای

منعم مکن ز عشق وی ای مفتی زمان

معذور دارمت که تو او را ندیده‌ای

غزل ۴۲۵

دامن کشان همی شد در شرب زرکشیده

صد ماه رو ز رشکش جیب قصب دریده

از تاب آتش می بر گرد عارضش خوی

چون قطره‌های شبنم بر برگ گل چکیده

لفظی فصیح شیرین قدی بلند چابک

رویی لطیف زیبا چشمی خوش کشیده

یاقوت جان‌فزایش از آب لطف زاده

شمشاد خوش خرامش در ناز پروریده

آن لعل دلکشش بین وان خنده دل آشوب
وان رفتن خوشش بین وان گام آرمیده

آن آهوی سیه چشم از دام ما برون شد
یاران چه چاره سازم با این دل رمیده

زنهار تا توانی اهل نظر میازار
دنیا وفا ندارد ای نور هر دو دیده

تا کی کشم عتیبت از چشم دلفریبت
روزی کرشمه‌ای کن ای یار برگزیده

گر خاطر شریفت رنجیده شد ز حافظ
بازآ که توبه کردیم از گفته و شنیده

بس شکر باز گویم در بندگی خواجه
گر اوفتد به دستم آن میوه رسیده

غزل ۴۲۶

از خون دل نوشتم نزدیک دوست نامه
انی رأیت دهرا من هجرک القیامه

دارم من از فراقش در دیده صد علامت
لیست دموع عینی هذا لنا العلامه

هر چند کزمودم از وی نبود سودم
من جرب المجرب حلت به الندامه

پرسیدم از طبیبی احوال دوست گفتا
فی بعدها عذاب فی قربها السلامه

گفتم ملامت آید گر گرد دوست گردم
والله ما رأینا حبا بلا ملامه

حافظ چو طالب آمد جامی به جان شیرین
حتی یذوق منه کاسا من الکرامه

غزل ۴۲۷

چراغ روی تو را شمع گشت پروانه
مرا ز حال تو با حال خویش پروانه

خرد که قید مجانین عشق می فرمود
به بوی سنبل زلف تو گشت دیوانه

به بوی زلف تو گر جان به باد رفت چه شد
هزار جان گرامی فدای جانانه

من رمیده ز غیرت ز پا فتادم دوش
نگار خویش چو دیدم به دست بیگانه

چه نقشه‌ها که برانگیختیم و سود نداشت
فسون ما بر او گشته است افسانه

بر آتش رخ زیبای او به جای سپند
به غیر خال سیاهش که دید به دانه

به مژده جان به صبا داد شمع در نفسی
ز شمع روی تواش چون رسید پروانه

مرا به دور لب دوست هست پیمانی

که بر زبان نبرم جز حدیث پیمانه

حدیث مدرسه و خانقه مگوی که باز

فتاد در سر حافظ هوای میخانه

غزل ۴۲۸

سحرگاهان که مخمور شبانه

گرفتم باده با چنگ و چغانه

نهادم عقل را ره توشه از می

ز شهر هستیش کردم روانه

نگار می فروشم عشوه‌ای داد

که ایمن گشتم از مکر زمانه

ز ساقی کمان ابرو شنیدم

که ای تیر ملامت را نشانه

نبندی زان میان طرفی کمروار

اگر خود را ببینی در میانه

برو این دام بر مرغی دگر نه

که عنقا را بلند است آشیانه

که بندد طرف وصل از حسن شاهی

که با خود عشق بازد جاودانه

ندیم و مطرب و ساقی همه اوست

خیال آب و گل در ره بهانه

به کشتی می تا خوش برانیم
از این دریای ناپیداکرانه

وجود ما معماییست حافظ
که تحقیقش فسون است و فسانه

غزل ۴۲۹

ساقی بیا که شد قدح لاله پر ز می
طامات تا به چند و خرافات تا به کی

بگذر ز کبر و ناز که دیده‌ست روزگار
چین قبای قیصر و طرف کلاه کی

هشیار شو که مرغ چمن مست گشت هان
بیدار شو که خواب عدم در پی است هی

خوش نازکانه می‌چمی ای شاخ نوبهار
کآشفتگی مبادت از آشوب باد دی

بر مهر چرخ و شیوه او اعتماد نیست
ای وای بر کسی که شد ایمن ز مکر وی

فردا شراب کوثر و حور از برای ماست
و امروز نیز ساقی مه روی و جام می

باد صبا ز عهد صبی یاد می‌دهد
جان دارویی که غم ببرد درده ای صبی

حشمت مبین و سلطنت گل که بسپرد
فراش باد هر ورقش را به زیر پی

درده به یاد حاتم طی جام یک منی
تا نامه سیاه بخیلان کنیم طی

زان می که داد حسن و لطافت به ارغوان
بیرون فکند لطف مزاج از رخش به خوی

مسند به باغ بر که به خدمت چو بندگان
استاده است سرو و کمر بسته است نی

حافظ حدیث سحر فریب خوشت رسید
تا حد مصر و چین و به اطراف روم و ری

غزل ۴۳۰

به صوت بلبل و قمری اگر ننوشی می
علاج کی کنمت آخرالدواء الکی

ذخیره‌ای بنه از رنگ و بوی فصل بهار
که می‌رسند ز پی رهزنان بهمن و دی

چو گل نقاب برافکند و مرغ زد هوهو
منه ز دست پیاله چه می‌کنی هی هی

شکوه سلطنت و حسن کی ثباتی داد
ز تخت جم سخنی مانده است و افسر کی

خزینه داری میراث خوارگان کفر است
به قول مطرب و ساقی به فتوی دف و نی

زمانه هیچ نبخشد که باز نستاند
مجو ز سفله مروت که شیئه لاشی

نوشته‌اند بر ایوان جنة المأوی
که هر که عشوه دنیی خرید وای به وی

سخا نماند سخن طی کنم شراب کجاست
بده به شادی روح و روان حاتم طی

بخیل بوی خدا نشنود بیا حافظ
پیاله گیر و کرم ورز و الضمان علی

غزل ۴۳۱

لبش می‌بوسم و در می‌کشم می
به آب زندگانی برده‌ام پی

نه رازش می‌توانم گفت با کس
نه کس را می‌توانم دید با وی

لبش می‌بوسد و خون می‌خورد جام
رخش می‌بیند و گل می‌کند خوی

بده جام می و از جم مکن یاد
که می‌داند که جم کی بود و کی کی

بزن در پرده چنگ ای ماه مطرب
رگش بخراش تا بخروشم از وی

گل از خلوت به باغ آورد مسند

بساط زهد همچون غنچه کن طی

چو چشمش مست را مخمور مگذار
به یاد لعلش ای ساقی بده می

نجوید جان از آن قالب جدایی
که باشد خون جامش در رگ و پی

زبانت درکش ای حافظ زمانی
حدیث بی زبانان بشنو از نی

غزل ۴۳۲

مخمور جام عشقم ساقی بده شرابی
پر کن قدح که بی می مجلس ندارد آبی

وصف رخ چو ماهش در پرده راست ناید
مطرب بزن نوایی ساقی بده شرابی

شد حلقه قامت من تا بعد از این رقیبت
زین در دگر نراند ما را به هیچ بابی

در انتظار رویت ما و امیدواری
در عشوه وصالت ما و خیال و خوابی

مخمور آن دو چشمم آیا کجاست جامی
بیمار آن دو لعلم آخر کم از جوابی

حافظ چه می‌نهی دل تو در خیال خوبان
کی تشنه سیر گردد از لمعه سرابی

غزل ۴۳۳

ای که بر ماه از خط مشکین نقاب انداختی
لطف کردی سایه‌ای بر آفتاب انداختی

تا چه خواهد کرد با ما آب و رنگ عارضت
حالیا نیرنگ نقشی خوش بر آب انداختی

گوی خوبی بردی از خوبان خلخ شاد باش
جام کیخسرو طلب کافراسیاب انداختی

هر کسی با شمع رخسارت به وجهی عشق باخت
زان میان پروانه را در اضطراب انداختی

گنج عشق خود نهادی در دل ویران ما
سایه دولت بر این کنج خراب انداختی

زینهار از آب آن عارض که شیران را از آن
تشنه لب کردی و گردان را در آب انداختی

خواب بیداران ببستی وان گه از نقش خیال
تهمتی بر شب روان خیل خواب انداختی

پرده از رخ برفکندی یک نظر در جلوه گاه
وز حیا حور و پری را در حجاب انداختی

باده نوش از جام عالم بین که بر اورنگ جم
شاهد مقصود را از رخ نقاب انداختی

از فریب نرگس مخمور و لعل می پرست
حافظ خلوت نشین را در شراب انداختی

Educational Code: RPI-QP-002

وز برای صید دل در گردنم زنجیر زلف

چون کمند خسرو مالک رقاب انداختی

داور دارا شکوه ای آن که تاج آفتاب

از سر تعظیم بر خاک جناب انداختی

نصرة الدین شاه یحیی آن که خصم ملک را

از دم شمشیر چون آتش در آب انداختی

غزل ۴۳۴

ای دل مباش یک دم خالی ز عشق و مستی

وان گه برو که رستی از نیستی و هستی

گر جان به تن ببینی مشغول کار او شو

هر قبله ای که بینی بهتر ز خودپرستی

با ضعف و ناتوانی همچون نسیم خوش باش

بیماری اندر این ره بهتر ز تندرستی

در مذهب طریقت خامی نشان کفر است

آری طریق دولت چالاکی است و چستی

تا فضل و عقل بینی بی معرفت نشینی

یک نکته ات بگویم خود را مبین که رستی

در آستان جانان از آسمان میندیش

کز اوج سربلندی افتی به خاک پستی

خار ار چه جان بکاهد گل عذر آن بخواهد

سهل است تلخی می در جنب ذوق مستی

صوفی پیاله پیما حافظ قرابه پرهیز
ای کوته آستینان تا کی دراز دستی

غزل ۴۳۵

با مدعی مگویید اسرار عشق و مستی
تا بی خبر بمیرد در درد خودپرستی

عاشق شو ار نه روزی کار جهان سر آید
ناخوانده نقش مقصود از کارگاه هستی

دوش آن صنم چه خوش گفت در مجلس مغانم
با کافران چه کارت گر بت نمی پرستی

سلطان من خدا را زلفت شکست ما را
تا کی کند سیاهی چندین دراز دستی

در گوشه سلامت مستور چون توان بود
تا نرگس تو با ما گوید رموز مستی

آن روز دیده بودم این فتنه‌ها که برخاست
کز سرکشی زمانی با ما نمی‌نشستی

عشقت به دست طوفان خواهد سپرد حافظ
چون برق از این کشاکش پنداشتی که جستی

غزل ۴۳۶

آن غالیه خط گر سوی ما نامه نوشتی
گردون ورق هستی ما در نوشتی

هر چند که هجران ثمر وصل برآرد
دهقان جهان کاش که این تخم نکشتی

آمرزش نقد است کسی را که در این جا
یاریست چو حوری و سرایی چو بهشتی

در مصطبه عشق تنعم نتوان کرد
چون بالش زر نیست بسازیم به خشتی

مفروش به باغ ارم و نخوت شداد
یک شیشه می و نوش لبی و لب کشتی

تا کی غم دنیای دنی ای دل دانا
حیف است ز خوبی که شود عاشق زشتی

آلودگی خرقه خرابی جهان است
کو راهروی اهل دلی پاک سرشتی

از دست چرا هشت سر زلف تو حافظ
تقدیر چنین بود چه کردی که نهشتی

غزل ۴۳۷

ای قصه بهشت ز کویت حکایتی
شرح جمال حور ز رویت روایتی

انفاس عیسی از لب لعلت لطیفه‌ای
آب خضر ز نوش لبانت کنایتی

هر پاره از دل من و از غصه قصه‌ای
هر سطری از خصال تو و از رحمت آیتی

کی عطرسای مجلس روحانیان شدی
گل را اگر نه بوی تو کردی رعایتی

در آرزوی خاک در یار سوختیم
یاد آور ای صبا که نکردی حمایتی

ای دل به هرزه دانش و عمرت به باد رفت
صد مایه داشتی و نکردی کفایتی

بوی دل کباب من آفاق را گرفت
این آتش درون بکند هم سرایتی

در آتش ار خیال رخش دست می‌دهد
ساقی بیا که نیست ز دوزخ شکایتی

دانی مراد حافظ از این درد و غصه چیست
از تو کرشمه‌ای و ز خسرو عنایتی

غزل ۴۳۸

سبت سلمی بصدغیها فؤادی
و روحی کل یوم لی ینادی

نگارا بر من بی‌دل ببخشای
و واصلنی علی رغم الاعادی

حبیبا در غم سودای عشقت

Educational Code: RPI-QP-002

توکلنا علی رب العباد

امن انکرتنی عن عشق سلمی
تزاول آن روی نیکو بوادی

که همچون مت به بوتن دل وای ره
غریق العشق فی بحر الوداد

به پی ماجان غرامت بسپریمن
غرت یک وی روشتی از امادی

غم این دل بواتت خورد ناچار
وغرنه او بنی آنچت نشادی

دل حافظ شد اندر چین زلفت
بلیل مظلم والله هادی

غزل ۴۳۹

دیدم به خواب دوش که ماهی برآمدی
کز عکس روی او شب هجران سرآمدی

تعبیر رفت یار سفرکرده می‌رسد
ای کاج هرچه زودتر از در درآمدی

ذکرش به خیر ساقی فرخنده فال من
کز در مدام با قدح و ساغر آمدی

خوش بودی ار به خواب بدیدی دیار خویش
تا یاد صحبتش سوی ما رهبر آمدی

فیض ازل به زور و زر ار آمدی به دست

آب خضر نصیب اسکندر آمدی

آن عهد یاد باد که از بام و در مرا

هر دم پیام یار و خط دلبر آمدی

کی یافتی رقیب تو چندین مجال ظلم

مظلومی ار شبی به در داور آمدی

خامان ره نرفته چه دانند ذوق عشق

دریادلی بجوی دلیری سرآمدی

آن کو تو را به سنگ دلی کرد رهنمون

ای کاشکی که پاش به سنگی برآمدی

گر دیگری به شیوه حافظ زدی رقم

مقبول طبع شاه هنرپرور آمدی

غزل ۴۴۰

سحر با باد می‌گفتم حدیث آرزومندی

خطاب آمد که واثق شو به الطاف خداوندی

دعای صبح و آه شب کلید گنج مقصود است

بدین راه و روش می‌رو که با دلدار پیوندی

قلم را آن زبان نبود که سر عشق گوید باز

ورای حد تقریر است شرح آرزومندی

الا ای یوسف مصری که کردت سلطنت مغرور

پدر را باز پرس آخر کجا شد مهر فرزندی

جهان پیر رعنا را ترحم در جبلت نیست
ز مهر او چه می‌پرسی در او همت چه می‌بندی

همای چون تو عالی قدر حرص استخوان تا کی
دریغ آن سایه همت که بر نااهل افکندی

در این بازار اگر سودیست با درویش خرسند است
خدایا منعمم گردان به درویشی و خرسندی

به شعر حافظ شیراز می‌رقصند و می‌نازند
سیه‌چشمان کشمیری و ترکان سمرقندی

غزل ۴۴۱

چه بودی ار دل آن ماه مهربان بودی
که حال ما نه چنین بودی ار چنان بودی

بگفتمی که چه ارزد نسیم طره دوست
گرم به هر سر مویی هزار جان بودی

برات خوشدلی ما چه کم شدی یا رب
گرش نشان امان از بد زمان بودی

گرم زمانه سرافراز داشتی و عزیز
سریر عزتم آن خاک آستان بودی

ز پرده کاش برون آمدی چو قطره اشک
که بر دو دیده ما حکم او روان بودی

اگر نه دایره عشق راه بربستی

چو نقطه حافظ سرگشته در میان بودی

غزل ۴۴۲

به جان او که گرم دسترس به جان بودی

کمینه پیشکش بندگانش آن بودی

بگفتمی که بها چیست خاک پایش را

اگر حیات گران مایه جاودان بودی

به بندگی قدش سرو معترف گشتی

گرش چو سوسن آزاده ده زبان بودی

به خواب نیز نمی‌بینمش چه جای وصال

چو این نبود و ندیدیم باری آن بودی

اگر دلم نشدی پایبند طره او

کی‌اش قرار در این تیره خاکدان بودی

به رخ چو مهر فلک بی‌نظیر آفاق است

به دل دریغ که یک ذره مهربان بودی

درآمدی ز درم کاشکی چو لمعه نور

که بر دو دیده ما حکم او روان بودی

ز پرده ناله حافظ برون کی افتادی

اگر نه همدم مرغان صبح خوان بودی

غزل ۴۴۳

چو سرو اگر بخرامی دمی به گلزاری
خورد ز غیرت روی تو هر گلی خاری

ز کفر زلف تو هر حلقه‌ای و آشوبی
ز سحر چشم تو هر گوشه‌ای و بیماری

مرو چو بخت من ای چشم مست یار به خواب
که در پی است ز هر سویت آه بیداری

نثار خاک رهت نقد جان من هر چند
که نیست نقد روان را بر تو مقداری

دلا همیشه مزن لاف زلف دلبندان
چو تیره رای شوی کی گشایدت کاری

سرم برفت و زمانی به سر نرفت این کار
دلم گرفت و نبودت غم گرفتاری

چو نقطه گفتمش اندر میان دایره آی
به خنده گفت که ای حافظ این چه پرگاری

غزل ۴۴۴

شهریست پر ظریفان وز هر طرف نگاری
یاران صلای عشق است گر می‌کنید کاری

چشم فلک نبیند زین طرفه‌تر جوانی
در دست کس نیفتد زین خوبتر نگاری

هرگز که دیده باشد جسمی ز جان مرکب
بر دامنش مبادا زین خاکیان غباری

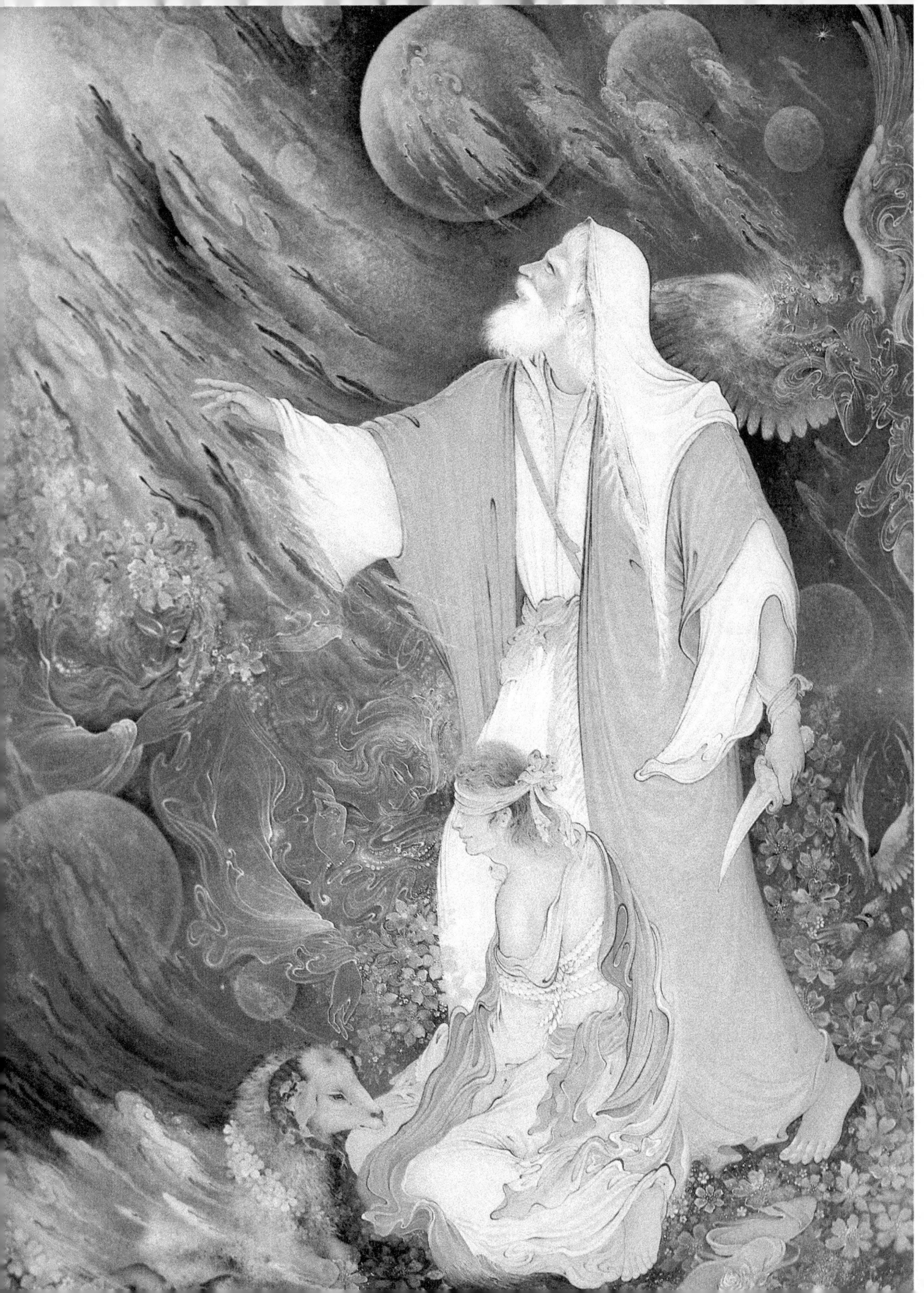

چون من شکسته‌ای را از پیش خود چه رانی
کم غایت توقع بوسیست یا کناری

می بی‌غش است دریاب وقتی خوش است بشتاب
سال دگر که دارد امید نوبهاری

در بوستان حریفان مانند لاله و گل
هر یک گرفته جامی بر یاد روی یاری

چون این گره گشایم وین راز چون نمایم
دردی و سخت دردی کاری و صعب کاری

هر تار موی حافظ در دست زلف شوخی
مشکل توان نشستن در این چنین دیاری

غزل ۴۴۵

تو را که هر چه مراد است در جهان داری
چه غم ز حال ضعیفان ناتوان داری

بخواه جان و دل از بنده و روان بستان
که حکم بر سر آزادگان روان داری

میان نداری و دارم عجب که هر ساعت
میان مجمع خوبان کنی میانداری

بیاض روی تو را نیست نقش درخور از آنک
سوادی از خط مشکین بر ارغوان داری

بنوش می که سبکروحی و لطیف مدام

علی الخصوص در آن دم که سرگران داری

مکن عتاب از این بیش و جور بر دل ما
مکن هر آن چه توانی که جای آن داری

به اختیارت اگر صد هزار تیر جفاست
به قصد جان من خسته در کمان داری

بکش جفای رقیبان مدام و جور حسود
که سهل باشد اگر یار مهربان داری

به وصل دوست گرت دست می‌دهد یک دم
برو که هر چه مراد است در جهان داری

چو گل به دامن از این باغ می‌بری حافظ
چه غم ز ناله و فریاد باغبان داری

غزل ۴۴۶

صبا تو نکهت آن زلف مشک بو داری
به یادگار بمانی که بوی او داری

دلم که گوهر اسرار حسن و عشق در اوست
توان به دست تو دادن گرش نکو داری

در آن شمایل مطبوع هیچ نتوان گفت
جز این قدر که رقیبان تندخو داری

نوای بلبلت ای گل کجا پسند افتد
که گوش و هوش به مرغان هرزه گو داری

به جرعه تو سرم مست گشت نوشت باد
خود از کدام خم است این که در سبو داری

به سرکشی خود ای سرو جویبار مناز
که گر بدو رسی از شرم سر فرو داری

دم از ممالک خوبی چو آفتاب زدن
تو را رسد که غلامان ماه رو داری

قبای حسن فروشی تو را برازد و بس
که همچو گل همه آیین رنگ و بو داری

ز کنج صومعه حافظ مجوی گوهر عشق
قدم برون نه اگر میل جست و جو داری

غزل ۴۴۷

بیا با ما مورز این کینه داری
که حق صحبت دیرینه داری

نصیحت گوش کن کاین در بسی به
از آن گوهر که در گنجینه داری

ولیکن کی نمایی رخ به رندان
تو کز خورشید و مه آیینه داری

بد رندان مگو ای شیخ و هش دار
که با حکم خدایی کینه داری

نمی‌ترسی ز آه آتشینم
تو دانی خرقه پشمینه داری

به فریاد خمار مفلسان رس
خدا را گر می دوشینه داری

ندیدم خوشتر از شعر تو حافظ
به قرآنی که اندر سینه داری

غزل ۴۴۸

ای که در کوی خرابات مقامی داری
جم وقت خودی ار دست به جامی داری

ای که با زلف و رخ یار گذاری شب و روز
فرصتت باد که خوش صبحی و شامی داری

ای صبا سوختگان بر سر ره منتظرند
گر از آن یار سفرکرده پیامی داری

خال سرسبز تو خوش دانه عیشیست ولی
بر کنار چمنش وه که چه دامی داری

بوی جان از لب خندان قدح می شنوم
بشنو ای خواجه اگر زان که مشامی داری

چون به هنگام وفا هیچ ثباتیت نبود
می کنم شکر که بر جور دوامی داری

نام نیک ار طلبد از تو غریبی چه شود
تویی امروز در این شهر که نامی داری

بس دعای سحرت مونس جان خواهد بود

تو که چون حافظ شبخیز غلامی داری

غزل ۴۴۹

ای که مهجوری عشاق روا می داری
عاشقان را ز بر خویش جدا می داری

تشنه بادیه را هم به زلالی دریاب
به امیدی که در این ره به خدا می داری

دل ببردی و بحل کردمت ای جان لیکن
به از این دار نگاهش که مرا می داری

ساغر ما که حریفان دگر می نوشند
ما تحمل نکنیم ار تو روا می داری

ای مگس حضرت سیمرغ نه جولانگه توست
عرض خود می بری و زحمت ما می داری

تو به تقصیر خود افتادی از این در محروم
از که می نالی و فریاد چرا می داری

حافظ از پادشهان پایه به خدمت طلبند
سعی نابرده چه امید عطا می داری

غزل ۴۵۰

روزگاریست که ما را نگران می داری
مخلصان را نه به وضع دگران می داری

گوشه چشم رضایی به منت باز نشد
این چنین عزت صاحب نظران می داری

ساعد آن به که بپوشی تو چو از بهر نگار
دست در خون دل پرهنران می داری

نه گل از دست غمت رست و نه بلبل در باغ
همه را نعره زنان جامه دران می داری

ای که در دلق ملمع طلبی نقد حضور
چشم سری عجب از بی خبران می داری

چون تویی نرگس باغ نظر ای چشم و چراغ
سر چرا بر من دلخسته گران می داری

گوهر جام جم از کان جهانی دگر است
تو تمنا ز گل کوزه گران می داری

پدر تجربه ای دل تویی آخر ز چه روی
طمع مهر و وفا زین پسران می داری

کیسه سیم و زرت پاک بباید پرداخت
این طمع ها که تو از سیمبران می داری

گر چه رندی و خرابی گنه ماست ولی
عاشقی گفت که تو بنده بر آن می داری

مگذران روز سلامت به ملامت حافظ
چه توقع ز جهان گذران می داری

غزل ۴۵۱

خوش کرد یاوری فلکت روز داوری
تا شکر چون کنی و چه شکرانه آوری

آن کس که اوفتاد خدایش گرفت دست
گو بر تو باد تا غم افتادگان خوری

در کوی عشق شوکت شاهی نمی‌خرند
اقرار بندگی کن و اظهار چاکری

ساقی به مژدگانی عیش از درم درآی
تا یک دم از دلم غم دنیا به دربری

در شاهراه جاه و بزرگی خطر بسیست
آن به کز این گریوه سبکبار بگذری

سلطان و فکر لشکر و سودای تاج و گنج
درویش و امن خاطر و کنج قلندری

یک حرف صوفیانه بگویم اجازت است
ای نور دیده صلح به از جنگ و داوری

نیل مراد بر حسب فکر و همت است
از شاه نذر خیر و ز توفیق یاوری

حافظ غبار فقر و قناعت ز رخ مشوی
کاین خاک بهتر از عمل کیمیاگری

غزل ۴۵۲

طفیل هستی عشقند آدمی و پری

ارادتی بنما تا سعادتی ببری

بکوش خواجه و از عشق بی نصیب مباش
که بنده را نخرد کس به عیب بی هنری

می صبوح و شکرخواب صبحدم تا چند
به عذر نیم شبی کوش و گریه سحری

تو خود چه لعبتی ای شهسوار شیرین کار
که در برابر چشمی و غایب از نظری

هزار جان مقدس بسوخت زین غیرت
که هر صباح و مسا شمع مجلس دگری

ز من به حضرت آصف که می برد پیغام
که یادگیر دو مصرع ز من به نظم دری

بیا که وضع جهان را چنان که من دیدم
گر امتحان بکنی می خوری و غم نخوری

کلاه سروریت کج مباد بر سر حسن
که زیب بخت و سزاوار ملک و تاج سری

به بوی زلف و رخت می روند و می آیند
صبا به غالیه سایی و گل به جلوه گری

چو مستعد نظر نیستی وصال مجوی
که جام جم نکند سود وقت بی بصری

دعای گوشه نشینان بلا بگرداند
چرا به گوشه چشمی به ما نمی نگری

Khājeh Shams-od-Dīn Mohammad HāfeZ-e Shīrāzī

بیا و سلطنت از ما بخر به مایه حسن
واز این معامله غافل مشو که حیف خوری

طریق عشق طریقی عجب خطرناک است
نعوذبالله اگر ره به مقصدی نبری

به یمن همت حافظ امید هست که باز
اری اسامر لیلای لیلة القمر

غزل ۴۵۳

ای که دایم به خویش مغروری
گر تو را عشق نیست معذوری

گرد دیوانگان عشق مگرد
که به عقل عقیله مشهوری

مستی عشق نیست در سر تو
رو که تو مست آب انگوری

روی زرد است و آه دردآلود
عاشقان را دوای رنجوری

بگذر از نام و ننگ خود حافظ
ساغر می طلب که مخموری

غزل ۴۵۴

ز کوی یار می‌آید نسیم باد نوروزی
از این باد ار مدد خواهی چراغ دل برافروزی

چو گل گر خرده‌ای داری خدا را صرف عشرت کن
که قارون را غلط‌ها داد سودای زراندوزی

ز جام گل دگر بلبل چنان مست می لعل است
که زد بر چرخ فیروزه صفیر تخت فیروزی

به صحرا رو که از دامن غبار غم بیفشانی
به گلزار آی کز بلبل غزل گفتن بیاموزی

چو امکان خلود ای دل در این فیروزه ایوان نیست
مجال عیش فرصت دان به فیروزی و بهروزی

طریق کام بخشی چیست ترک کام خود کردن
کلاه سروری آن است کز این ترک بردوزی

سخن در پرده می‌گویم چو گل از غنچه بیرون آی
که بیش از پنج روزی نیست حکم میر نوروزی

ندانم نوحه قمری به طرف جویباران چیست
مگر او نیز همچون من غمی دارد شبانروزی

می‌ای دارم چو جان صافی و صوفی می‌کند عیبش
خدایا هیچ عاقل را مبادا بخت بدروزی

جدا شد یار شیرینت کنون تنها نشین ای شمع
که حکم آسمان این است اگر سازی و گر سوزی

به عجب علم نتوان شد ز اسباب طرب محروم
بیا ساقی که جاهل را هنیتر می‌رسد روزی

می اندر مجلس آصف به نوروز جلالی نوش

که بخشد جرعه جامت جهان را ساز نوروزی

نه حافظ می‌کند تنها دعای خواجه تورانشاه
ز مدح آصفی خواهد جهان عیدی و نوروزی

جنابش پارسایان راست محراب دل و دیده
جبینش صبح خیزان راست روز فتح و فیروزی

غزل ۴۵۵

عمر بگذشت به بی‌حاصلی و بوالهوسی
ای پسر جام می‌ام ده که به پیری برسی

چه شکرهاست در این شهر که قانع شده‌اند
شاهبازان طریقت به مقام مگسی

دوش در خیل غلامان درش می‌رفتم
گفت ای عاشق بیچاره تو باری چه کسی

با دل خون شده چون نافه خوشش باید بود
هر که مشهور جهان گشت به مشکین نفسی

لمع البرق من الطور و آنست به
فلعلی لک آت بشهاب قبس

کاروان رفت و تو در خواب و بیابان در پیش
وه که بس بی‌خبر از غلغل چندین جرسی

بال بگشا و صفیر از شجر طوبی زن
حیف باشد چو تو مرغی که اسیر قفسی

تا چو مجمر نفسی دامن جانان گیرم
جان نهادیم بر آتش ز پی خوش نفسی

چند پوید به هوای تو ز هر سو حافظ
یسر الله طریقا بک یا ملتمسی

غزل ۴۵۶

نوبهار است در آن کوش که خوشدل باشی
که بسی گل بدمد باز و تو در گل باشی

من نگویم که کنون با که نشین و چه بنوش
که تو خود دانی اگر زیرک و عاقل باشی

چنگ در پرده همین می دهدت پند ولی
وعظت آن گاه کند سود که قابل باشی

در چمن هر ورقی دفتر حالی دگر است
حیف باشد که ز کار همه غافل باشی

نقد عمرت ببرد غصه دنیا به گزاف
گر شب و روز در این قصه مشکل باشی

گر چه راهیست پر از بیم ز ما تا بر دوست
رفتن آسان بود ار واقف منزل باشی

حافظا گر مدد از بخت بلندت باشد
صید آن شاهد مطبوع شمایل باشی

غزل ۴۵۷

هزار جهد بکردم که یار من باشی
مرادبخش دل بی‌قرار من باشی

چراغ دیده شب زنده‌دار من گردی
انیس خاطر امیدوار من باشی

چو خسروان ملاحت به بندگان نازند
تو در میانه خداوندگار من باشی

از آن عقیق که خونین دلم ز عشوه او
اگر کنم گله‌ای غمگسار من باشی

در آن چمن که بتان دست عاشقان گیرند
گرت ز دست برآید نگار من باشی

شبی به کلبه احزان عاشقان آیی
دمی انیس دل سوگوار من باشی

شود غزاله خورشید صید لاغر من
گر آهویی چو تو یک دم شکار من باشی

سه بوسه کز دو لبت کرده‌ای وظیفه من
اگر ادا نکنی قرض‌دار من باشی

من از مراد ببینم به خود که نیم شبی
به جای اشک روان در کنار من باشی

من ار چه حافظ شهرم جوی نمی‌ارزم
مگر تو از کرم خویش یار من باشی

غزل ۴۵۸

ای دل آن دم که خراب از می گلگون باشی
بی زر و گنج به صد حشمت قارون باشی

در مقامی که صدارت به فقیران بخشند
چشم دارم که به جاه از همه افزون باشی

در ره منزل لیلی که خطرهاست در آن
شرط اول قدم آن است که مجنون باشی

نقطه عشق نمودم به تو هان سهو مکن
ور نه چون بنگری از دایره بیرون باشی

کاروان رفت و تو در خواب و بیابان در پیش
کی روی ره ز که پرسی چه کنی چون باشی

تاج شاهی طلبی گوهر ذاتی بنمای
ور خود از تخمه جمشید و فریدون باشی

ساغری نوش کن و جرعه بر افلاک فشان
چند و چند از غم ایام جگرخون باشی

حافظ از فقر مکن ناله که گر شعر این است
هیچ خوشدل نپسندد که تو محزون باشی

غزل ۴۵۹

زین خوش رقم که بر گل رخسار می‌کشی
خط بر صحیفه گل و گلزار می‌کشی

Educational Code: RPI-QP-002

اشک حرم نشین نهانخانه مرا

زان سوی هفت پرده به بازار می‌کشی

کاهل روی چو باد صبا را به بوی زلف

هر دم به قید سلسله در کار می‌کشی

هر دم به یاد آن لب میگون و چشم مست

از خلوتم به خانه خمار می‌کشی

گفتی سر تو بسته فتراک ما شود

سهل است اگر تو زحمت این بار می‌کشی

با چشم و ابروی تو چه تدبیر دل کنم

وه زین کمان که بر من بیمار می‌کشی

باز آ که چشم بد ز رخت دفع می‌کند

ای تازه گل که دامن از این خار می‌کشی

حافظ دگر چه می‌طلبی از نعیم دهر

می می‌خوری و طره دلدار می‌کشی

غزل ۴۶۰

سلیمی منذ حلت بالعراق

الاقی من نواها ما الاقی

الا ای ساروان منزل دوست

الی رکبانکم طال اشتیاقی

خرد در زنده رود انداز و می نوش

به گلبانگ جوانان عراقی

سقی العمر فی مرعی حماکم
حماک الله یا عهد التلاقی

بیا ساقی بده رطل گرانم
سقاک الله من کاس دهاق

جوانی باز می‌آرد به یادم
سماع چنگ و دست‌افشان ساقی

می باقی بده تا مست و خوشدل
به یاران برفشانم عمر باقی

درونم خون شد از نادیدن دوست
الا تعسا لایام الفراق

دموعی بعدکم لا تحقروها
فکم بحر عمیق من سواقی

دمی با نیکخواهان متفق باش
غنیمت دان امور اتفاقی

بساز ای مطرب خوشخوان خوشگو
به شعر فارسی صوت عراقی

عروسی بس خوشی ای دختر رز
ولی گه گه سزاوار طلاقی

مسیحای مجرد را برازد
که با خورشید سازد هم وثاقی

وصال دوستان روزی ما نیست

بخوان حافظ غزل‌های فراقی

غزل ۴۶۱

کتبت قصه شوقی و مدمعی باکی
بیا که بی تو به جان آمدم ز غمناکی

بسا که گفته‌ام از شوق با دو دیده خود
ایا منازل سلمی فاین سلماک

عجیب واقعه‌ای و غریب حادثه‌ای
انا اصطبرت قتیلا و قاتلی شاکی

که را رسد که کند عیب دامن پاکت
که همچو قطره که بر برگ گل چکد پاکی

ز خاک پای تو داد آب روی لاله و گل
چو کلک صنع رقم زد به آبی و خاکی

صبا عبیرفشان گشت ساقیا برخیز
و هات شمسه کرم مطیب زاکی

دع التکاسل تغنم فقد جری مثل
که زاد راهروان چستی است و چالاکی

اثر نماند ز من بی شمایلت آری
اری مئثر محیای من محیاک

ز وصف حسن تو حافظ چگونه نطق زند
که همچو صنع خدایی ورای ادراکی

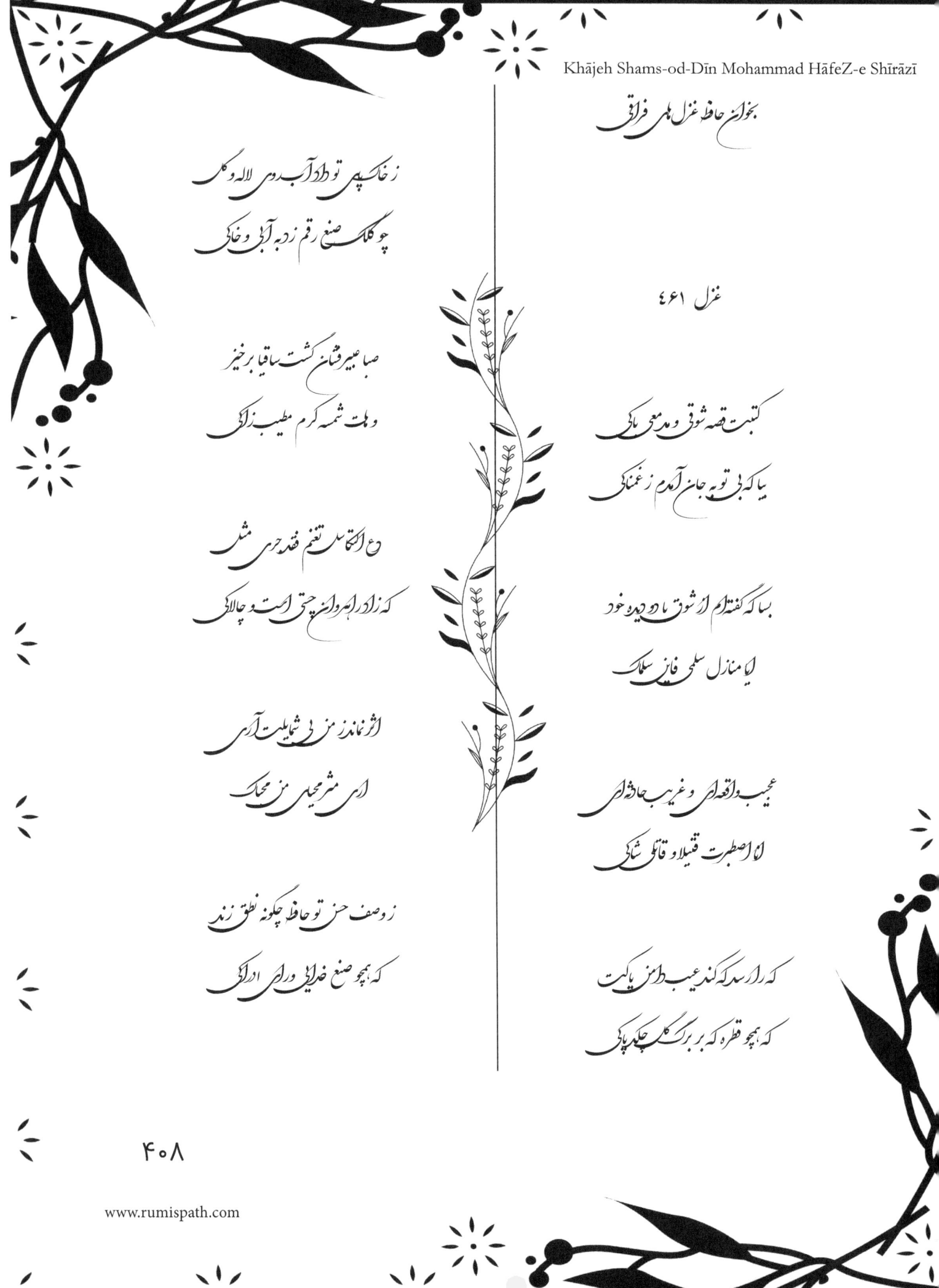

غزل ٤٦٢

یا مبسما یحاکی درجا من اللآلی
یا رب چه درخور آمد گردش خط هلالی

حالی خیال وصلت خوش می‌دهد فریبم
تا خود چه نقش بازد این صورت خیالی

می ده که گر چه گشتم نامه سیاه عالم
نومید کی توان بود از لطف لایزالی

ساقی بیار جامی وز خلوتم برون کش
تا در به در بگردم قلاش و لاابالی

از چار چیز مگذر گر عاقلی و زیرک
امن و شراب بی‌غش معشوق و جای خالی

چون نیست نقش دوران در هیچ حال ثابت
حافظ مکن شکایت تا می خوریم حالی

صافیست جام خاطر در دور آصف عهد
قم فاسقنی رحیقا اصفی من الزلال

الملک قد تباهی من جده و جده
یا رب که جاودان باد این قدر و این معالی

مسندفروز دولت کان شکوه و شوکت
برهان ملک و ملت بونصر بوالمعالی

غزل ٤٦٣

سلام الله ما کر اللیالی
و جاوبت المثانی و المثالی

علی وادی الاراک و من علیها
و دار باللوی فوق الرمال

دعاگوی غریبان جهانم
و ادعو بالتواتر و التوالی

به هر منزل که رو آرد خدا را
نگه دارش به لطف لایزالی

منال ای دل که در زنجیر زلفش
همه جمعیت است آشفته حالی

ز خطت صد جمال دیگر افزود
که عمرت باد صد سال جلالی

تو می باید که باشی ور نه سهل است
زیان مایه جاهی و مالی

بر آن نقاش قدرت آفرین باد
که گرد مه کشد خط هلالی

فحبک راحتی فی کل حین
و ذکرک مونسی فی کل حال

سویدای دل من تا قیامت
مباد از شوق و سودای تو خالی

کجا یابم وصال چون تو شاهی

من بدنام رند لاابالی

خدا داند که حافظ را غرض چیست
و علم الله حسبی من سؤالی

غزل ۴۶۴

بگرفت کار حسنت چون عشق من کمالی
خوش باش زانکه نبود این هر دو را زوالی

در وهم می نگنجد کاندر تصور عقل
آید به هیچ معنی زین خوبتر مثالی

شد حظ عمر حاصل گر زانکه با تو ما را
هرگز به عمر روزی روزی شود وصالی

آن دم که با تو باشم یک سال هست روزی
وان دم که بی تو باشم یک لحظه هست سالی

چون من خیال رویت جانا به خواب بینم
کز خواب می نبیند چشمم بجز خیالی

رحم آر بر دل من کز مهر روی خوبت
شد شخص ناتوانم باریک چون هلالی

حافظ مکن شکایت گر وصل دوست خواهی
زین بیشتر بباید بر هجرت احتمالی

غزل ۴۶۵

رفتم به باغ صبحدمی تا چنم گل
آمد به گوش ناگهم آواز بلبلی

مسکین چو من به عشق گلی گشته مبتلا
واندر چمن فکنده ز فریاد غلغلی

می گشتم اندر آن چمن و باغ دم به دم
می کردم اندر آن گل و بلبل تاملی

گل یار حسن گشته و بلبل قرین عشق
آن را تفضلی نه و این را تبدلی

چون کرد در دلم اثر آواز عندلیب
گشتم چنان که هیچ نماندم تحملی

بس گل شکفته می شود این باغ را ولی
کس بی بلای خار نچیده ست از او گلی

حافظ مدار امید فرج از مدار چرخ
دارد هزار عیب و ندارد تفضلی

غزل ۴۶۶

این خرقه که من دارم در رهن شراب اولی
وین دفتر بی معنی غرق می ناب اولی

چون عمر تبه کردم چندان که نگه کردم
در کنج خراباتی افتاده خراب اولی

چون مصلحت اندیشی دور است ز درویشی
هم سینه پر از آتش هم دیده پر آب اولی

من حالت زاهد را با خلق نخواهم گفت
این قصه اگر گویم با چنگ و رباب اولی

تا بی سر و پا باشد اوضاع فلک زین دست
در سر هوس ساقی در دست شراب اولی

از همچو تو دلداری دل برنکنم آری
چون تاب کشم باری زان زلف به تاب اولی

چون پیر شدی حافظ از میکده بیرون آی
رندی و هوسناکی در عهد شباب اولی

غزل ۴۶۷

زان می عشق کز او پخته شود هر خامی
گر چه ماه رمضان است بیاور جامی

روزها رفت که دست من مسکین نگرفت
زلف شمشادقدی ساعد سیم اندامی

روزه هر چند که مهمان عزیز است ای دل
صحبتش موهبتی دان و شدن انعامی

مرغ زیرک به در خانقه اکنون نپرد
که نهاده‌ست به هر مجلس وعظی دامی

گله از زاهد بدخو نکنم رسم این است
که چو صبحی بدمد در پی اش افتد شامی

یار من چون بخرامد به تماشای چمن

برسانش ز من ای پیک صبا پیغامی

آن حریفی که شب و روز می صاف کشد
بود آیا که کند یاد ز دردآشامی

حافظا گر ندهد داد دلت آصف عهد
کام دشوار به دست آوری از خودکامی

غزل ۴۶۸

که برد به نزد شاهان ز من گدا پیامی
که به کوی می فروشان دو هزار جم به جامی

شده‌ام خراب و بدنام و هنوز امیدوارم
که به همت عزیزان برسم به نیک نامی

تو که کیمیافروشی نظری به قلب ما کن
که بضاعتی نداریم و فکنده‌ایم دامی

عجب از وفای جانان که عنایتی نفرمود
نه به نامه پیامی نه به خامه سلامی

اگر این شراب خام است اگر آن حریف پخته
به هزار بار بهتر ز هزار پخته خامی

ز رهم میفکن ای شیخ به دانه‌های تسبیح
که چو مرغ زیرک افتد نفتد به هیچ دامی

سر خدمت تو دارم بخرم به لطف و مفروش
که چو بنده کمتر افتد به مبارکی غلامی

به کجا برم شکایت به که گویم این حکایت

که لبت حیات ما بود و نداشتی دوامی

بکشی تیر مژگان و بریز خون حافظ

که چنان کشنده‌ای را نکند کس انتقامی

غزل ۴۶۹

انت روائح رند الحمی و زاد غرامی

فدای خاک در دوست باد جان گرامی

پیام دوست شنیدن سعادت است و سلامت

من المبلغ عنی الی سعاد سلامی

بیا به شام غریبان و آب دیده من بین

به سان باده صافی در آبگینه شامی

اذا تغرد عن ذی الاراک طار خیر

فلا تفرد عن روضها انین حمامی

بسی نماند که روز فراق یار سر آید

رایت من هضبات الحمی قباب خیام

خوشا دمی که درآیی و گویمت به سلامت

قدمت خیر قدوم نزلت خیر مقام

بعدت منک و قد صرت ذائبا کهلال

اگر چه روی چو ماهت ندیده‌ام به تمامی

و ان دعیت بخلد و صرت ناقض عهد

فما تطیب نفسی و ما استطاب منامی

Educational Code: RPI-QP-002

امید هست که زودت به بخت نیک ببینم
تو شاد گشته به فرماندهی و من به غلامی

چو سلک در خوشاب است شعر نغز تو حافظ
که گاه لطف سبق می‌برد ز نظم نظامی

غزل ۴۷۰

سینه مالامال درد است ای دریغا مرهمی
دل ز تنهایی به جان آمد خدا را همدمی

چشم آسایش که دارد از سپهر تیزرو
ساقیا جامی به من ده تا بیاسایم دمی

زیرکی را گفتم این احوال بین خندید و گفت
صعب روزی بوالعجب کاری پریشان عالمی

سوختم در چاه صبر از بهر آن شمع چگل
شاه ترکان فارغ است از حال ما کو رستمی

در طریق عشقبازی امن و آسایش بلاست
ریش باد آن دل که با درد تو خواهد مرهمی

اهل کام و ناز را در کوی رندی راه نیست
ره روی باید جهان سوزی نه خامی بی‌غمی

آدمی در عالم خاکی نمی‌آید به دست
عالمی دیگر بباید ساخت وز نو آدمی

خیز تا خاطر بدان ترک سمرقندی دهیم

کز نسیمش بوی جوی مولیان آید همی

گریه حافظ چه سنجد پیش استغنای عشق
کاندر این دریا نماید هفت دریا شبنمی

غزل ۴۷۱

ز دلبرم که رساند نوازش قلمی
کجاست پیک صبا گر همی کند کرمی

قیاس کردم و تدبیر عقل در ره عشق
چو شبنمی است که بر بحر می‌کشد رقمی

بیا که خرقه من گر چه رهن میکده‌هاست
ز مال وقف نبینی به نام من درمی

حدیث چون و چرا درد سر دهد ای دل
پیاله گیر و بیاسا ز عمر خویش دمی

طبیب راه نشین درد عشق نشناسد
برو به دست کن ای مرده دل مسیح دمی

دلم گرفت ز سالوس و طبل زیر گلیم
به آن که بر در میخانه برکشم علمی

بیا که وقت شناسان دو کون بفروشند
به یک پیاله می صاف و صحبت صنمی

دوام عیش و تنعم نه شیوه عشق است
اگر معاشر مایی بنوش نیش غمی

Educational Code: RPI-QP-002

نمی کنم گله‌ای لیک ابر رحمت دوست
به کشتزار جگرتشنگان ندادنمی

چرا به یک نی قندش نمی‌خرند آن کس
که کرد صد شکرافشانی از نی قلمی

سزای قدر تو شاها به دست حافظ نیست
جز از دعای شبی و نیاز صبحدمی

غزل ۴۷۲

احمدالله علی معدلة السلطان
احمد شیخ اویس حسن ایلخانی

خان بن خان و شهنشاه شهنشاه نژاد
آن که می‌زیبد اگر جان جهانش خوانی

دیده نادیده به اقبال تو ایمان آورد
مرحبا ای به چنین لطف خدا ارزانی

ماه اگر بی تو برآید به دو نیمش بزنند
دولت احمدی و معجزه سبحانی

جلوه بخت تو دل می‌برد از شاه و گدا
چشم بد دور که هم جانی و هم جانانی

برشکن کاکل ترکانه که در طالع توست
بخشش و کوشش خاقانی و چنگزخانی

گر چه دوریم به یاد تو قدح می‌گیریم
بعد منزل نبود در سفر روحانی

از گل پارسیم غنچه عیشی نشکفت
حبذا دجله بغداد و می ریحانی

سر عاشق که نه خاک در معشوق بود
کی خلاصش بود از محنت سرگردانی

ای نسیم سحری خاک در یار بیار
که کند حافظ از او دیده دل نورانی

غزل ۴۷۳

وقت را غنیمت دان آن قدر که بتوانی
حاصل از حیات ای جان این دم است تا دانی

کام بخشی گردون عمر در عوض دارد
جهد کن که از دولت داد عیش بستانی

باغبان چو من زین جا بگذرم حرامت باد
گر به جای من سروی غیر دوست بنشانی

زاهد پشیمان را ذوق باده خواهد کشت
عاقلا مکن کاری کآورد پشیمانی

محتسب نمی‌داند این قدر که صوفی را
جنس خانگی باشد همچو لعل رمانی

با دعای شبخیزان ای شکردهان مستیز
در پناه یک اسم است خاتم سلیمانی

پند عاشقان بشنو و از در طرب باز آ

کاین همه نمی‌ارزد شغل عالم فانی

یوسف عزیزم رفت ای برادران رحمی
کز غمش عجب بینم حال پیر کنعانی

پیش زاهد از رندی دم مزن که نتوان گفت
با طبیب نامحرم حال درد پنهانی

می‌روی و مژگانت خون خلق می‌ریزد
تیز می‌روی جانا ترسمت فرومانی

دل ز ناوک چشمت گوش داشتم لیکن
ابروی کماندارت می‌برد به پیشانی

جمع کن به احسانی حافظ پریشان را
ای شکنج گیسویت مجمع پریشانی

گر تو فارغی از ما ای نگار سنگین دل
حال خود بخواهم گفت پیش آصف ثانی

غزل ۴۷۴

هواخواه توام جانا و می‌دانم که می‌دانی
که هم نادیده می‌بینی و هم ننوشته می‌خوانی

ملامتگو چه دریابد میان عاشق و معشوق
نبیند چشم نابینا خصوص اسرار پنهانی

بیفشان زلف و صوفی را به پابازی و رقص آور
که از هر رقعه دلقش هزاران بت بیفشانی

گشاد کار مشتاقان در آن ابروی دلبند است
خدا را یک نفس بنشین گره بگشا ز پیشانی

ملک در سجده آدم زمین بوس تو نیت کرد
که در حسن تو لطفی دید بیش از حد انسانی

چراغ افروز چشم ما نسیم زلف جانان است
مباد این جمع را یا رب غم از باد پریشانی

دریغا عیش شبگیری که در خواب سحر بگذشت
ندانی قدر وقت ای دل مگر وقتی که درمانی

ملول از همرهان بودن طریق کاردانی نیست
بکش دشواری منزل به یاد عهد آسانی

خیال چنبر زلفش فریبت می‌دهد حافظ
نگر تا حلقه اقبال ناممکن نجنبانی

غزل ٤٧٥

گفتند خلایق که تویی یوسف ثانی
چون نیک بدیدم به حقیقت به از آنی

شیرینتر از آنی به شکرخنده که گویم
ای خسرو خوبان که تو شیرین زمانی

تشبیه دهانت نتوان کرد به غنچه
هرگز نبود غنچه بدین تنگ دهانی

صد بار بگفتی که دهم زان دهنت کام
چون سوسن آزاده چرا جمله زبانی

گویی بدهم کامت و جانت بستانم
ترسم ندهی کامم و جانم بستانی

چشم تو خدنگ از سپر جان گذراند
بیمار که دیده‌ست بدین سخت کمانی

چون اشک بیندازیش از دیده مردم
آن را که دمی از نظر خویش برانی

غزل ۴۷۶

نسیم صبح سعادت بدان نشان که تو دانی
گذر به کوی فلان کن در آن زمان که تو دانی

تو پیک خلوت رازی و دیده بر سر راهت
به مردمی نه به فرمان چنان بران که تو دانی

بگو که جان عزیزم ز دست رفت خدا را
ز لعل روح فزایش ببخش آن که تو دانی

من این حروف نوشتم چنان که غیر ندانست
تو هم ز روی کرامت چنان بخوان که تو دانی

خیال تیغ تو با ما حدیث تشنه و آب است
اسیر خویش گرفتی بکش چنان که تو دانی

امید در کمر زرکشت چگونه ببندم
دقیقه‌ایست نگارا در آن میان که تو دانی

یکیست ترکی و تازی در این معامله حافظ

حدیث عشق بیان کن بدان زبان که تو دانی

غزل ۴۷۷

دو یار زیرک و از باده کهن دومنی
فراغتی و کتابی و گوشه چمنی

من این مقام به دنیا و آخرت ندهم
اگر چه در پی ام افتند هر دم انجمنی

هر آن که کنج قناعت به گنج دنیا داد
فروخت یوسف مصری به کمترین ثمنی

بیا که رونق این کارخانه کم نشود
به زهد همچو تویی یا به فسق همچو منی

ز تندباد حوادث نمی توان دیدن
در این چمن که گلی بوده است یا سمنی

ببین در آینه جام نقش بندی غیب
که کس به یاد ندارد چنین عجب زمنی

از این سموم که بر طرف بوستان بگذشت
عجب که بوی گلی هست و رنگ نسترنی

به صبر کوش تو ای دل که حق رها نکند
چنین عزیز نگینی به دست اهرمنی

مزاج دهر تبه شد در این بلا حافظ
کجاست فکر حکیمی و رای برهمنی

غزل ۴۷۸

نوش کن جام شراب یک منی
تا بدان بیخ غم از دل برکنی

دل گشاده دار چون جام شراب
سر گرفته چند چون خم دنی

چون ز جام بیخودی رطلی کشی
کم زنی از خویشتن لاف منی

سنگسان شو در قدم نی همچو آب
جمله رنگ آمیزی و تردامنی

دل به می دربند تا مردانه وار
گردن سالوس و تقوا بشکنی

خیز و جهدی کن چو حافظ تا مگر
خویشتن در پای معشوق افکنی

غزل ۴۷۹

صبح است و ژاله می‌چکد از ابر بهمنی
برگ صبوح ساز و بده جام یک منی

در بحر مایی و منی افتاده‌ام بیار
می تا خلاص بخشدم از مایی و منی

خون پیاله خور که حلال است خون او
در کار یار باش که کاریست کردنی

ساقی به دست باش که غم در کمین ماست
مطرب نگاه دار همین ره که می‌زنی

می ده که سر به گوش من آورد چنگ و گفت
خوش بگذران و بشنو از این پیر منحنی

ساقی به بی‌نیازی رندان که می بده
تا بشنوی ز صوت مغنی هوالغنی

غزل ۴۸۰

ای که در کشتن ما هیچ مدارا نکنی
سود و سرمایه بسوزی و محابا نکنی

دردمندان بلا زهر هلاهل دارند
قصد این قوم خطا باشد هان تا نکنی

رنج ما را که توان برد به یک گوشه چشم
شرط انصاف نباشد که مداوا نکنی

دیده ما چو به امید تو دریاست چرا
به تفرج گذری بر لب دریا نکنی

نقل هر جور که از خلق کریمت کردند
قول صاحب غرضان است تو آن‌ها نکنی

بر تو گر جلوه کند شاهد ما ای زاهد
از خدا جز می و معشوق تمنا نکنی

حافظا سجده به ابروی چو محرابش بر

که دعایی ز سر صدق جز آن جا نکنی

غزل ۴۸۱

بشنو این نکته که خود را ز غم آزاده کنی
خون خوری گر طلب روزی ننهاده کنی

آخرالامر گل کوزه گران خواهی شد
حالیا فکر سبو کن که پر از باده کنی

گر از آن آدمیانی که بهشتت هوس است
عیش با آدمی ای چند پری زاده کنی

تکیه بر جای بزرگان نتوان زد به گزاف
مگر اسباب بزرگی همه آماده کنی

اجرها باشدت ای خسرو شیرین دهنان
گر نگاهی سوی فرهاد دل افتاده کنی

خاطرت کی رقم فیض پذیرد هیهات
مگر از نقش پراگنده ورق ساده کنی

کار خود گر به کرم باز گذاری حافظ
ای بسا عیش که با بخت خداداده کنی

ای صبا بندگی خواجه جلال الدین کن
که جهان پر سمن و سوسن آزاده کنی

غزل ۴۸۲

ای دل به کوی عشق گذاری نمی‌کنی
اسباب جمع داری و کاری نمی‌کنی

چوگان حکم در کف و گویی نمی‌زنی
باز ظفر به دست و شکاری نمی‌کنی

این خون که موج می‌زند اندر جگر تو را
در کار رنگ و بوی نگاری نمی‌کنی

مشکین از آن نشد دم خلقت که چون صبا
بر خاک کوی دوست گذاری نمی‌کنی

ترسم کز این چمن نبری آستین گل
کز گلشنش تحمل خاری نمی‌کنی

در آستین جان تو صد نافه مدرج است
وان را فدای طره یاری نمی‌کنی

ساغر لطیف و دلکش و می افکنی به خاک
واندیشه از بلای خماری نمی‌کنی

حافظ برو که بندگی پادشاه وقت
گر جمله می‌کنند تو باری نمی‌کنی

غزل ۴۸۳

سحرگه ره روی در سرزمینی
همی‌گفت این معما با قرینی

که ای صوفی شراب آن گه شود صاف
که در شیشه برآرد اربعینی

Khājeh Shams-od-Dīn Mohammad HāfeZ-e Shīrāzī

خدا زان خرقه بیزار است صد بار

که صد بت باشدش در آستینی

مروت گر چه نامی بی نشان است

نیازی عرضه کن بر نازنینی

ثوابت باشد ای دارای خرمن

اگر رحمی کنی بر خوشه چینی

نمی‌بینم نشاط عیش در کس

نه درمان دلی نه درد دینی

درون‌ها تیره شد باشد که از غیب

چراغی برکند خلوت نشینی

گر انگشت سلیمانی نباشد

چه خاصیت دهد نقش نگینی

اگر چه رسم خوبان تندخوییست

چه باشد گر بسازد با غمینی

ره میخانه بنما تا بپرسم

مال خویش را از پیش بینی

نه حافظ را حضور درس خلوت

نه دانشمند را علم الیقینی

غزل ۴۸۴

تو مگر بر لب آبی به هوس بنشینی

ورنه هر فتنه که بینی همه از خود بینی

به خدایی که تویی بنده بگزیده او

که بر این چاکر دیرینه کسی نگزینی

گر امانت به سلامت ببرم باکی نیست

بی دلی سهل بود گر نبود بی دینی

ادب و شرم تو را خسرو مه رویان کرد

آفرین بر تو که شایسته صد چندینی

عجب از لطف تو ای گل که نشستی با خار

ظاهرا مصلحت وقت در آن می بینی

صبر بر جور رقیبت چه کنم گر نکنم

عاشقان را نبود چاره بجز مسکینی

باد صبحی به هوایت ز گلستان برخاست

که تو خوشتر ز گل و تازه تر از نسرینی

شیشه بازی سرشکم نگری از چپ و راست

گر بر این منظر بینش نفسی بنشینی

سخنی بی غرض از بنده مخلص بشنو

ای که منظور بزرگان حقیقت بینی

نازنینی چو تو پاکیزه دل و پاک نهاد

بهتر آن است که با مردم بد ننشینی

سیل این اشک روان صبر و دل حافظ برد

بلغ الطاقة یا مقلة عینی بینی

Educational Code: RPI-QP-002

تو بدین نازکی و سرکشی ای شمع چگل

لایق بندگی خواجه جلال الدینی

غزل ۴۸۵

ساقیا سایه ابر است و بهار و لب جوی

من نگویم چه کن ار اهل دلی خود تو بگوی

بوی یک رنگی از این نقش نمی آید خیز

دلق آلوده صوفی به می ناب بشوی

سفله طبع است جهان بر کرمش تکیه مکن

ای جهان دیده ثبات قدم از سفله مجوی

دو نصیحت کنمت بشنو و صد گنج ببر

از در عیش درآ و به ره عیب مپوی

شکر آن را که دگربار رسیدی به بهار

بیخ نیکی بنشان و ره تحقیق بجوی

روی جانان طلبی آینه را قابل ساز

ور نه هرگز گل و نسرین ندمد ز آهن و روی

گوش بگشای که بلبل به فغان می گوید

خواجه تقصیر مفرما گل توفیق ببوی

گفتی از حافظ ما بوی ریا می آید

آفرین بر نفست باد که خوش بردی بوی

غزل ۴۸۶

بلبل ز شاخ سرو به گلبانگ پهلوی
می خواند دوش درس مقامات معنوی

یعنی بیا که آتش موسی نمود گل
تا از درخت نکته توحید بشنوی

مرغان باغ قافیه سنجند و بذله گوی
تا خواجه می خورد به غزل های پهلوی

جمشید جز حکایت جام از جهان نبرد
زنهار دل مبند بر اسباب دنیوی

این قصه عجب شنو از بخت واژگون
ما را بکشت یار به انفاس عیسوی

خوش وقت بوریا و گدایی و خواب امن
کاین عیش نیست در خور اورنگ خسروی

چشمت به غمزه خانه مردم خراب کرد
مخموریت مباد که خوش مست می روی

دهقان سالخورده چه خوش گفت با پسر
کای نور چشم من بجز از کشته ندروی

ساقی مگر وظیفه حافظ زیاده داد
کآشفته گشت طره دستار مولوی

غزل ۴۸۷

ای بی خبر بکوش که صاحب خبر شوی

تا راهرو نباشی کی راهبر شوی

در مکتب حقایق پیش ادیب عشق
هان ای پسر بکوش که روزی پدر شوی

دست از مس وجود چو مردان ره بشوی
تا کیمیای عشق بیابی و زر شوی

خواب و خورت ز مرتبه خویش دور کرد
آنگه رسی به خویش که بی خواب و خور شوی

گر نور عشق حق به دل و جانت اوفتد
بالله کز آفتاب فلک خوبتر شوی

یک دم غریق بحر خدا شو گمان مبر
کز آب هفت بحر به یک موی تر شوی

از پای تا سرت همه نور خدا شود
در راه ذوالجلال چو بی پا و سر شوی

وجه خدا اگر شودت منظر نظر
زین پس شکی نماند که صاحب نظر شوی

بنیاد هستی تو چو زیر و زبر شود
در دل مدار هیچ که زیر و زبر شوی

گر در سرت هوای وصال است حافظا
باید که خاک درگه اهل هنر شوی

غزل ۴۸۸

سحرم هاتف میخانه به دولتخواهی
گفت بازآی که دیرینه این درگاهی

همچو جم جرعه ما کش که ز سر دو جهان
پرتو جام جهان بین دهدت آگاهی

بر در میکده رندان قلندر باشند
که ستانند و دهند افسر شاهنشاهی

خشت زیر سر و بر تارک هفت اختر پای
دست قدرت نگر و منصب صاحب جاهی

سر ما و در میخانه که طرف بامش
به فلک بر شد و دیوار بدین کوتاهی

قطع این مرحله بی همرهی خضر مکن
ظلمات است بترس از خطر گمراهی

اگرت سلطنت فقر ببخشند ای دل
کمترین ملک تو از ماه بود تا ماهی

تو دم فقر ندانی زدن از دست مده
مسند خواجگی و مجلس تورانشاهی

حافظ خام طمع شرمی از این قصه بدار
عملت چیست که فردوس برین می خواهی

غزل ٤٨٩

ای در رخ تو پیدا انوار پادشاهی
در فکرت تو پنهان صد حکمت الهی

کلک تو بارک الله بر ملک و دین گشاده

صد چشمه آب حیوان از قطره سیاهی

بر اهرمن نتابد انوار اسم اعظم

ملک آن توست و خاتم فرمای هر چه خواهی

در حکمت سلیمان هر کس که شک نماید

بر عقل و دانش او خندند مرغ و ماهی

باز ار چه گاه گاهی بر سر نهد کلاهی

مرغان قاف دانند آیین پادشاهی

تیغی که آسمانش از فیض خود دهد آب

تنها جهان بگیرد بی منت سپاهی

کلک تو خوش نویسد در شان یار و اغیار

تعویذ جان فزایی افسون عمرکاهی

ای عنصر تو مخلوق از کیمیای عزت

وی دولت تو ایمن از وصمت تباهی

ساقی بیار آبی از چشمه خرابات

تا خرقه‌ها بشوییم از عجب خانقاهی

عمریست پادشاها کز می تهیست جامم

اینک ز بنده دعوی و از محتسب گواهی

گر پرتوی ز تیغت بر کان و معدن افتد

یاقوت سرخ رو را بخشند رنگ کاهی

دانم دلت ببخشد بر عجز شب نشینان

گر حال بنده پرسی از باد صبحگاهی

جایی که برق عصیان بر آدم صفی زد
ما را چگونه زیبد دعوی بی‌گناهی

حافظ چو پادشاهت گه گاه می‌برد نام
رنجش ز بخت منما بازآ به عذرخواهی

غزل ۴۹۰

در همه دیر مغان نیست چو من شیدایی
خرقه جایی گرو باده و دفتر جایی

دل که آیینه شاهیست غباری دارد
از خدا می‌طلبم صحبت روشن‌رایی

کرده‌ام توبه به دست صنم باده فروش
که دگر می نخورم بی رخ بزم‌آرایی

نرگس ار لاف زد از شیوه چشم تو مرنج
نروند اهل نظر از پی نابینایی

شرح این قصه مگر شمع برآرد به زبان
ور نه پروانه ندارد به سخن پروایی

جوی‌ها بسته‌ام از دیده به دامان که مگر
در کنارم بنشانند سهی بالایی

کشتی باده بیاور که مرا بی رخ دوست
گشت هر گوشه چشم از غم دل دریایی

سخن غیر مگو با من معشوقه پرست
کز وی و جام می‌ام نیست به کس پروایی

این حدیثم چه خوش آمد که سحرگه می‌گفت
بر در میکده‌ای با دف و نی ترسایی

گر مسلمانی از این است که حافظ دارد
آه اگر از پی امروز بود فردایی

غزل ۴۹۱

به چشم کرده‌ام ابروی ماه سیمایی
خیال سبزخطی نقش بسته‌ام جایی

امید هست که منشور عشقبازی من
از آن کمانچه ابرو رسد به طغرایی

سرم ز دست بشد چشم از انتظار بسوخت
در آرزوی سر و چشم مجلس آرایی

مکدر است دل آتش به خرقه خواهم زد
بیا ببین که که را می‌کند تماشایی

به روز واقعه تابوت ما ز سرو کنید
که می‌رویم به داغ بلندبالایی

زمام دل به کسی داده‌ام من درویش
که نیستش به کس از تاج و تخت پروایی

در آن مقام که خوبان ز غمزه تیغ زنند
عجب مدار سری اوفتاده در پایی

مرا که از رخ او ماه در شبستان است

کجا بود به فروغ ستاره پروایی

فراق و وصل چه باشد رضای دوست طلب

که حیف باشد از او غیر او تمنایی

درر ز شوق برآرند ماهیان به نثار

اگر سفینه حافظ رسد به دریایی

غزل ۴۹۲

سلامی چو بوی خوش آشنایی

بدان مردم دیده روشنایی

درودی چو نور دل پارسایان

بدان شمع خلوتگه پارسایی

نمی بینم از همدمان هیچ بر جای

دلم خون شد از غصه ساقی کجایی

ز کوی مغان رخ مگردان که آن جا

فروشند مفتاح مشکل گشایی

عروس جهان گر چه در حد حسن است

ز حد می‌برد شیوه بی وفایی

دل خسته من گرش همتی هست

نخواهد ز سنگین دلان مومیایی

می صوفی افکن کجا می فروشند

که در تابم از دست زهد ریایی

رفیقان چنان عهد صحبت شکستند
که گویی نبوده‌ست خود آشنایی

مرا گر تو بگذاری ای نفس طامع
بسی پادشایی کنم در گدایی

بیاموزمت کیمیای سعادت
ز همصحبت بد جدایی جدایی

مکن حافظ از جور دوران شکایت
چه دانی تو ای بنده کار خدایی

غزل ۴۹۳

ای پادشه خوبان داد از غم تنهایی
دل بی تو به جان آمد وقت است که بازآیی

دایم گل این بستان شاداب نمی‌ماند
دریاب ضعیفان را در وقت توانایی

دیشب گله زلفش با باد همی‌کردم
گفتا غلطی بگذر زین فکرت سودایی

صد باد صبا اینجا با سلسله می‌رقصند
این است حریف ای دل تا باد نپیمایی

مشتاقی و مهجوری دور از تو چنانم کرد
کز دست بخواهد شد پایاب شکیبایی

یا رب به که شاید گفت این نکته که در عالم

رخساره به کس ننمود آن شاهد هرجایی

ساقی چمن گل را بی روی تو رنگی نیست

شمشاد خرامان کن تا باغ بیارایی

ای درد توام درمان در بستر ناکامی

وی یاد توام مونس در گوشه تنهایی

در دایره قسمت ما نقطه تسلیمیم

لطف آن چه تو اندیشی حکم آن چه تو فرمایی

فکر خود و رای خود در عالم رندی نیست

کفر است در این مذهب خودبینی و خودرایی

زین دایره مینا خونین جگرم می ده

تا حل کنم این مشکل در ساغر مینایی

حافظ شب هجران شد بوی خوش وصل آمد

شادیت مبارک باد ای عاشق شیدایی

غزل ۴۹۴

ای دل گر از آن چاه زنخدان به درآیی

هر جا که روی زود پشیمان به درآیی

هش دار که گر وسوسه عقل کنی گوش

آدم صفت از روضه رضوان به درآیی

شاید که به آبی فلکت دست نگیرد

گر تشنه لب از چشمه حیوان به درآیی

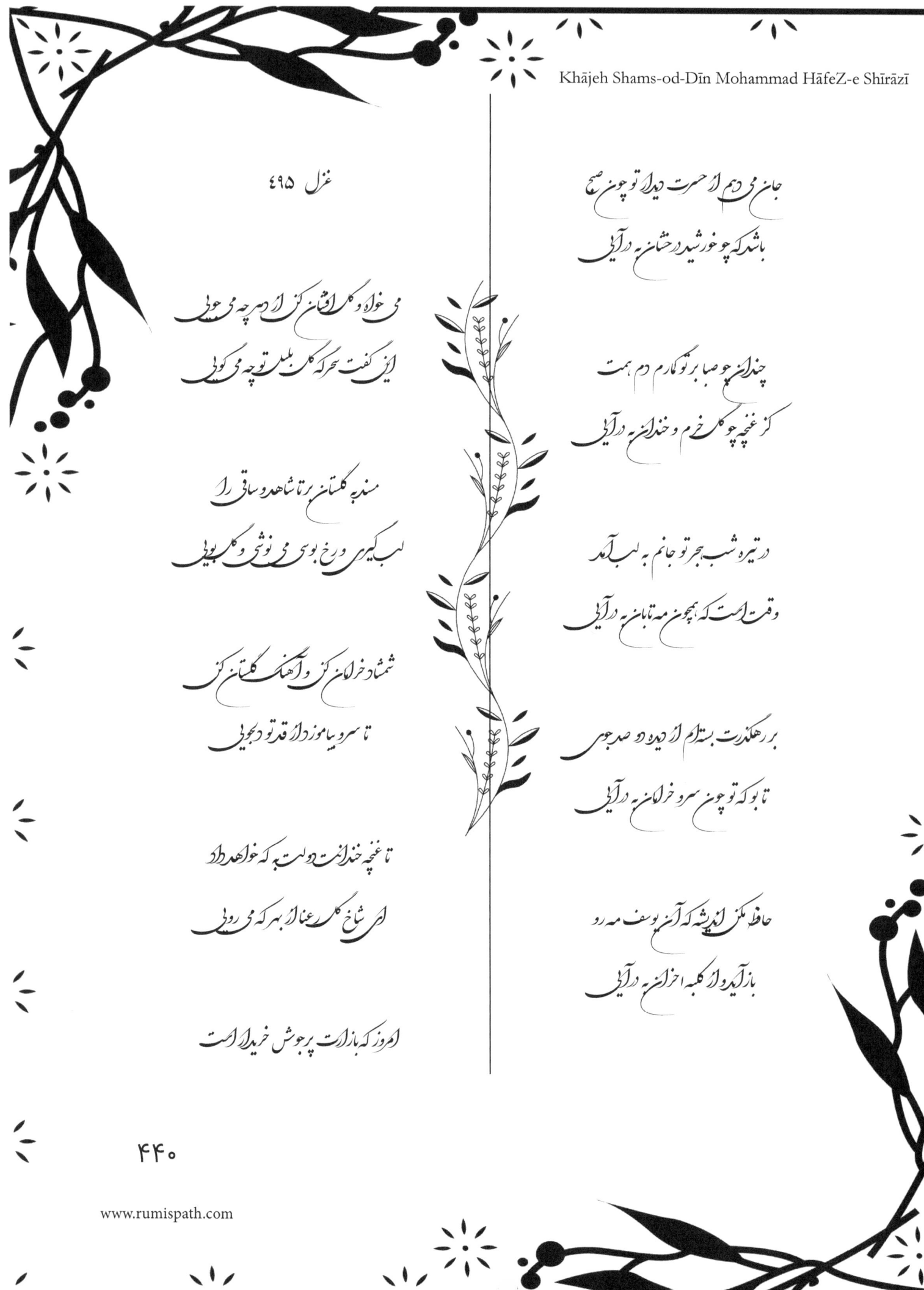

جان می‌دهم از حسرت دیدار تو چون صبح
باشد که چو خورشید درخشان به درآیی

چندان چو صبا بر تو گمارم دم همت
کز غنچه چو گل خرم و خندان به درآیی

در تیره شب هجر تو جانم به لب آمد
وقت است که همچون مه تابان به درآیی

بر رهگذرت بسته‌ام از دیده دو صد جوی
تا بو که تو چون سرو خرامان به درآیی

حافظ مکن اندیشه که آن یوسف مه رو
باز آید و از کلبه احزان به درآیی

غزل ۴۹۵

می خواه و گل افشان کن از دهر چه می‌جویی
این گفت سحرگه گل بلبل تو چه می‌گویی

مسند به گلستان بر تا شاهد و ساقی را
لب گیری و رخ بوسی می نوشی و گل بویی

شمشاد خرامان کن و آهنگ گلستان کن
تا سرو بیاموزد از قد تو دلجویی

تا غنچه خندانت دولت به که خواهد داد
ای شاخ گل رعنا از بهر که می‌رویی

امروز که بازارت پرجوش خریدار است

دریاب و بنه گنجی از مایه نیکویی

چون شمع نکورویی در رهگذر باد است
طرف هنری بربند از شمع نکورویی

آن طره که هر جعدش صد نافه چین ارزد
خوش بودی اگر بودی بوییش ز خوش خویی

هر مرغ به دستانی در گلشن شاه آمد
بلبل به نواسازی حافظ به غزل گویی

Copyright © 2025 by Rumi's Path Institute.

All rights reserved. No part of this publication may be reproduced, distributed or transmitted in any form or by any means, including photocopying, recording, or other electronic or mechanical methods, without the prior written permission of the publisher, except in the case of brief quotations embodied in critical reviews and certain other noncommercial uses permitted by copyright law. For permission requests, write to the publisher, addressed "Attention: Permissions Coordinator," at the address below.

Published by: Rumi's Path Institute
Vancouver, BC **CANADA**
Email: Info@rumispath.com
www.rumispath.com

Ordering Information:

Quantity sales. Special discounts are available on quantity purchases by universities, schools, corporations, associations, and others. For details, contact the "Sales Department" at the above mentioned email address.

The Divan of Hafez, Khājeh Shams-od-Dīn Mohammad HāfeZ-e Shīrāzī, 1st ed.
ISBN 978-1-77899-030-4   Paperback

The Divān of Hafez

Khājeh Shams-od-Dīn Mohammad HāfeZ-e Shīrāzī

Rumi

Rumi's Path Institute

Vancouver, BC CANADA

www.rumispath.com info@rumispath.com

Educational Code: RPI-QP-002

به نام حضرت دوست که هرچه داریم از اوست

عنوان کتاب: دیوان حافظ

اثر: خواجه شمس الدین محمد حافظ شیرازی

ناشر: موسسه راه مولانا - ونکوور - کانادا

کد مدرک آموزشی: RPI-QP-۰۰۲

شابک: ۹۷۸-۱-۷۷۸۹۹-۰۳۰-٤

محل چاپ: شبکه بین المللی در بیش از چهل هزار کتابفروشی در بیش از ۷۷ کشور جهان

ثبت: در کتابخانه مرکزی - آتاوا - کانادا

Educational Code: RPI-QP-002

I0367907

www.ingramcontent.com/pod-product-compliance
Lightning Source LLC
Chambersburg PA
CBHW080321080526
44585CB00021B/2427
9781778990304